JN122922

町田小織〈編〉
machida saori

メディアとしてのミュージアム

Museum as Media

東洋英和女学院大学
社会科学研究叢書 9

春風社

東洋英和女学院大学社会科学研究叢書 9

メディアとしてのミュージアム

目次

序章

メディアとしてのミュージアム

町田小織

はじめに

あなたはこの1年間にミュージアムへ行きましたか？

本書は2021年3月に刊行されるので、すぐに手に取ってくださった方にとっては、2020年4月からの1年を指します。新型コロナウイルス感染拡大による緊急事態宣言が発令されたのが2020年4月7日。本書の主題であるミュージアムが一斉に休館となった頃から1年となると、その後開館されたとはいえ、以前ならばミュージアムに足を運んでいた人も、行っていないかもしれません。

本書を手に取るタイミングは人それぞれでしょう。その瞬間から過去1年間を振り返ってみてください。どこのミュージアムへ行ったのか、何の展覧会だったのか、誰と一緒だったのかなどを思い出してみましょう。

1年間、ミュージアムには行っていないというあなた。是非最初から最後まで読んでみてください。きっとミュージアムに行った気分を味わうことができるはずです。そして、まずは身近なミュージアムから行ってみたくなることでしょう。もしかすると、即座にスマートフォンを使ってバーチャル見学をしているかもしれません。

緊急事態宣言が解除されて、すぐにミュージアムへ行ったというあなた。ミュージアムが生活必需品ともいえる存在なのでしょう。そんな方には気になる章から読むことをお勧めします。本書はどこから読んでも、1章だけ取り出して読んでも、全く問題ありません。どんなミュージアム・エキスパートの方にとっても、未知のことが記されているはずです。

1. 本書の目的と構成

本書第Ⅰ部は、東洋英和女学院大学メディア・コミュニケーション研究所が主催した連続講演会「メディアとしてのミュージアム」がもとになっています。

本書の目的のひとつは、その記録を広く社会に発信することです。講演会に参加できなかった方々とも内容を共有するため、書籍として刊行します。一部、登壇者によって別途書き起こされた論考が含まれています。なお第1章は、諸事情により講演会が中止となったため、連続講演会の企画者であり本書の編者である町田小織が書き下ろしたものです。

もうひとつの目的は、東洋英和女学院大学国際社会学部の学生や学芸員課程の履修者に、国際社会とミュージアムとの関係を考える際の参考書を提供するためです。教科書のような体系的な解説書や専門的な学術書でもなく、個別のミュージアムを紹介するムックでもない、その中間に位置する書籍を目指しました。

本書の構成は以下の通りです。

第Ⅰ部は連続講演会でご登壇いただいた、樺山紘一氏、稲庭彩和子氏、半田昌之氏、池永禎子氏による講演をもとにした論考です(以上、登壇順。詳細は本書巻末「執筆者紹介」参照)。いずれの登壇者も博物館の現場に携わっています。そこに町田小織の1章が加わります。

第Ⅱ部は東洋英和女学院大学国際社会学部教員の町田幸彦、

コウオジェイ マグダレナ、町田小織による論考です。それぞれの専門分野を踏まえてミュージアムを論じます。

第Ⅰ部がミュージアムの「光」を扱うものだとすれば、第Ⅱ部はその「影」を扱うものです。展示やミュージアムが持つ政治性や、ミュージアムという場がもつ力について論じています。ミュージアムも政治や権力と無関係ではないからこそ、見学する側も、何も考えずにそこに身を置くことは危険ともいえます。ミュージアムがメディアであるならば、メディア・リテラシー同様、ミュージアム・リテラシーが必要なのです。

では、本書のタイトルである「メディアとしてのミュージアム」について考えましょう。

2. 梅棹忠夫（1920-2010）

本書のもととなる連続講演会のタイトルは、「メディアとしてのミュージアム」[†1]です。博物館関係者ならば、これがいかに僭上な振る舞いかが分かるでしょう。かの梅棹忠夫が『メディアとしての博物館』[†2]という著書を残しているからです（1987年刊行）。なぜそのようなタイトルをつけたのか。それは博物館そのものが、梅棹の時代とは変化しているからです。

梅棹は同書で、「博物館は総合的な情報伝達メディアなのである」と述べています。そして「博物館はむしろ博情報館、あるいは博情館であらねばならない」[†3]といいます。また1982年に設立された日本展示学会の初代会長でもある梅棹は、学会の主旨について記した文章の中で次のように述べています。「展示は、たしかに大衆的情報伝達方法の一種であり、いわゆるマス・メディアの一つである。（中略）展示は、言語情報、映像情報をもその内部に包含しつつ、さらに、実物による情報、実体験による情報をもくわえて、いわば五感すべてによる体験情報をあたえるものである。マス・メディアによる情報伝達が、しばしば情報の一方的配達となり、情報のながれが一方交通的となりやすいのに対して、展示においては、情報のうけ手がみずから体をはこんで積極的に参加するという側面があり、そこには、みるものとみせるもの、みるものとみられるものとのあいだに、双方向的な対話と相互作用が成立する」[†4]。1980年代の時点で「情報」に着目し、双方向的な対話を重視した梅棹は、先見の明があったといえます。

また、梅棹は「博物館はつねにイノベーション、自己革新が必要なんです」[†5]といっています。「博物館行き」どころか、創造的破壊によって未来を感じられる場所が、博物館ということです。梅棹は未来学者でもあります。

本書は、知の巨人である故・梅棹忠夫の『メディアとしての博物館』へのオマージュでもあります。

3. メディアとしてのミュージアム

「メディアとしてのミュージアム」とは何なのでしょうか。「メディア」も「ミュージアム」も定義することが難しい言葉です。まずは主眼となるミュージアムから見てみましょう。

日本語での「ミュージアム」と「博物館」という言葉がもつ響きは、大きく異なります。

「ミュージアム」はファッション・ブランドの名称にも使用されたり、ショップの店名になることもあります。つまり実態は「博物館」ではない施設もあるということです。日本語の「ミュージアム」という言葉は、おしゃれな、洗練された、きれいなイメージをまとっています。

「博物館」はどうでしょうか。「博物館行き」という不名誉な表現もあるほど、古い、時代遅れ、役に立たないといった偏見を持つ人もいるでしょう。そこにあるモノは価値があるのだろうけれども自分には関係ないと思う人の気持ちが反映されているのかもしれません。

本書は博物館(Museum)という場を重要なメディアであると捉えています。しかし書籍のタイトルとしてはミュージアムという用語を用います。理由は以下の3点です。

〔1〕既述の通り、梅棹の『メディアとしての博物館』との対比のためです。同書が刊行されてから30年以上経ち、日本だけでなく世界の博物館に大きな変化が見られます。梅棹の時代の「博物館」との違いを表すためにも、本書のタイトルは「ミュージアム」とします。ただし、本文中では「博物館」も使用します。

〔2〕博物館は古いモノしか扱っていないと誤解している人もいますが、必ずしもそうではないことを伝えるためです。

〔3〕日本での「博物館」には動物園、水族館、植物園等も含まれます。しかし本書はそれら全てを網羅できていません。動物園は英語でzoo、水族館はaquarium、植物園はbotanical gardenです。それらの博物館は本書で扱っていないことの表明でもあります。

さて、「Museum」という言葉の定義に関して、世界中の専門家が議論する場があります。本書の第4章で**半田昌之氏**が詳述するICOM（国際博物館会議）です。2019年に開催されたICOM京都大会では、「Museum」の新しい定義が採択されるか注目を集めましたが、最終的に結論に至りませんでした。第3章の**稲庭彩和子氏**の論考も、ミュージアムの定義を扱っています。採択されなかった定義（案）も紹介されているので、是非ご参照ください。また、第5章で**樺山紘一氏**は、印刷博物館の館長であり歴史家でもある立場から「ミュージアムは覚醒する」というメッセージを発しています。ミュージアムのポテンシャルを感じさせ、感染症への対応に腐心するミュージアム関係者に対して、激励となるものです。

次に「メディア」です。しばしば引用されるのは、「メディアはメッセージである」というマーシャル・マクルーハン（Marshall McLuhan）の定義です。ミュージアムもメッセージ性の強い装置です。

本書では、対話や共創を可能にする双方向・多方向なコミュニケーションを想定して「メディア」を用いています。ミュージアムも、一方的に来館者へ情報や知識を伝達して終わりという時代ではありません。鑑賞者は「作品との対話≒作家との対話」や、そこから派生した「自己内対話」をしていたわけですが、近年は他者との対話も生まれています。対話型鑑賞やワークショップなど、各館で様々な対話と共創が実践されています。

そしてミュージアム本体だけでなく、館内に展示してある個々の作品・資料、多様なデバイスを使った展示・解説、見学者、その見学者がもつスマートフォン、ありとあらゆるものがメディアです。そのミュージアムにまつわる、ミュージアムから派生するメディアも含めて「メディアとしてのミュージアム」と考えます。

ミュージアム体験は、現地に行く前から始まり、見学後も続いているといえます。その流れを見てみましょう。

ミュージアムへ行く際、事前にインターネットで検索し、館の公式サイトや既に見学した人の口コミなどをチェックします。館内でもQRコードを読み取って解説を読んだり、自分のスマートフォンで音声ガイドを聴いたり、VR（Virtual Reality）やAR（Augmented Reality）を体験したり、様々なコミュニケーションが可能です。館内で写真撮影が可能な場合は、作品や自撮り写真の画像を発信するでしょう。帰宅してから、1日を振り返って見学記・訪問記を記し、ブログやVログにまとめる人もいるでしょう。それらをインターネット上で閲覧した人が、そのミュージアムを訪れるという循環もあります。

ミュージアムという場は、図書館や劇場などと同様、ハコが存在するだけでは意味がありません。ヒト、モノ、コト、情報などが揃ってはじめて機能するプラットフォームです。では、実際のミュージアムでそれらがどう関係し、どう結びついているのでしょうか。

4. つむぐ→つくる→つなぐ→つどう→つかう

ミュージアムとは、言葉や作品、歴史や記憶を紡（つむ）ぎ、その

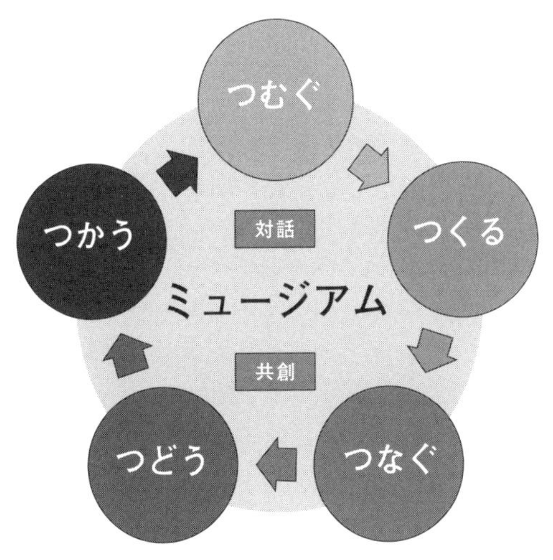

図1　第Ⅰ部のコンセプト

> 実践や資料の収集、保管・保存、展示、調査・研究する場が**つくられ**、多様な人々、機関、情報を**繋**（つな）**ぎ**、そこに作品や人々が**集**（つど）**い**、それを**使う**人や組織が、次の創造的な活動・実践のために触発されたり、対話・共創したりする場所である。

上記のようにミュージアムを捉え、そこからコンセプト（図1）を決め、連続講演会を起案しました。これはミュージアムの定義ではなく、講演会のコンセプト・デザインです。こうして、ミュージアムを**使う**人は、そこで学んだことと過去の経験や知識とを**繋ぎ**、身近なテーマや自身の人生と**繋ぐ**ことで、新たに言葉を**紡ぎ**、未来を**つくって**いくことができるのではないでしょうか。

第Ⅰ部は「つむぐ」「つくる」「つなぐ」「つどう」「つかう」という5つのキーワードをもとに、各登壇者がそれぞれの現場について紹介します。ハンセン病資料館として、国立療養所大島青松園社会交流会館の展示をゼロから立ち上げた学芸員による「**つくる**」(第2章)。2021年度に10期を迎える、東京都美術館×東京藝術大学の「とびらプロジェクト」を担当する学芸員による「**つなぐ**」(第3章)。2019年に開催されたICOM(国際博物館会議)京都大会の招致から携わったICOM日本委員会事務局長による「**つどう**」(第4章)。長年ミュージアムと関わってきた歴史家でもある印刷博物館館長による「**つかう**」(第5章)。第1章「**つむぐ**」では、女子大に勤務し、自身も女性であることを意識してきた立場から、編者である町田小織が「糸を紡ぐ女」について語ります。

本章の中で繰り返し用いられ、コンセプト(図1)の中にある「対話」と「共創」が気になる人もいると思います。なぜなら通常は「対話と連携の博物館」†6といわれるからです。博物館で連携が重要なことは、言わずもがなです。それゆえ、連携からさらに進んだ共創を目指したいという願いを込めて、本書では「つなぐ」ことによる共創や、ともに「つむぐ」ことによる共創を含意した「つくる」を設けています。

5. ミュージアムと国際社会

第Ⅱ部では、国際社会を考える視点から、展示やミュージアムという「装置」を考察します。政治、イデオロギー、プロパガンダなどがミュージアムから透けて見えるはずです。それこそが「メディアとしてのミュージアム」の別の側面です。

第6章の町田幸彦による「展示のイデオロギー——表現の自由の葛藤」では、何が展示されているかだけでなく、何が展示されていないかという問題について言及しています。所蔵されているにもかかわらず、日の目を見ない作品。そこにも政治が関係しているということです。また第3章で稲庭氏が論じている、新しい博物館の定義案に関しても、オリジナルの英語の意味から考察し、異なる立場・視点から補足しています。

第7章のコウオジェイ マグダレナによる「大日本帝国の『近代美術館』——徳寿宮と李王家美術館に見る『植民地主義的

労働』」では、植民地時代の京城（ソウル）に大日本帝国初の近代美術館がつくられた史実に注目しています。すなわち、戦後日本で「忘却」された朝鮮半島の近代美術館がテーマです。それが日本で最初の国立美術館である、東京国立近代美術館開館（1952年）に繋がったことを論じています。

第8章の町田小織による「ユーゴスラビアというパズル——旧ユーゴ内戦に関するミュージアムからみる記憶、想起、共感」では、近年開館された1990年代の内戦に関するミュージアムを採り上げます。今回対象としたのは、クロアチア、ボスニア・ヘルツェゴビナ、セルビアのミュージアムです。それらの館では、ミュージアムというものが"中立"ではありえない現実が突き付けられます。一部の館では、民族間の分断を助長するような展示もあり、誰のため、何のためのミュージアムなのかということを考えさせられます。反戦や平和構築のためのミュージアムというよりは、我こそは被害者であると、国際社会へ発信するメディアとして機能しているのではないかと思われるほどです。情報戦といわれた1990年代の内戦を彷彿とさせるような、各国各館からのメッセージをどう受け止めたらいいのでしょうか。共感を発信し、情動に訴え、プロパガンダの装置にもなり得るミュージアムという側面にフォーカスします。

おわりに

各章のテーマに合わせて、編者である町田小織がコラムを執筆しています。対象地域に偏りはありますが、各章とあわせてお目通しいただければ幸いです。

本書は、各執筆者がいま（2020年～2021年）だからこそ書き残したい、というテーマに溢れています。100年に一度といわれるパンデミックを経験し、あらためてミュージアムとは何か、beyondコロナのミュージアムとは何かを考えました。刻々と変化する状況の中、「コロナ禍にこんなことを考えていた」という記憶を、後年振り返ることができるよう、記録しておきたいと思います。

注

1 メディア研究の観点からミュージアムを研究する立場として、村田麻里子、光岡寿郎の存在がある。本書はメディア論の方法論は採っていないが、このふたりのミュージアム・コミュニケーションに関する研究は、博物館学芸員とは異なる視座で興趣が尽きない。
村田麻里子『思想としてのミュージアム――ものと空間のメディア論』人文書院 , 2014.
光岡寿郎『変貌するミュージアムコミュニケーション――来館者と展示空間をめぐるメディア論的想像力』せりか書房 , 2017

2 管見の限り『メディアとしてのミュージアム』という書籍はなく、社会学者である浜日出夫の「メディアとしてのミュージアム――ふたつの展覧会をてがかりとして」という論考があるのみである。副題からも分かる通り、メディアとしてのミュージアムについて論じるというよりは、「ジョン・ケージのローリーホーリーオーバーサーカス」展と「異文化へのまなざし」展から考えるミュージアムである。浜は「メディアとしてのミュージアムの特徴はなんといっても、モノ(実物資料)を使って情報を伝達するところにある。ミュージアムはモノを収集し、展示することによって、あるメッセージを伝え、ミュージアムの入館者は展示を見ることによって、なんらかのメッセージを読み取る。ミュージアムは、この意味で、モノを媒介とするコミュニケーションの場であると言える」と説明している。
浜日出夫「メディアとしてのミュージアム――ふたつの展覧会をてがかりとして」若林直樹編著『イメージ編集』武蔵野美術大学出版局 , 2003, p. 109.

3 梅棹忠夫『メディアとしての博物館』平凡社 , 1987, p. 182.

4 梅棹忠夫「日本展示学会の主旨」『日本展示学会』, http://www.tenjigaku.com/about/statement.html（最終アクセス:2021 年 1 月 30 日）

5 梅棹 , 前掲書 p. 120.

6 2000 年、日本博物館協会は「対話と連携」をキーワードとする博物館運営指針を策定している。
山西良平「日本の博物館のこれから――『対話と連携』の深化と多様

化する博物館運営」『平成26年～28年度日本学術振興会科学研究費助成事業研究成果報告書』, 2017年3月, https://omnh.repo.nii.ac.jp/?action=repository_opensearch&index_id=7&count=&order=（最終アクセス:2021年1月30日）

第Ⅰ部

メディアとしてのミュージアム

対話と共創の場

第1章 つむぐ

過去、現在、未来を司る運命の糸

町田小織

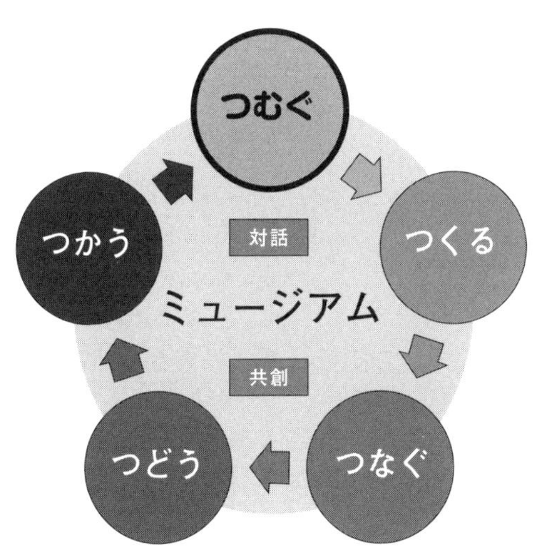

はじめに

「紡ぐ」という語を辞書で調べると、2つの意味があります。ひとつは「綿や繭を錘にかけて繊維を引き出し、縒りをかけて糸にする」こと。そして、もうひとつは「(比喩的に)言葉をつなげて文章を作る。多く、物語や詩歌などを作ること」†1です。本章の「つむぐ」はその両方の意味を込めています。

言葉をつなげて文章を作るという意味での「紡ぐ」は論文

のような論理的な文章ではなく、「思いを紡ぐ」「時を紡ぐ」「関係を紡ぐ」「物語を紡ぐ」「歴史を紡ぐ」などの使い方をされます。したがって、ここでもできるだけ、思いを紡いで、読者との関係を紡ぎ、結果としてひとつの物語を紡げたらと思います。

1. 糸を紡ぐ女性

本書を刊行し、私も勤務する東洋英和女学院大学は女子教育のための機関です。自分自身も学生時代から「女性」であるということを、好むと好まざるとにかかわらず意識してきました。「紡ぐ」という行為と言葉は、女性と密接に関わる歴史を有しています。本章では、「つむぐ」というキーワードから女性、アート、ミュージアムを見てみたいと思います。

まずは古代の神話から紐解いてみましょう。

ギリシャ神話にはクロトという運命の女神が登場します。クロトにはラケシスとアトロポスという姉妹があり、クロトが現在、ラケシスが未来、アトロポスが過去を司るといわれています[†2]。クロトが糸を紡ぎ、ラケシスがその長さを測り、アトロポスが糸を切ります（図1）。3姉妹は運命の三女神と呼ばれ、人が生まれる時、一生の出来事や寿命を定め、その運命を司ると信じられていました。北欧神話のノルンも同様に過去、現在、未来を司る運命の女神です。リヒャルト・ワーグナー

図1　ジョルジョ・ギージ《運命の三女神》（1558）
ワシントン・ナショナル・ギャラリー

図2　レオナルド・ダ・ヴィンチ《糸巻きの聖母》（1501年頃）バクルー・リビング・ヘリテージ・トラスト © The Buccleuch Living Heritage Trust

（Richard Wagner, 1813–1883）の楽劇『神々の黄昏』にもノルンは登場します。ミュージアムについて考える本書で、時を司る神から始めるのも悪くないでしょう。

またギリシャ神話には、有名な「アリアドネの糸」のエピソードもあります。これもアリアドネが紡いだ糸にまつわる話です。アリアドネは英雄テセウスに恋をし、テセウスの命を助けるために彼に糸玉を渡します[†3]。迷宮から再び外に出る目印にするためです。アリアドネの糸のおかげで、無事に迷宮から脱出できたので、「アリアドネの糸」は難問を解決する鍵だといわれています。

話を「つむぐ」に戻しましょう。

糸紡ぎは神話の世界に限ったことではありません。聖母マリアの持物にも糸巻き棒があります。例えば、レオナルド・ダ・ヴィンチ（Leonardo da Vinci, 1452–1519）の作品で《糸巻きの聖母》（または《糸車の聖母》）（図2）があります。他にも受胎告知の場面で、聖母マリアが緋色の布を織るために糸巻き棒を手にしている例があります[†4]。

糸紡ぎは聖書の言葉にも登場します。マタイによる福音書

第6章28節をご覧ください。「なぜ、衣服のことで思い悩むのか。野の花がどのように育つのか、注意して見なさい。働きもせず、紡ぎもしない」[†5]とあります。思い悩まないことを記した件です。また、出エジプト記第35章 25節では、「心に知恵を持つ女は皆、自分の手で紡ぎ、紡いだ青、紫、緋色の毛糸および亜麻糸を携えて来た」[†6]とあります。ここでも女性と糸紡ぎについて言及されています。

一方、現実世界の女性たちも、古来糸紡ぎをしてきました。特にヨーロッパでは、女性の美徳である「貞節」と「勤勉」の記号です[†7]。糸紡ぎは家庭内の女性の美徳を象徴する手仕事だと考えられてきました。「針仕事、紡ぐこと、そして織ることは、女性が『彼女ら自身の鋭く豊かな機知を示す』ことのできる適当な方法だった」といいます[†8]。また、キリスト教の宗教的モラルを支えるものとしての手仕事は、「従順な性格を養い、外の危険（色恋沙汰（アヴァンチュール））を免れることができる」[†9]と考えられていたようです。

しかし、単調な作業であるからか、実際には女性たちが一ヶ所に集まっておしゃべりをしながら、歌を歌いながら糸紡ぎをしていたようです[†10]。それゆえ、糸紡ぎ歌はそんな娘たちのおしゃべりを表現したようなものから、恋に悩み苦しむ悲哀に満ちたものまで様々です。妙齢[†11]の女性たちが世間話や情報交換をする、ある種の社交場のような場だったといえるでしょう。

女性が糸を紡ぐ姿は、様々な芸術作品になっています。

アルベルト・エルメンライヒ（Albert Ellmenreich, 1816–1905）の紡ぎ歌は、ピアノで習った、発表会で演奏したという人もいるでしょう。音楽の世界では他にも、フランツ・シューベルト（Franz Schubert, 1797–1828）の歌曲「糸をつむぐグレートヒェン」（1814）やリヒャルト・ワーグナーの歌劇『さまよえるオランダ人』の糸紡ぎの歌（1840–41）などが有名です。

絵画の世界では、ディエゴ・ベラスケス（Diego Velázquez, 1599–1660）の絵画《糸を紡ぐ女たち、またはアラクネの寓話》（図3）、ジャン=フランソワ・ミレー(Jean-François Millet, 1814–1875)の絵画《糸紡ぎの女》《糸を紡ぐ少女》があります。ギュスターブ・クールベ(Gustave Courbet, 1819–1877)は、勤勉な姿の表象としてではなく、夢の糸を紡いでいる女性の様子を《眠る糸紡ぎ女》(図4)で描いています。

また糸を紡ぐシーンではないものの、ペネロペの機織りの逸話を描いた、ジョン・ウィリアム・ウォーターハウス(John William Waterhouse, 1849–1917)の《ペネロペと求婚者たち》(図5)もあります。これは貞淑な妻であるという美徳を象徴する女性です。

物語や詩歌の世界では、『眠りの森の美女』が真っ先に想起されるという人もいるでしょう。他にもグリム童話で、『三人の糸くり女(糸くり三人女)』、『なまけ者の糸つむぎ女』等があ

図3　ディエゴ・ベラスケス《糸を紡ぐ女たち、またはアラクネの寓話》(1655–1660) プラド美術館

図4　ギュスターブ・クールベ《眠る糸紡ぎ女》(1853) ファーブル美術館

図5　ジョン・ウィリアム・ウォーターハウス《ペネロペと求婚者たち》(1911–1912) アバディーン美術館

ります。いずれも怠惰な女性が登場するお話ですが、糸紡ぎが勤勉さを表象するからこそ、糸紡ぎをしない＝怠け者という図式が成り立つのでしょう。

またフランスのポール・ヴァレリー(Paul Valéry, 1871–1945)には「糸を紡ぐ女」という詩があります。その冒頭にある「野の百合は・・・紡がざる也」は前述のマタイによる福音書第6章28節を指しています†12。一説によると、ヴァレリーはクールべの《眠る糸紡ぎ女》(図4)から着想を得て、この詩をつくったのではないかと言われています†13。

数々の芸術作品に描かれる糸を紡ぐシーン。描かれるのは女性で、描く側の画家・作家の多くは男性です。つまり、男性の目を通した女性の姿が、そこにはあるのです。実際の姿を写実的に描いたというより、理想の女性像であったり、ある種の戦略をもって創造されたと捉えた方がよいかもしれません†14。その時代の価値観を伝えるために用いられ、何らかの意図があると考えた方が自然でしょう。

このように、「つむぐ」は、女性とキリスト教に関係がある行為であり、表象なのです。

それでは、私たちと同時代を生きる、現代のクロトともいうべきアーティストをご紹介しましょう。

2. 糸を紡ぐアーティスト　塩田千春

糸を紡ぐアーティストといえば、塩田千春を想起する人もいるでしょう。2019年に森美術館で開催された個展「塩田千春展：魂がふるえる」は、同館歴代2位の入館者、66万人強を記録しています†15。

彼女は25年間の作家活動の大半をドイツで過ごし、ベルリンを拠点に国際的に活躍しています。参加した展覧会は300回以上にのぼる†16ということですが、2010年に瀬戸内国際芸術祭、あいちトリエンナーレに出品、2015年には第56回ヴェネツィア・ビエンナーレ国際美術展日本館代表として作品を出品しています。その功績により、2020年に第61回毎日芸術賞も受賞。今、最も注目を集める現代美術作家のひとりです。

塩田の作品では、赤い糸や黒い糸が印象的です。赤い糸は血や人間関係の繋がりを、黒い糸は宇宙や森羅万象の象徴だと、塩田はいいます†17。

塩田は情報誌のインタビューで、糸を編むことについて次のように語っています。「糸は心を映し出します。うまくいかないときは絡まるし、全部解けたあとはスッキリする。また糸は人間関係も表していて、関係性が切れたりつながったり。糸の線が重なって見えなくなったときに作品が完成します」†18。糸がもつれ、絡まり、切れ、結ばれ、張りつめることを、塩田は人間関係に例えています†19。

彼女は毎回展覧会の現場で糸を編み、閉幕後に糸を切るといいます。まるで運命の三女神です。その地に作品を根差すことや、その土地からエネルギーをもらうということを意味しているのでしょう。

ザールブリュッケン市立ギャラリー館長アンドレア・ヤーンとの対話の中で、塩田は次のようにも語っています。「アーティストの仕事が見る人の感情に訴えることだとしたら、心をコントロールする糸は人と人との関係を表す言葉にも似ています」†20。塩田にとっては、糸もコミュニケーション・ツールなのでしょう。

2015年、第56回ヴェネチア・ビエンナーレ国際美術展において、塩田は日本館代表として《掌の鍵》(図6)を出品します[†21]。世界中の人からもう使われなくなった使用済みの鍵を無償提供してもらい、購入したものとあわせて18万本の鍵を収集し、インスタレーションを制作します[†22]。鍵は持ち主の痕跡であり、その人の記憶を内包しています。そしてその鍵を委ねるということは、記憶を他者へ託すという行為の具象でもあります。それは記憶の継承でもあり、それを託された人にとっては未来の扉を開ける鍵にもなり得るということです。

前述のヤーンとの対話の中で、塩田は次のように語っています。「鍵は貴重なものを守る日常的な物で、人の体温(温もり)に日々触れることによって、私たちのなかに編み込まれた記

図6　塩田千春《掌の鍵》2015
インスタレーション：古い鍵、木船、赤い毛糸
第56回ヴェネチア・ビエンナーレ国際美術展　日本館
写真：Sunhi Mang
Courtesy of the artist

憶を集積するのです」[†23]。鍵は常に携帯している貴重品であるにもかかわらず、その意味について深く考える人はそれほど多くないでしょう。私たちが忘れていたり、思いもよらなかったことを、アートは考えさせてくれます。

図6にある通り、「記憶の雨」とも評される赤い糸に結ばれた鍵ですが、私には泉のように湧き上がる記憶に感じられます。記憶というのは思い出そうとして思い出すことより、何かのきっかけで波のように押し寄せたり、フラッシュバックのように回帰させられたりすることが多いものです。そしてそのような記憶というのは、決して楽しいことばかりではありません。一人ひとりの苦悶の記憶も想起させるからか、18万本の鍵は物質的な重さ以上に重く感じられます。

塩田は2019年の個展の際、情報誌のインタビューで「人が使っていたもの、誰かの記憶が残されているものは、その人の存在そのものよりもその人を現(ママ)しているような気がするんです」[†24]と答えています。だからこそ《掌の鍵》は特別な意味をもちます。肌身離さず携帯するような玄関の鍵、大切なものを隠しておく宝箱の鍵、そして旅行鞄の鍵、等々。持ち主が大事にしていればしているだけ、そこにはその人の魂まで宿るのです。

塩田の一貫したテーマは「不在の中の存在」。そのことについて、前述のヤーンとの対話で、塩田は次のように語っています。「私の作品のすべてに通じるテーマは『不在の中の存在』です。いつも人の痕跡がそこにあり、それで記憶を表現しています。いろいろな日常の物を使うのも、そういった観点を伝えるためです」[†25]。いなくなって初めて気づく存在や、そこにいないのに存在を見出してしまう経験は誰しもあることでしょう。そこにないものまで想像させる力が、彼女の作品にはあります。

塩田が《掌の鍵》を出品した、第56回ヴェネツィア・ビエンナーレ日本館(2015年)キュレーターの中野仁詞(神奈川芸術文化財団学芸員)は、塩田について次のように解説しています。「展示室に入った途端に鑑賞者の心をつかみ、鮮やかに鑑賞者の奥底に眠っていた記憶を呼び戻す表現であればこそ、彼女の作品は、多くの人の心身を響かせることをもって受け入れられているのだ」[†26]。

私がアーティストを羨ましいと思うのは、個人的な体験を作品に具現化したり、自身の悲しみや苦しみを作品に昇華させたりすることができる点です。そして、個人の主観から始まったものが普遍に繋がるというパワーに圧倒されます。

2019年の個展では、SNSがきっかけとなって「インスタ映え」するということで来場した人も多かったようです。一人ひとりがメディアの時代ですから、個人が発信した画像に反応して、情報がどんどん拡散され、入館するのに長蛇の列ができるほどだったそうです。森美術館が来館動機を調査したところ、SNSがきっかけという人が54%で、他を圧倒していました[†27]。

自撮り写真が目的の来館に関しては賛否両論[†28]ありますが、個人的にはどんな形であれ、ミュージアムに足を運んでほしいと思っています。「なんとなく」いい、「なんだか分からないけど」好きという感覚は重要です。アートに限らず、好きなモノには理由がないという人が大半です。まず現地に行き、現場で、現物を見てほしいです。そのような体験の価値は、コロナ禍によって、さらに高まっているのではないでしょうか。

3. 書をしたためて時を紡ぐ　漂流郵便局

次に、手紙を送るというコミュニケーションを、アート・プロジェクト[†29]として自身の作品にした女性作家を紹介したいと思います。参加型プロジェクトなので、ある意味、関係したすべての人の作品といえるかもしれません[†30]。結果として、島全体、もしくは日本全体に波及したムーブメントになったといえます[†31]。参加形態は基本的に手書きの手紙なので、言葉を紡いだ、個人の思いを紡いだ作品群です。

漂流郵便局

漂流郵便局(旧粟島郵便局)は、
瀬戸内海に浮かぶスクリュー形の島、
粟島のおへその部分にあります。

東西の海流がぶつかり、
日本最古の海員学校が存在したこの島には、かつて
たくさんの物、事、人が流れ着きました。

こちらは、届け先のわからない手紙を受け付ける郵便局です。
「漂流郵便局留め」で寄せられた手紙たちを
「漂流郵便局私書箱」に収めることで
いつか所在不明の存在に届くまで、
手紙を漂わせてお預かりします。

過去／現在／未来
もの／こと／ひと
何宛でも受け付けます。

いつかのどこかのだれか宛の手紙が
いつかここにやってくるあなたに流れ着きますように。

漂流郵便局局員†32

「漂流郵便局」は芸術家の久保田沙耶が考案し、粟島(香川県)の旧郵便局舎に開設した郵便局(図7)です。「いつかのどこかのだれか宛」という、届け先不明の手紙(ハガキ)を「漂流郵便局」宛てで受け取り、それらを局内で閲覧できるように、収集、保管、展示しています。また、後述の通り、収集した手紙に関する書籍も刊行しています。それゆえ郵便局というよりは、むしろミュージアムに近い仕組みです。中田勝久局長が毎日何通届

図7　漂流郵便局 © 元田喜伸
画像提供：久保田沙耶

図8　漂流している私書箱 © 元田喜伸
画像提供：久保田沙耶

図9　1枚1枚消印を押していく局長 © 元田喜伸
画像提供：久保田沙耶

いたか数え、記録もとっています。

元々は2013年に瀬戸内国際芸術祭のアート作品として出品されましたが、現在は芸術祭に関係なく開局しています。TV、新聞といったマスメディアにも数多く採り上げられ、期間限定ではあるものの、ロンドンにも支局を開設していました[†33]。2015年には書籍『漂流郵便局——届け先のわからない手紙、預かります』が出版され、2020年に続編『漂流郵便局 お母さんへ』が刊行されています[†34]。

本書のおかげで、久保田氏と直接お話しすることができました。

2012年、彼女は瀬戸内国際芸術祭のコンペで粟島に応募し、見事採択されます。念願叶って、「アーティスト・イン・レジデンス」(滞在芸術家)として、半年間粟島に滞在し、実際に島で生活する中で「漂流郵便局」の着想を得ます。芸術家というと、何もしなくてもひらめく人のように思っている方もいると思いますが、その土地(地形、歴史、等)について徹底的にリサーチをするところから始めます。現場を知る、実際に現地で生活するということは、研究をする上でも重要なので、彼女の言わんとすることはよく分かりました。

彼女が粟島に住んでみて気づいたことのひとつに、「この島にはいろいろな物が流れ着く」という事象がありました。東は紀伊水道、西は豊後水道と、東西の潮流がぶつかる粟島では、海からの漂流物が海岸に打ち上げられます。どこから来たのか、誰のものか分からないものが、流れ流れて「今ここ」にあるということ。そんな地元の人にとっては“当たり前”のことに着目します。これこそが「余所者(よそもの)」の強みだと思います。何十年もそこに住んでいる人にとっては当たり前すぎて気づかないこと、もしくは芸術家だから「見えるもの」。それを起点に「漂流郵便局」が生まれます。

読者の皆さんは、海岸に流れ着いた瓶に入った手紙に憧れたことはありますか。誰が、いつ読むか分からないけれど、最悪の場合は誰にも気づかれないかもしれないけれど、書をしたためる。またはどこの誰が書いたか分からない手紙を拾う。そんなボトルメールのイメージで「漂流郵便局」は生まれたといいます。

旧粟島郵便局跡を活用し、かつて局長を務めていた中田氏を説得して、2013年に「漂流郵便局」は誕生します。「漂流郵便局」としてのルネサンス（再生）です。中田局長に局長就任を依頼した際、初めは断られたそうです。そこを粘り強く交渉し、最終的には芸術祭が終了した後も続けてくださるまでになりました。現在も継続しているのは「他ならない中田さんのおかげ」と久保田も述べています。

彼女が話していたことで印象的だったのが、「手紙を書くことはある種のイニシエーション」だということです。紙に直に手書きで書くという行為[†35]、そしてハガキを投函する一連の動作に意味があります。紙という寿命の長い（将来に残る）媒体に、手を使って書くという身体行動、思いを込めて書いたハガキをその重さを感じながらポストに入れ、自分の手から離れるという所作に価値を見出しています。そして漂流郵便局に届いた数万通のハガキや封書を久保田が手にした時、自身の身体で感じる重さを、送信者の思いと重ねています。それはメールやオンラインのメッセージではできない表現であり、体験であると彼女はいいます。これは「メディウム特有の意味付与」であると思います。

久保田は敬虔なクリスチャンであるからか、漂流郵便局が「教会」のように感じられるといいます。匿名の手紙には誰にも言えない秘密が書いてあったり、謝罪や後悔であったりするので、告解のようでもあります。手紙を書いた本人は無意識なのかもしれませんが、教会で聖職者に懺悔するような行為に近いといえます。

また作品は自分の子どものようだと、久保田は言います。それゆえ漂流郵便局もそろそろ親離れ、子離れの時期が来ているかもしれないと話してくれました。

その観点からすると、漂流郵便局というプラットフォームのもつ力が一人ひとりのエージェンシーを引き出し、その人たちのエンゲージメントの総和によって、作家の手を離れていく姿が目に浮かびます。それゆえ、ソーシャリー・エンゲイジド・アート（SEA：Socially Engaged Art）と呼ばれるソーシャル・プラクティスにも該当†36するかと考えました。しかし、久保田に尋ねてみたところ、「どの側面も持ち合わせているので名前をつけて一つの側面だけ物語るのが怖い」といいます。そして次のように語っています。「あの場所のことをなにかに分類すること自体に少し抵抗感があります。アートですらなくてもいいと思うほどです」†37。

2020年。漂流郵便局では今までにも増して手紙が届いたそうです。自分のことを考える時間ができたり、人生を振り返る機会ができたりしたせいでしょうか。久保田自身も漂流郵便局宛てに手紙を書いて投函したそうです。2020年末の時点で、漂流郵便局にある手紙の総数は約4万通です。

当然のことながら、「漂流郵便局」で閲覧できるハガキは“普通”の人が書いた手紙です。決して有名人の残した書簡ではありません。それにもかかわらず、多くの人が訪れ、大勢の人が今もハガキを送り続けています。漂流郵便局を訪問したいと思うのは、他の人の悲しみや苦しみに共感するからでしょうか。辛いのは私だけではないと、安堵したいからでしょうか。

理由はともあれ、訪問し、閲覧するというのも、作品である「漂流郵便局」に「参加」していることになります。手紙を送る際も「いつか現地を訪れたい」「現場で自分が書いた手紙を確認したい」と思って投函する人もいるでしょうから、人が移動する目的をつくってくれています。参加型アートとしても良い仕組みだと思いますが、手紙に引き寄せられて、人も漂流してくるプラットフォームになっていると思います。久保田自身も、粟島に辿り着いた漂流物のひとつだと感じているそうです。

こうして交流人口を増やすことに成功した漂流郵便局ですが、「まちおこしを意図してやった活動で、まちおこしはできない」と久保田はいいます。

既述の通り、漂流郵便局は期間限定のアート・プロジェクトとして始まったものです。「芸術祭終了後も継続し、芸術祭とは関係なく開局する」ことは想定していませんでした。漂流郵便局を生み出したのは久保田ですが、既に作家の意図していなかった方向に作品が漂流しています。自走しているといってもいいかもしれません。あくまで「結果として」ヒト、モノ、カネが動いているのです。

漂流郵便局では、故人宛ての手紙が多いそうです。個人的には少し意外でした。相手が死者の場合は、その手紙を読む可能性はゼロです。漂流郵便局に手紙を書く方は、ボトルメールのように、万に一つの確率でも、その人に届くかもしれないという期待を込めて送付しているのかと思っていました。死者とコミュニケーションしたい人の手紙が多いということも、漂流郵便局が宗教的な空気を醸し出していることに関係しているのかもしれません。

これまで見てきたように、漂流郵便局は、産みの親である久保田本人も予想していなかったような展開、発展をしています。そして久保田は、「人はなぜ返事のこない手紙を書くのだろうか」と考えるようになります。人間はコミュニケーションのとれないものに対しても、意志疎通を図ろうとする、それこそが文化の発生原理なのではないかといっています[†38]。

私は、悲しみや苦しみは人をクリエイティブにすると考えています。幸せな時には何かを生み出そうと思わないのに、苦悶を抱えると"にわか詩人"になったり、創造力が湧いてきたりするように感じます。やり場のない怒りや、どうしようもない悲しみを、何らかの形で表現することによって救われるのかもしれません。

あなたには「届け先の分からない手紙」がありますか。

4. 記憶を紡いで新しい未来へ　失恋博物館

2021年1月よりロードショーの映画『いつか、どこかで』[†39]（リム・カーワイ監督）の冒頭、「失恋博物館（Museum of Broken Relationships）」[†40]が登場します。マカオ出身のアデラは、1年前、今は亡き恋人のスマートフォンを同館へ寄贈しています。それが実際に展示されているのを自分の目で確認しに、ザグレブ(クロアチア)を訪問します。亡くなった彼の思い出の品を前に、彼女は自分のスマートフォンで現場(同館で展示されている様子)を撮影します(図10)。まるで、これが別れの儀式であるかのように、その後は(少なくとも映画の中では)彼の思い出を引きずらず、彼の死を嘆き悲しむこともなく、旅を継続します。

漂流郵便局と同様、"普通"の人の思い出、個人の記憶を共有するミュージアムを紹介します。瀬戸内海からヨーロッパのクロアチアに参りましょう。

読者の皆さんはどうやって失恋を乗り越えましたか。大切な人との別れに対して、どう気持ちの整理をつけたらいいのでしょうか。

思い出の品を見ると、その人を想起してしまいます。それゆえ、忘れたい人にまつわる品々は、すべて処分してしまう人も少なくないでしょう。でも捨てるには忍びなく、今も手元にあるという人もいるでしょう。アデラのように、思い出の品とそれにまつわるストーリーを、失恋博物館に寄贈してみませんか。

同館は2010年、クロアチア初の私立博物館として、首都の

図 10　ザグレブの失恋博物館で寄贈品を確認するアデラ ©cinemadrifter
画像提供：リム・カーワイ

図11　オリンカ(左)とドラジェン(右)
© HRVOJE POLAN / AFP

ザグレブに開館しました[†41]。設立者は元カップルの、オリンカ・ヴィシュティツァとドラジェン・グルビシッチです(図11)。オリンカはアート・プロデューサー、ドラジェンはビジュアル・アーティストです。自分たちの恋愛関係が終焉を迎えた際に、その思い出の品とストーリーを展示したのが始まりです。

2006年頃からオリンカたちは友人、知人にも声をかけ、別れにまつわる品々をコンテナに載せて世界中の都市を巡回します。その巡回展の成功が常設のミュージアム開設へと繋がります。失恋博物館はオリンカとドラジェンのアート・プロジェクト[†42]という位置づけであり、ふたりは同館の共同創設者です。

同館では、基本的に"普通"の人から寄贈された品が、収蔵品かつ展示品となります。つまり、誰でも将来の展示品(候補)を寄贈することができます。

同館を訪問できなくても、公式サイト上で世界中の人と思い出を共有することができます。その誘い文句に同館のコンセプトが表れています。

〈ミュージアム探索〉

> 失恋博物館はリアルとヴァーチャルのみんなの空間です。
> あなたの失恋のストーリーとそれを象徴するモノを大事に保管し、他の人とシェアするために開設しています。
> 失恋博物館はあなたのミュージアムであり、
> 私たちのミュージアムでもあります。

私たちがどうやって人を愛し、
どうやってそれを失うかについてのミュージアムです。

ミュージアムの核になるのは増え続けるコレクションです。
それらは過去の人間関係を思い出すための品々であり、
そこには寄贈者の私的な物語が匿名で添えられています。
失恋の痛手から自力で立ち直ろうとすると、
"破壊的"行為に陥りがちだけれど、
失恋博物館は創造的な過程を経ることによって
立ち直るチャンスを提供します。
みんなのコレクションに寄贈することによって[†43]。

（拙訳）

〈共有された破綻の数々〉

あなたの別れのストーリーを共有して。
もしまだ時間が必要だったら、そこから目をそらしてみて。
それも難しかったら、
失恋の地図にピンするだけでもOK。
あなたはひとりじゃない[†44]。

（拙訳）

2021年1月19日現在、公式サイトの世界地図にピンされた場所は2,409ヶ所。エピソードを添えていない人もいますが、思い出の品の画像とともにストーリーを記してあるものもあります。またコレクションとして、41品がオンラインで公開されています。SNSも複数アカウントがあり、それぞれに何千、何万というフォロワーがいます[†45]。

同館は世界中の観光客が訪れる人気スポットですが、立地からも外国人観光客をターゲットとしていることが分かります。初めてザグレブを訪れた旅行者が必ず見学するであろう、聖マルコ教会の近くなのです。

同館で展示されている各作品のキャプションは、クロアチア語と英語のみですが、館内で貸し出してくれる解説（ブックレット)は日本語版もあります。他に中国語、ドイツ語、フランス語、イタリア語、韓国語、ポルトガル語、スペイン語、ロシア語が可能です。外国人旅行者が数多く来館していることは疑いようがありません。2016年には、ロサンゼルスに別館がオープンしました。これも失恋博物館の成功を物語っています。

日本では「失恋博物館」と紹介されることが多いのですが、英語名はMuseum of Broken Relationshipsです。破綻した関係であれば、恋愛に限定されないわけです。しかし、収蔵品・展示品の多くは恋愛にまつわるものが多いので、「失恋博物館」というのもあながち間違っていません。

元々、このミュージアムを考案したオリンカとドラジェンも、自身の恋愛関係に終止符を打った時に、美しい思い出を「遺品」として展示することを始めました。愛の物語の終わり、そしてその物語の遺品ということです。それゆえ、失恋や別れによって生じた心の傷を癒す手伝いをするために、このミュージアムはあるというスタンスです。そして、その愛の物語を締めくくる「儀式」として、その「遺品」を公に展示するのです。結婚式、葬式、卒業式等と、節目節目にセレモニーがあります。それにもかかわらず、失恋という重要な人間関係の破綻には「儀式」がありません。彼らはそこに目をつけたわけです。

たしかに近親者の葬儀をすると、辛いけれども告別式などの儀式を通じて徐々に気持ちの整理がついていった経験が、私にもあります。冒頭のアデラも儀式が完了したからこそ、その後も旅も続けられたのかもしれません。アデラの場合は、映画なのでフィクションとはいえ、恋人を亡くしています。それならば、彼女の別れのストーリーは重く深刻なはずです。

しかし、実際に展示されている品やストーリーは、必ずしも暗く悲しいものばかりではありません。中には少し笑わせてくれるようなエピソードも含まれています。おそらく喜怒哀楽のように、そのあたりのバランスを考えて、緩急をつけながら展示品や順番を決めているのでしょう。

全体としては湿度を伴ったような重々しい雰囲気はなく、

見学後に暗く悲しい気持ちになることはありません。展示されているモノとそれにまつわる物語は、決して楽しい話でも、心温まるストーリーでもないにもかかわらず、ウェットな感じがしないのは不思議です。

幸福な家庭はどれも似たものだが、
不幸な家庭はいずれもそれぞれに不幸なものである†46。

レフ・トルストイ(Lev Tolstoy, 1828–1910)の『アンナ・カレーニナ』(1877)冒頭にあるように、失恋、別れ、人間関係の破綻という不幸は千差万別です。失恋博物館で扱うモノとストーリーも、人の数だけあるといえます。他者の苦しみや悲しみに共感はできるけれども、そのストーリーは決して同じではないということです。多種多様な別れが同館の魅力であり、コレクションが無限に増殖する可能性を秘めています。

また失恋をアートにするという点では、フランスの現代アーティストであるソフィ・カル(Sophie Calle, 1953–)†47を思い出します。2019年に原美術館で「『ソフィ カル — 限局性激痛』原美術館コレクションより」が開催されました。それは20年前に同館で開催された同作品の再現です†48。

《限局性激痛》は、彼女自身の過去の記憶と、その時々を象徴するモノの写真(失恋の経験とその治癒までの過程)を作品にしたものです。前半の「失恋という不幸までの記録」(カウントダウン)と後半の「失恋からの治癒の軌跡」(カウントアップ)という、極めて個人的な物語です。後半は他者と痛みを交換し、共有することで、徐々に傷が癒えていく記録です。他者に自分の失恋(人生最悪の経験であり、苦しみ)を語り、相手にも人生で最も辛い経験を話してもらうことを繰り返し、最終的に(3ヶ月後)は失恋の痛みを克服していきます。

一人ひとりのネガティブな思い出、感情、やり場のない怒りなどを消化・消火・昇華させるために、象徴的なモノを寄贈し、そこにストーリーを残し、展示(公開)するという、非常にユニークなミュージアム。2010年当時には新奇性と独創性に優れていたであろう同館も、現在ではそれほど奇異に感じないでしょう。同館のコンセプトが世界中の人に共感されたことによって、今では類似した収蔵・展示スタイルをとるミュージアムが他にも開設されています†49。

展示品のひとつである「子どもが書いた戦時中のラブレター」は、サラエボの少年が1992年に書いたものです。1992年というのは、サラエボ包囲が始まった年です。この少年はサラエボから亡命を図ろうとしたのですが、捕虜として捕らえられてしまいます。そんな緊迫した時間でも人間は恋に落ちるのです。隣の車に乗っていた女の子、エルマに宛てた手紙です。でもエルマに渡せないまま、ふたりは離れ離れになってしまいます。渡せなかった手紙というのは、どこの国、誰の身にもあることです。この少年に「漂流郵便局」を教えてあげたら、あらためてエルマに手紙を書いてくれるでしょうか。

2021年1月までに失恋博物館が開催した巡回展は57回。日本でも、2018年3月31日から4月14日まで、東京のアーツ千代田3331にて「あなたとわたしのお別れ展」†50が開催されました。日本で巡回展が開催された際、朝日新聞のインタビューに答えたオリンカは次のように語っています。「匿名だからこそ個人的な物語を普遍的なものに感じ、会ったこともなく、文化も違う人たちの間に、痛みを共有できる関係が生まれ

図18　日本人の寄贈品「父の羽織」（筆者撮影）

る」†51。

興味深いことに、漂流郵便局の久保田は「そこで受けつける手紙は、いわばひとつひとつアノニマスなプライベートの暴露であり、ここにひとつ、人間の心の奥から紡がれる時代性を見て取ることができる」†52と述べています。匿名とアノニマスがキーワードのようです。

漂流郵便局も匿名に近い展示です。宛名も差出人名も、本名を書く必要はありません。むしろ局内で公開（誰もが閲覧可能）しているので、差出人の住所は書かない方がよいとのことです。

ここまで読み進めてきて、もしかすると、読者の中には「こういうのもミュージアム？」と思っている人がいるかもしれません。おそらく日本で考えられている“普通”のミュージアムからすると、違和感を覚えるのも無理はありません。しかし、失恋博物館は開館翌年の2011年に「ヨーロッパで最もイノベーティブなミュージアム」として、ヨーロピアン・ミュージアム・フォーラムより従来の博物館の枠組みに大胆に挑戦した館に贈られる「ケネス・ハドソン賞」を受賞しています。クロアチアのミュージアムとしては初の受賞です。

おわりに――アリアドネたちの糸

「つむぐ」というキーワードをもとに、時間と空間の旅をしてきました。いかがでしたでしょうか。

アート（art）という語は、ラテン語のアルス（ars）に由来します。そしてさらに遡ると、古代ギリシャ語のテクネ（techne）です。元々の意味は術、手仕事の技術のようなことを指しました。そういう意味では、本章はarsからartの歴史を一部ご紹介したともいえるでしょう。

神話の世界ではありますが、女性であるアリアドネは愛するテセウス（男性）を助けるために糸を使いました。現代の女性は、より自分を表現するために、もしくは自分を成長させるために糸を紡いでいるように思えます。また女性自身が難問・難題を抱えているので、それを解決するために、自身で紡いだ糸を使わなければならない時代ともいえます。現代のクロト、アリアドネともいえる女性たちが、どんな糸を紡ぎ、どんな織物(テキスト)を織り上げているのか、女性作家を例にして見てきました。

塩田千春に《DNAからの対話》(2004)という作品があります。不特定多数の人から使用済みの靴を募り、その靴にまつわるエピソードを添えてもらいました。それらの靴を赤い糸で一点に結んだインスタレーションです。この作品について、塩田は次のように語っています。「その人たちとは会ったこともないのにその人生をありありと思い浮かべることができ、靴を見た時には、その人たちが目の前にいるような気がしました」†53。そのようなモノは「ある一人の人間の人生や思いが放つ力(インスピレーション)」なのだと塩田はいいます。「存在とは何か、生きているとはどういう意味なのか、私たちは何を求めて、どこへ向かおうとしているのか？」を問いかけているのだと†54。

漂流郵便局と失恋博物館の事例でも、その手紙やモノから、その書き手や元の持ち主の人生が浮かび上がってきます。会ったこともない、これから会うこともないであろう人を、その瞬間だけ身近に感じる。そんな体験は魂が宿ったモノの力ゆえかもしれません。

また、漂流郵便局と失恋博物館の事例は、紡いだ糸が共感を生み、匿名の人々を繋いでいるように見えます。ふたつの事例を見てみると、洋の東西を問わず、名もなき人の悲しみや苦しみに共感している来館者の姿が目に浮かびます。漂流郵便局は、期間限定とはいえ、ロンドンに支局が、失恋博物館はロサンゼルスに別館が誕生(海外にも展開)しているという点も、共通しています。当初はテンポラリーであったものが常設化していく様子も、反響の大きさを物語っています。

塩田がいうように、糸は人間関係のメタファーなのでしょう。何らかの理由によって途中で「つながり」が切れてしまった人にとって、その悲しみや苦しみから立ち直るには、新しい糸を紡ぐしかありません。漂流郵便局や失恋博物館は、新しい糸を紡ぐための場を提供しているといえます。

人は誰もがアーティストです。本章の表現でいえば、「誰もが紡ぎ手」です。是非何か生み出してみましょう。その時間がとれない場合は、ミュージアムに行ってみましょう。もしかすると参加型アートやワークショップをしているかもしれません。その機会に恵まれなかったら、他者の作品や展示を鑑賞してみてみましょう。

本章では、意識的に、従来考えられている「ミュージアム」とは異なる事例を紹介しました。ただ、最後にご紹介した「失恋博物館」でさえも、もう10年前の開館なので、既に新しいとはいえません。ミュージアムはどんどん進化しています。ミュージアムをきっかけに、あなたなりの記憶の紡ぎ方、過去や未来とのコミュニケーションを考えて頂けたら幸いです。

注

1 "つむ·ぐ【紡ぐ】", デジタル大辞泉, JapanKnowledge, https://japanknowledge.com.toyoeiwa.remotexs.co ,（参照 2020-12-06）

2 ヘシオドスの『神統記』には以下のような記述がある。「クロト　ラケシス　アトロポスがそれ（命運）で　彼女たちは死すべき身の人間どもの出生のさいに　善運と悪運を授ける」。

ヘシオドス『神統記』廣川洋一訳 , 岩波書店 , 1984, p. 33.

3 テセウスは敵将であるため、アリアドネの行為は故郷と父への裏切りである。美術史家の故・若桑みどりは、アリアドネも男性にとって「禍いをもたらす女たち」のグループに入れられていたと述べている。

若桑みどり『象徴としての女性像　ジェンダー史から見た家父長制社会における女性表象』筑摩書房 , 2000, p. 142.

4 G. ハインツ=モーア『西洋シンボル事典――キリスト教美術の記号とイメージ』野村太郎 , 小林頼子監訳 , 八坂書房 , 1994, p. 28.

5 日本聖書協会『聖書 新共同訳』1987, マタイによる福音書 6 章 28 節

6　同上, 出エジプト記 35 章 25 節

7　若桑, 前掲書 , p. 17.

8　アネット・B・ワイナー , ジェーン・シュナイダー編『布と人間』佐野敏行訳 , ドメス出版, 1995, p. 324.

9　前野みち子、香川由紀子「西欧女性の手仕事モラルと明治日本におけるその受容」『言語文化論集』, 2007, p. 23.

10　キリスト教図像では、「糸巻き棒は活動的な生活（瞑想的生活の対立概念）の象徴」である。

ハインツ=モーア , 前掲書, p. 28.

11　糸紡ぎに従事する人のことを英語で spinster というが、未婚女性、とりわけ妙齢を過ぎた独身女性を指すということは特記しておきたい。

12　ポール・ヴァレリー『ヴァレリー全集 1 増補版』筑摩書房, 1979, p. 5.

13　鳥山定嗣「ヴァレリーの詩『紡ぐ女』を読む : 形式と主題の結びつきをたどって」『EBOK』（神戸大学仏語仏文学研究会）, 2015, p. 71.

14　美術史家の故・若桑みどりは「家父長制社会で生産された女性のイメージは、その社会における女性を「描いた」ものであるというよりは、女性がその社会でどういう意味・役割を帯びているかという、女性をめぐる社会関係を独自なやりかたで表象しているテキストである」と述べている。

若桑, 前掲書, p. 8.

15　山脇岳志「森美術館で歴代 2 位の入場者 塩田千春展、反響の秘密はどこに」『朝日新聞 GLOVE +』, 2019 年 11 月 23 日

https://globe.asahi.com/article/12891790（最終アクセス:2020 年 12 月 30 日）

16　かないみき「塩田千春　“死”と寄り添い、走り続けた 2 年」『芸術新潮』2019 年 8 月号, 第 70 巻第 8 号, p. 85.

17　「アートの扉:塩田千春　不確かな旅　赤い糸の恍惚と不安」『毎日新聞』2019 年 7 月 29 日 , 東京夕刊, 3 頁 , 総合面

18　Jun Ishida「赤と黒の糸が紡ぐ物語。塩田千春のアートと最新モードが響きあう」, *The New York Times Style Magazine: JAPAN,* Sep.30, 2019, https://www.tjapan.jp/fashion/17305420/p2（最終アクセス:2020 年 12 月 30 日）

19　窪田直子「糸で織りなす心の風景、『塩田千春展魂がふるえる』、生と死に向き合う旅路」『日本経済新聞』, 2019 年 8 月 10 日 , 朝刊 , 36 頁

20　『塩田千春:魂がふるえる』東京:美術出版社／森美術館 , 2019, p. 222.

21 『第 56 回ヴェネツィア・ビエンナーレ国際美術展日本館』, https://2015.veneziabiennale-japanpavilion.jp/ja/（最終アクセス:2020 年 12 月 29 日）

22 塩田 , 前掲図録 , p. 221.
初出は以下の書籍だが、一部改訂したテキストと、2019 年 3 月に行われたインタビュー（奥村雄樹訳）をもとに構成されている。
アンドレア・ヤーン『塩田千春とアンドレア・ヤーンとの対話』（日本語版別冊）鈴木七恵訳 , ケルベル社, 2016.

23 同上

24 Naoko Aono「塩田千春の圧倒的なインスタレーション空間へ。」『Casa Brutus』2019 年 6 月 30 日 , https://casabrutus.com/art/109396/3,（最終アクセス：2020 年 12 月 29 日）

25 塩田 , 前掲図録 , p. 218.

26 中野仁詞「瞬間の哲学に見る空間芸術」『美術手帖』2019 年 8 月号 , vol.71, no.1077, p. 73.

27 山脇 , 前掲記事

28 2020 年は「美術館女子」という炎上問題も記憶に新しい。
美術手帖「『美術館女子』は何が問題だったのか。『美術界のジェンダー格差を強化』『無知な観客の役割を女性に』」『美術手帖』, 2020 年 6 月 15 日 , https://bijutsutecho.com/magazine/news/headline/22140（最終アクセス:2020 年 12 月 30 日）
加治屋健司「『美術館女子』は何が問題だったのか」『東京大学教養学部報』第 622 号 , 2020, https://www.c.u-tokyo.ac.jp/info/about/booklet-gazette/bulletin/622/open/622-02-1.html（最終アクセス:2020 年 12 月 30 日）

29 久保田自身が漂流郵便局を「アート・プロジェクト」と位置付けている。

30 久保田は自身の博士論文の中でも漂流郵便局を採り上げている。その審査結果を見る限り、審査委員の教授陣は、漂流郵便局を「リレーショナル・アート」として評価している。リレーショナル・アート、ソーシャリー・エンゲイジド・アート、コミュニティ・アート等に関しては賛否両論あるが、その是非については本稿では問わない。
久保田沙耶「芸術における認知行動をめぐる物質文化の解釈的研究 [要旨]」東京藝術大学 , 博美第 524 号学位論文 , 2017, https://geidai.repo.nii.ac.jp/?action= repository_uri&item_id=746&file_id=20&file_no=2（最終アクセス：

2021年1月18日）

31 漂流郵便局に近いプラットフォームは被災地を中心に存在する。2021年3月に公開する映画『漂流ポスト』は、岩手県陸前高田市に実在する「漂流ポスト」をテーマにしている。

『映画「漂流ポスト／The Drifting Post」』https://www.hyouryupost-driftingpost.com/（最終アクセス:2021年1月18日）

また2020年に公開された映画『風の電話』も、岩手県大槌町にある電話ボックスをモチーフにしている。

『風の電話』, http://www.kazenodenwa.com/（最終アクセス：2021年1月18日）

なお、既に終了したアート・プロジェクトでは、「赤崎水曜日郵便局」（2013年6月～2016年3月）、「鮫ヶ浦水曜日郵便局」（2017年12月6日～2018年12月5日）がある。赤崎水曜日郵便局は2014年のグッドデザイン賞も受賞している。

『赤崎水曜日郵便局』, https://samegaura-wed-post.p3.org/akasaki/（最終アクセス:2021年1月18日）

『GOOD DESIGN AWARD』, https://www.g-mark.org/award/describe/41877（最終アクセス:2021年1月18日）

『鮫ヶ浦水曜日郵便局』, https://samegaura-wed-post.p3.org/（最終アクセス:2021年1月18日）

32 久保田沙耶『漂流郵便局――届け先のわからない手紙、預かります』小学館, 2015, pp. 20–21.

33 久保田沙耶「連載　ロンドンの記憶と記録のあいだ 第4回『返事はいらない』」『Web Magazine OPENERS』,2015年11月24日, https://openers.jp/lounge/lounge_features/1425564（最終アクセス:2020年12月30日）

34 久保田, 前掲書

久保田沙耶『漂流郵便局　お母さんへ』小学館, 2020

35 あいちトリエンナーレ2019に出品されたドミニク・チェン（早稲田大学文化構想学部准教授）のインスタレーション《Last Words/TypeTrace》は、#10分遺言：人々の「最後の言葉」を収集するアート・プロジェクトである。人生の最後に誰かに遺言を残すとしたら何を書くか、その軌跡を記録する。久保田とは対照的にデジタルの長所を生かした作品である。

36 美学者の星野太は、リレーショナル・アートとソーシャリー・エンゲイジド・アートについて次のように解説している。「前者があくまでも『芸術（art）』としての作品形式を保持する傾向にあるのに対し、後者はむしろ作品としての存在様態を忌避し、純粋な『実践（practice）』に接近していく」という違いがある。それゆえ「後者においては、しばしば『美的』『芸術的』な価値の衰退と、『社会的』『倫理的』な価値のせり上がりが、実践・評価のそれぞれにおいて見られることになる」。

星野太「ソーシャル・プラクティスをめぐる理論の現状――社会的転回、パフォーマンス的転回」アート&ソサイエティ研究センター SEA 研究会編『ソーシャリー・エンゲイジド・アートの系譜・理論・実践――芸術の社会的転回をめぐって』, フィルムアート社, 2018, p. 148.

37 筆者によるメールインタビューより（2021 年 1 月）

38 久保田（2015）, 前掲書, p. 158.

39 リム・カーワイ監督『いつか、どこかで』（原題：Somewhen, Somewhere）, アデラ・ソー他出演 , 2019, セルビア・クロアチア・モンテネグロ・マカオ・日本・マレーシア合作 , Cinema Drifters

40 映画の中では「別れの博物館」となっているが、本章では原則「失恋博物館」で統一する。英語名は Museum of Broken Relationships だが、読者が検索する際、「失恋博物館」の方が、「別れの博物館」より情報量が多いためである。またドゥブロブニク（クロアチア）には Love Stories Museum があり、それとの対比としても「失恋博物館」とする。

Love Stories Museum, https://lovestoriesmuseum.com/ （accessed Dec.30, 2020）

41 Christine Bednarz, “This Museum Memorializes Failed Love”, *National Geographic*, 2018 年 6 月 8 日, https://www.nationalgeographic.com/travel/destinations/europe/croatia/things-to-do-zagreb-museum-of-broken-relationships/ （accessed Dec.30, 2020）

42 失恋博物館は「アート・プロジェクト」と謳っている。失恋博物館がリレーショナル・アートなのかどうかの判断は見送るが、Museum of Broken Relationships で寄贈者との Relation が構築されるというのは、言語的矛盾をきたすようで興味深い。既述の通り、リレーショナル・アート等の是非を問うことは、本稿の趣旨ではない。

43 Museum of Broken Relationships, “Explore the Museum”, https://www.

brokenships.com/explore（accessed Dec.30, 2020）

44 Museum of Broken Relationships, “Shared Breakups”, https://www.brokenships.com/share（accessed Dec.30, 2020）

45 2021 年 1 月 12 日現在の数値は以下の通り。

Facebook	フォロワー	：26,312 人
	いいね	：25,935 人
	チェックイン	：24,668 人
Twitter	フォロワー	：3,932 人
Instagram	フォロワー	：9,478 人

46 トルストイ『アンナ・カレーニナ〈上〉』中村融訳 , 岩波書店 , 1989, p.5.

47 ソフィ・カルを研究対象とする松田愛は、カルの芸術表現の根底にリレーショナル・アートも含めている。

松田愛「ソフィ・カル〈盲目の人々〉論――「距離」と「美」をめぐって」『富山大学芸術文化学部紀要』第 11 巻 , 2017, p. 105.

48 原美術館「『ソフィ カル ― 限局性激痛』原美術館コレクションより」（プレスリリース）2019 年 1 月 11 日 , http://www.haramuseum.or.jp/jp/wp-content/uploads/2018/11/jp_hara_SophieCalleExquisitePain_190111.pdf（最終アクセス:2020 年 12 月 30 日）

49 既述の通り、類似したプラットフォームが誕生しているのは漂流郵便局も同様である。

50 日本での巡回展については、一部当時（2018 年）の情報が閲覧可能である。

[JAPAN MOBR]. (2018 年 3 月 17 日).

別れの博物館「あなたとわたしのお別れ展」[動画ファイル]. Retrieved from <https://youtu.be/sjcq71CLdJE>

美術手帖「『別れの博物館』がついに日本に。忘れられない思い出を募集」,『美術手帖』2018 年 2 月 6 日 , https://bijutsutecho.com/magazine/news/cxhibition/11639（最終アクセス:2020 年 12 月 30 日）

51 丸山ひかり「別れても記憶この中に」『朝日新聞』2018 年 4 月 5 日, 夕刊 , 11 頁

2019 年 6 月 17 日の日経産業新聞の報道によると、2018 年 12 月に成都（四川省）に失恋博物館を開業してから、わずか 5 ヶ月で北京や天津といった 20 都市に広がっている模様。もちろんブームゆえ、去るのも早いかもしれない

が。2018年にクロアチアの失恋博物館が上海で展示会をしたのが発端で、それを見た成都の展示企画会社が中国版を設立したのだという。
比奈田悠佑「中国の『失恋博物館』」『日経産業新聞』2019 年 6 月 17 日, 13 頁

52 久保田沙耶「連載　ロンドンの記憶と記録のあいだ　第 3 回『かわいた記憶にお湯を注いで』」『Web Magazine OPENERS』, 2015 年 9 月 30 日, https://openers.jp/lounge/lounge_features/1340301（最終アクセス：2020 年 12 月 30 日）

53 塩田, 前掲図録, p. 216.

54 同上, p. 218.

コラム1

バルカン・バロック Balkan Baroque (1997)

町田小織

第1章「つむぐ」で採り上げた、糸を紡ぐアーティスト塩田千春。塩田は、かつてマリーナ・アブラモビッチ(Marina Abramović)に師事していたことがある。

アブラモビッチは両親がパルチザン、大おじがセルビア正教会の首座たる総主教という家庭の出身である。1946年にベオグラード(ユーゴスラビア)で生まれ、チトー大統領存命中の1970年代半ばにユーゴスラビアを離れている。パフォーマンス・アートの母といわれ、世界的に有名な現代アーティストのひとりである。彼女の記念碑的な作品が、《Balkan Baroque》(1997)。第47回ベネチア・ビエンナーレ国際美術展に出品された同作品は、グランプリである金獅子賞を受賞する。

1990年代というのは、彼女の祖国である旧ユーゴスラビアで内戦が続いた時代である。ボスニア内戦に関しては1995年のデイトン合意で一応の決着がついていたものの、再び戦争にならないという保証はない。1995年から1996年まで私はベオグラードに留学していたのだが、コソボやマケドニアでも何が起こるか分からない、そんな雰囲気だったように記憶している。

アブラモビッチは、1992年にボスニア内戦が始まった時、様々なアーティストが反戦のための作品をつくっていたが、自分にはできなかったと語る。「それは私には近すぎた」のだと。

そして《Balkan Baroque》を手掛ける際、アブラモビッチは生まれ故郷のベオグラードへ行き、両親にインタビューをしている。自分の人生を振り返り、自分の中にもあるバルカン性(アイデンティティ)を確認するためだろうか。

同時に血の付いた牛の骨を2,500本集め、それを一つひとつ手で磨く（骨についた血を拭い去る）という作業を行った。毎日6時間、6日間にわたって洗浄したという。しかし、その作業をして分かったことは、それは不可能だということである。

同様に、戦争による恥を洗浄することはできない。いかなる戦争も恥を浄化することはできない。だからこそ普遍的になり得るのだというメッセージを、この作品から発している[†1]。後年、TED Conferencesのプレゼンテーションで、「どんな時代のどの戦争にも当てはまるものを作りたかった」と語っている[†2]。

一方で、《Balkan Baroque》はユーゴスラビアの矛盾を表しているという。アブラモビッチは「特定の状況のもとでは、あなたは殺人者になります。そして基本的に、私達のすべては潜在的に殺人者なのです。同様に、私達は平和で快適な状況においてはとても理想的な人物になり得ます」[†3]と語る。

2019年9月21日から2020年1月20日までベオグラード現代美術館にて
回顧展「The Cleaner」開催
マリーナ・アブラモビッチにとってCleaningはメタファーである（筆者撮影）

1990年代の内戦当時、マスメディアを通じて盛んに報道された「民族浄化(Ethnic Cleansing)」という言葉。そのことを想起させるために、アブラモビッチがクレンジングしているのは明白である。

この「民族浄化」というキャッチーな言葉とともに、他民族を殺して浄化しているのはセルビア人だという報道が、国際社会を震撼させた。「民族浄化」という言葉は、プロパガンダとして機能し、世界中に普及し、OED(Oxford English Dictionary)にも掲載され、今では日本で発行されているオックスフォード英英辞典(中級者向け)にも載っている用語である[†4]。さらに「文化浄化(Cultural Cleansing)」という言葉まで誕生した。

《Balkan Baroque》のバロックとは、歪(いびつ)さや歪みを表すが、そこにネガティブな意味はない。むしろ、音楽にしても建築にしても、豊饒な世界が繰り広げられる。《Balkan Baroque》も、バルカンの複雑さからくる魅力を意味しているのではないだろうか。

またバロックの時代といわれる17世紀は、ヨーロッパでは宗教対立や戦争が続き、ペストも流行し、魔女狩りも最盛期を迎え、社会不安が増大した危機の時代といわれる。アブラモビッチは内戦下の旧ユーゴスラビアを「バロック」と表現したわけだが、現在の私たちが生きている世界についても考えさせられる。

注

1 The Museum of Modern Art, "Balkan Baroque", *The Museum of Modern Art, New York*, https://www.moma.org/audio/playlist/243/3126 (accessed Dec.30, 2020)
アブラモビッチは《Rhythm 0》(1974)において、人間は「何をしてもいい」と許可を与えると、何の関係もない人を殺しかねないということを実験的に示している。

2 マリーナ・アブラモビッチ「信頼、弱さ、絆から生まれるアート」[Video]

TED2015, https://www.ted.com/talks/marina_abramovic_an_art_made_of_trust_vulnerability_and_connection?language=ja（accessed Dec.30, 2020）

3　マリーナ・アブラモビッチ「マリーナ・アブラモヴィッチインタビュー　今はなき故国ユーゴスラヴィアと親友スーザン・ソンタグを想う」渡辺真也、萩原留美子訳『舞台芸術 07』（京都造形芸術大学舞台芸術研究センター）2004, pp. 96–97.

4　"ethnic cleansing",『オックスフォード英英辞典：Oxford practical English dictionary』オックスフォード大学出版局 , 2004, p. 519.

日本の辞書で ethnic cleansing の主体が「セルビア人」と明記しているものもある。

éthnic cléansing 民族的浄化: セルビア人がボスニアからクロアチア人やイスラム教徒を武力追放する政策.［1992］

"ethnic cleansing（BNC 検索例付）", 小学館 ランダムハウス英和大辞典 , JapanKnowledge, https://japanknowledge.com.toyoeiwa.remotexs.co ,（参照 2021-01-15）

第2章
つくる

ハンセン病回復者が暮らす離島を「人権の島」に
——国立療養所大島青松園にグランドオープンした社会交流会館

池永禎子

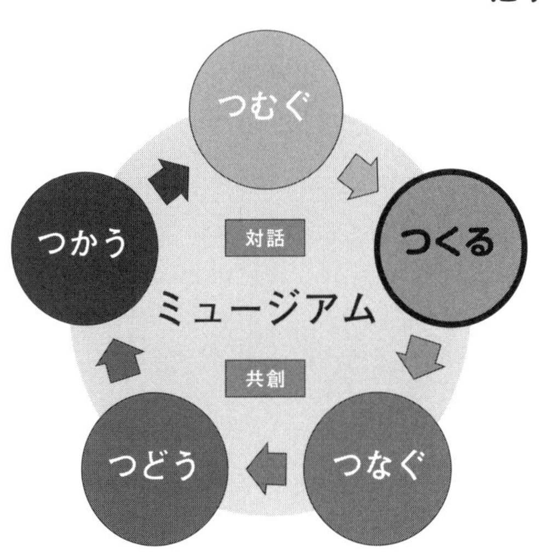

はじめに

2019年4月、香川県高松市にある国立療養所大島青松園(おおしませいしょうえん)(以下、大島青松園と略す)に常設の博物館機能を備えた「社会交流会館」がグランドオープン†1しました。大島青松園は、高松港から北東約8kmの瀬戸内海に浮かぶ小島「大島」にある、ハンセン病回復者†2が暮らす療養所です(ハンセン病に関する基本

画像（1） 航空写真で見た大島（画像提供：国立療養所大島青松園）

的な解説は次章で行う）。こうした国立（ハンセン病）療養所[†3]は全国に13あり、それぞれに資料館（博物館）機能を持つ施設が相次いで設置されました（本稿末尾の筆者作成参考資料（1）を参照）。大島青松園の社会交流会館（以下、特にことわりのない場合、「社会交流会館」は大島青松園の社会交流会館を指す）もその一つです。

なぜ各療養所に資料館が設置されるのでしょうか。その理由にまず、近代日本が国家主導で統一的なハンセン病政策を進める中で全国各地に国公立のハンセン病療養所[†4]を設立した一方で、全国の療養所はそれぞれの設置地域の歴史と深く関わりながら歩み、現在に至ることが挙げられます。次に、「らい予防法」が1996（平成8）年に廃止され、約90年間におよぶハンセン病患者の強制隔離政策に終止符が打たれたのち、この法律が日本国憲法に違反する[†5]として国を相手にハンセン病回復者が「らい予防法」違憲国家賠請求訴訟を提起し、原告勝訴、国が控訴を断念したことが大きな転機となります[†6]。2001年からは、厚生労働省とハンセン病違憲国家賠償訴訟全国原告団協議会、同全国弁護団連絡会及び全国ハンセン病療養所入所者協議会（以下、合わせて「統一交渉団」という）が、毎年ハンセン病問題対策協議会を開催し、ハンセン病問題を早期かつ全面的に解決するべく、隔離政策によってハンセン病の患者・元患者らが被った様々な被害回復のための恒久対策等を協議･検討しています。2002年にはハンセン病問題検証会議が設置され、2005年、最終報告書を厚生労働大臣に提出しました。これを受けて、2006年から「ハンセン病問題に関する検証会議の提言に基づく再発防止検討会」が開催されます。これらを経て、2008年、「ハンセン病問題の解決の促進に関する法律」が制定されました(翌年施行)。①療養所の医療･介護機関としての維持と充実、②社会との共生としての療養所の地域開放、③療養所をハンセン病問題･人権啓発の場とすること、という3つの柱が規定されていますが、社会交流会館は特にこの②③を実践する場として設立されました。

ハンセン病患者を療養所に隔離収容する根拠法「らい予防法」が廃止された時、全国の入所者の平均年齢は70歳を超えていました。ハンセン病そのものは完治していても、後遺症による視覚障害、肢体不自由などを抱えていること、長きに渡り続いた法のもと、ハンセン病に対する正しい理解は進まず、社会に根強く残る差別･偏見が、社会復帰を妨げました。そこで、「らい予防法」廃止後も、引き続き国立ハンセン病療養所入所者及び退所者に対する医療及び福祉に関する施策の維持継続を図ることが「らい予防法の廃止に関する法律†7」に盛り込まれました。

また、統一交渉団と厚生労働省が協議会において懸案について協議し、合意･確認したことは、全てではないですが、厚生労働省ホームページで確認できます†8。ここから社会交流会館設立に関わることを抜粋していくと、次頁以降のようになります(下線は筆者)。各療養所の歴史的建物･資料等の保存、学芸員の配置等について、徐々に明確になっていくのが分かります。

社会交流会館設立に関わる事項（抜粋）

2008(平成20)年6月18日	「ハンセン病問題の解決の促進に関する法律†9」制定(翌年施行) ⇒第4章「名誉の回復及び死没者の追悼」第18条「国は、ハンセン病の患者であった者等及びその家族の名誉の回復を図るため、国立のハンセン病資料館の設置、歴史的建造物の保存等ハンセン病及びハンセン病対策の歴史に関する正しい知識の普及啓発その他必要な措置を講ずる(以降略)。」
2008(平成20)年12月26日	「平成20年度ハンセン病問題対策協議会における確認事項(平成20年12月)†10」 ⇒5(1)「重監房復元†11、重監房跡地及び各療養所の歴史的建物・資料の保存については、国の責任で行うこととし、具体的な実現の方法について検討する場を設ける。統一交渉団はそれに全面的に協力する。」
2010(平成22)年1月13日	「平成21年度ハンセン病問題対策協議会における確認事項(平成22年1月)†12」 ⇒4(2)「各園の歴史的建造物・資料については、保存・復元にとどまらず、有効活用していくことも国の責務であることを確認する。」 4(3)「長島愛生園と菊池恵楓園の学芸員配置の要請†13については、厚生労働省の責任において、前向きに早期解決を図る。」
2013(平成25)年10月11日	「平成25年度ハンセン病問題対策協議会における確認事項(平成25年10月)†14」 ⇒3(4)「各療養所にある歴史的資料等の保存・展示を行うに際し、学芸員が果たす役割が重要であることを確認し、各療養所からの要望や、どう残すかについての検討会での検討も踏まえつつ、学芸員の人的配置についてできるだけ努力する。」

2015(平成27)年1月19日	「平成26年度ハンセン病問題対策協議会における確認事項(平成27年1月)†15」 ⇒3(3)「各療養所にある歴史的資料等の展示保存については、学芸員が果たす役割の重大性をふまえ、学芸員を各園に配置してほしいという各方面からの要望に応えるよう、できるだけ努力する。その経過は作業部会で確認する。」
2017(平成29)年1月30日	「平成28年度ハンセン病問題対策協議会における確認事項(平成29年1月)†16」 ⇒4(2)「各療養所の社会交流会館†17については、資料整理及び展示に関し専門的知識を有する者の配置が重要であることを確認し、これに対する学芸員派遣を含めた国立ハンセン病資料館からの支援について、統一交渉団の意見を踏まえて、予算の確保に努める。」
2018(平成30)年3月9日	「平成29年度ハンセン病問題対策協議会における確認事項(平成30年3月)†18」 ⇒4(3)「国立ハンセン病資料館は、普及啓発の拠点であり、公募によって運営委託先が交替しても一貫した方針の下で普及啓発を行うことが重要であるため、年度計画の策定に当たっては、厚生労働省が年度開始前に次年度の取組方針を提示することとする。また、同方針の作成に当たっては、当事者の意向を最重要とし、本協議会の確認事項の内容を踏まえ、現場の状況をよく理解した上で実施する。 　また、社会交流会館も今後の普及啓発を充実していく中で非常に重要であり、ハンセン病資料館等運営企画検討会の『ハンセン病資料館等』に含まれるものとして国立ハンセン病資料館と一緒に充実させていくために、引き続き統一交渉団と相談していく。」

なお、筆者が社会交流会館の学芸員になるきっかけとなったのは、2017年9月6日付け公益財団法人日本財団(以下、日本財団と略す)ホームページの公募記事†19です。当時、国立ハンセン病資料館と重監房資料館の管理運営および全国の療養所の

資料館等の学芸員雇用を厚生労働省から受託していたのは日本財団でした[†20]。そもそも、筆者が大島青松園社会交流会館の学芸員になることを希望した理由は、島全体がほぼ療養所という、かつてのハンセン病患者隔離収容政策を今も残す唯一無二の地理的環境に、ハンセン病問題を探求するフィールドとして以前から関心を持っていたことに加え、展示をゼロからつくりあげなければいけない、という難しい課題があったからです。ハンセン病問題に取り組む研究者として、そして学芸員として、当事者の声を聞きながら、ともに資料館をつくりあげたい…それは今しかできないことです。残りの学芸員人生を捧げるなら大島青松園で、という固い決意が筆者を突き動かしました。

前置きが長くなりましたが、本稿は、大島青松園社会交流会館に、3つの展示室と図書室、すなわち資料館（博物館）機能の部分を「つくる」過程における具体的な実践と、グランドオープンまでについて、携わった学芸員が自ら省察するものです。ただしその前に、「ハンセン病とは」と「大島青松園について」に紙幅を割くことをお許しください。医療・福祉施設である（ハンセン病）療養所の中に資料館を「つくる」大前提として、ハンセン病に関する基本的な事項やハンセン病をめぐる諸問題、そして離島全体がほぼ療養所の敷地であるという大島青松園の物理的環境や歴史について、説明する必要があるからです。

また、図らずも新型コロナウイルスの世界的流行と未曾有の混乱のさなかに講演の機会をいただいたこともあり、ハンセン病問題と重なる「差別」の構造についても触れたいと思います。

1. ハンセン病とは――感染症の一つ。今は飲み薬で完治する

ハンセン病は、感染症の一つで、「らい菌（*Mycobacterium leprae*）」という細菌に感染することで起こる病気です。人類の歴史上もっ

画像（2）　Armauer Hansen 1841-1912

画像（3）　らい菌の顕微鏡写真（1000倍）
細長く赤く染まるのがらい菌（らい菌の固まりが見える）

画像（4）　らい菌の電子顕微鏡写真（100000倍）

画像（2）～（4）出典：国立感染症研究所ホームページ
https://www.niid.go.jp/niid/ja/leprosy-m/1841-lrc/1707-expert.html

とも古くから知られ、恐れられてきた病気の一つでもあります。ハンセン病は、長らく「癩病（らい）」「らい」「ライ」などと呼称されていましたが、古い病名にともなう偏見や差別を取り除くため、今は「ハンセン病」を正式名称としています。病名「ハンセン病」は、1873（明治6）年に「らい菌」を発見した、ノルウェーの医師アルマウェル・ハンセン氏に由来します（画像（2）～（4）参照）。

“らい”とういう言葉は、歴史的な内容（らい予防法、無癩県運動、過去の療養所名「国立らい療養所」など）を指す時や医学的専門用語（らい菌、らい反応、らい腫など）に限って使われており、本稿でもそれに準じますが、出典や時代に応じて「癩病」「癩」「らい」「ライ」等の語を用いることがあります。

らい菌は、結核菌と同じく、抗酸菌†21の仲間です。らい菌に感染し発病すると、手足などの末梢神経や皮膚、眼などに

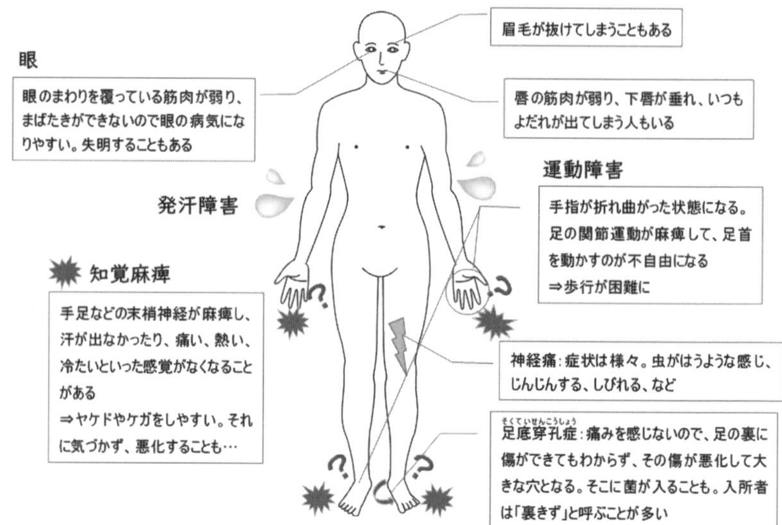

図１　ハンセン病の症状・後遺症

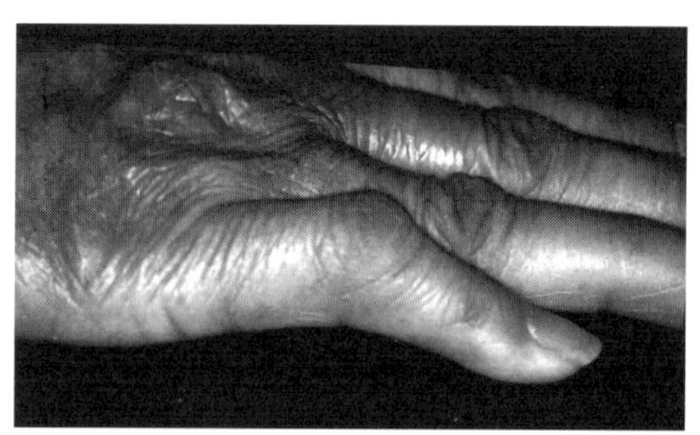

画像(5)　後遺症（小指、早期に受診すると、後遺症を起こさないか、この程度ですむ）
画像出典：国立感染症研究所ホームページ
https://www.niid.go.jp/niid/ja/leprosy-m/1841-lrc/1693-general.html

障害を引き起こします。診断や治療が遅れると、主に指、手、足などに知覚麻痺や変形を起こすことがありますが、これは後遺症として、病気が治ってからも残ります(筆者作成図(1)、画像(5)参照)。

外見で分かるところに病気による変化(手足や顔面の変形、皮膚にできる斑紋、脱毛など)が起こることから、かつては恐ろしい伝染病、遺伝病などと誤解され、長い間、入所者やその家族は社会の偏見・差別に苦しめられました。ちなみに、結核菌の発見†22は1882年と、らい菌の発見から9年後のことです。

らい菌の増殖速度は非常に遅く、潜伏期間は約5年ですが、20年以上もかかって症状が進む場合もあります。最初の兆候は皮膚にできる斑点で、患部の感覚喪失を伴います。感染経路はまだはっきりとは分かっておらず、乳幼児期に治療を受けていない患者と頻繁に接触したことにより、鼻や口からの飛沫を介し感染するものと考えられています。現在、日本人の新規患者の年齢層は70歳以上がほとんどであることからも、戦中戦後の貧しく栄養状態が悪い時に乳幼児期を過ごし、未治療の患者と濃厚な接触をして感染したと推察できます。ハンセン病の感染力は弱く、ほとんどの人は自然の免疫があります。現代の日本の衛生状態、医療状況、生活環境を考えると、たとえらい菌に感染したとしても、自分の免疫力で治すことができ、患者となることはめったにないです。患者になった

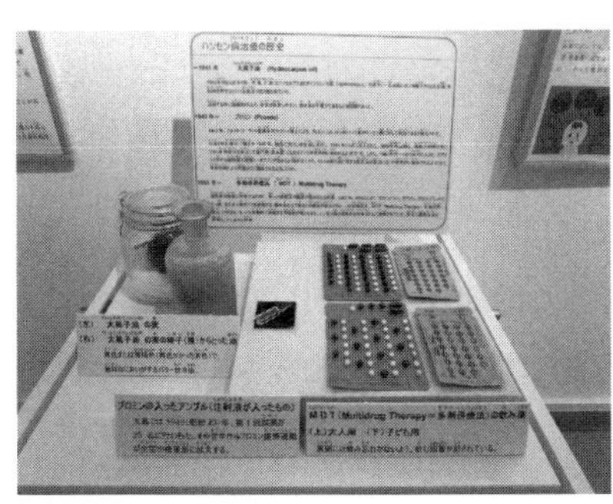

画像(6)　ハンセン病の薬の歴史
(社会交流会館での展示の様子)

としても、一般外来での治療が可能で（たいていは皮膚科を受診、保険適用）、飲み薬†23で完治します（画像(6)参照。2020年10月2日筆者撮影。以降、特に記載のないものは筆者撮影）。

ハンセン病は、中国・エジプト・インドの古代文明で、既に存在が確認されていました。古代中国の文書、紀元前6世紀のインドの古典、キリスト教の聖書など、数多くの古い文書に残っている記述からも、ハンセン病は、有史以来、天刑、業病、呪いなどと考えられ、忌み嫌われてきたことが分かります。日本でハンセン病について書かれた一番古い記録は『日本書紀』（720年完成）で、「白癩（びゃくらい／しらばたけ）」と記されています。これは症状の一つ、皮膚が斑紋状に白くなることに由来しています。明治時代初め頃には、全国で約35,000人の患者がいましたが、日本が豊かになるとともに自然に患者は減少していきました。最近は発症者が年に数名あるかないか、という程度です。ところで、中国・エジプト・インドの古代文明というと、紀元前3,000年～2,500年頃ゆえ、そのころ日本は、縄文時代です。このように太古からあった病気なのに、近代的化学療法が発見されたのは1940年代初め、今から約80年前のことですから、約5,000年もの間、ずっと、不治の病として大変恐れられていたことになります。

この間に根付いた強い偏見・差別、加えて近代の国策による患者隔離政策によって高まった誤解は、「らい予防法」廃止とその後の「らい予防法違憲国家賠償請求訴訟」勝訴で決着するはずもなく、2016（平成28）年には、ハンセン病元患者の家族らが国に損害賠償を求め、熊本地裁に集団提訴を行いました（いわゆるハンセン病家族訴訟）。これは、約90年に及んだハンセン病患者への隔離政策により家族も深刻な差別を受けたとして、国に損害賠償と謝罪を求めたものです。2019年、熊本地裁における原告勝訴、国の控訴断念および総理大臣による謝罪を経て、ハンセン病元患者家族に対する補償金の支給等に関する法律、改正ハンセン病問題基本法（ハンセン病問題の解決の促進に関する法律の一部を改正する法律）が施行されました。しかし、これは全面解決への第一歩にすぎません。ご家族の方々には高齢者も多く、この補償ですべての人が人生を取り返せるわけではないからです。原告となったことで、家族にハンセン病患者がいたことが明らかになり、離婚したケースもあります。法律の力で約90年かけてつくられた社会構造は、一朝一夕には変わらぬことを改めて思い知らされた次第です。法律第五十五号「ハンセン病元患者家族に対する補償金の支給等に関する法律」前文には、「しかるに、ハンセン病元患者家族等も、偏見と差別の中で、ハンセン病元患者との間で望んでいた家族関係を形成することが困難になる等長年にわたり多大の苦痛と苦難を強いられてきたにもかかわらず、その問題の重大性が認識されず、国会及び政府においてこれに対する取組がなされてこなかった。／国会及び政府は、その悲惨な事実を悔悟と反省の念を込めて深刻に受け止め、深くおわびするとともに、ハンセン病元患者家族等に対するいわれのない偏見と差別を国民と共に根絶する決意を新たにするものである。」と、責任の所在が「国会と政府」にあることが明記されています。その一方で、実際に偏見や差別に加担したのは(法律という絶対的な効力があったとはいえ)、地域の人であり、一般の人たちで、メディアもそれを助長していた、という意識をどれくらいの人が持ったでしょう。今回は、厚生労働省だけではなく、法務省や文部科学省に対しても、偏見·差別を除去する義務を怠った、ということが認められた点が画期的ですが、正しい知識の普及がまだ不足していること、知識としては理解できても、感情の面からなお差別·偏見がなくならない、という悲しく口惜しい現実もあります。

2. 大島青松園について

2.1. 概況

冒頭でも触れましたが、国立療養所大島青松園は、ハンセン病回復者が暮らす国立の療養所です。面積約62haの小島で、点

画像(7)　大島青松園から屋島・高松港を望む（画像提供：国立療養所大島青松園）
高松港の北東方約8㎞、四国本土との最短距離約1㎞の瀬戸内海に浮かぶひょうたん型の小島。島の西海岸からは桃太郎伝説の鬼が島（女木島）、南には源平の古戦場屋島檀の浦、東には二十四の瞳の小豆島を望める。

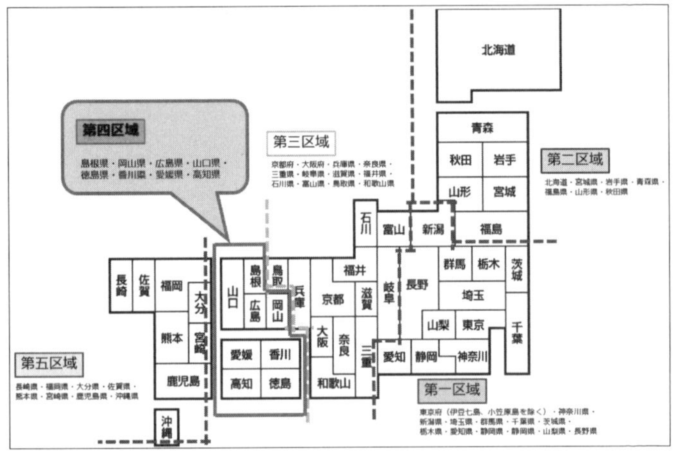

図２　公立療養所のはじまり

在する民有地を除く島全体が療養所であるという点が、かつてのハンセン病絶対隔離政策の姿を象徴的に表しています（画像(7)参照）。この離島に現在暮らしているのは、療養生活を送っている超高齢化したハンセン病回復者と一部の職員だけです。

1907（明治40）年3月19日に法律第11号「癩（らい）予防法ニ関スル件」が制定され、同年7月22日「内務省令第20号・同施行規則」が発令されたことにより、全国を5区域に分けて、それぞれに療養所を設立することとなりました。大島青松園は、岡山県・広島県・山口県・島根県・徳島県・香川県・愛媛県・高知県の中四国8県連合で設置され、公立の「第四区療養所」として1909年4月1日に発足し、翌年、「大島療養所」と改称しました(筆者作成図(2)参照)。

その後、1941(昭和16)年7月1日、国立に移管、厚生省(当時)の所管となり「国立らい療養所大島青松園」、1946年11月2日に「国立療養所大島青松園」と改称し、現在に至ります。

入所者数は、戦前・戦後の「無らい県運動」によって、700名を超えた時もありましたが、昭和33年度以降は徐々に減少、20年前に比べて10年前はその半数以下に、そして直近の10年間でさらに半減しています。2020年11月1日現在、大島青松園の入所者は47名(男性25名、女性22名)、平均年齢は85.1歳、入所者の平均在園年数は58.3年です。

大島へのアクセスは船のみで、「大島〜高松航路」(2019年に一般旅客航路認可)と、職員通勤専用の庵治航路(大島〜庵治)があります。「大島〜高松航路」は官有船が運航しますが、庵治航路は民間に業務委託しています(画像(8)(9)参照。画像(9)は2019年3月29日撮影)。船は強風、高波、高潮、濃霧で欠航することもあります。大島で暮らす入所者の方々は、半世紀以上に及ぶ療養所生活の経験から、同じ高松市内とはいえ、大島では気候が異なること、季節ごとに変わる海の性質を熟知しており、船の欠航によって職員の出勤が遅れるのにも慣れたものです。台風の接近時などには、予め看護師長たちが島に宿泊、その他の部門は当直者が引き続き業務を行うというように、職員が出勤できない時間帯があっても入所者の生活に支障が出ない体制が整えられています。

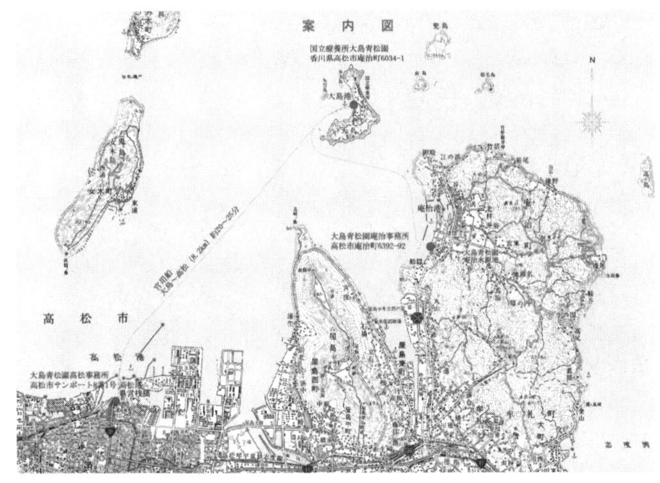

画像(8)　大島青松園ホームページより
https://www.mhlw.go.jp/seisakunitsuite/bunya/kenkou_iryou/iryou/hansen/osima/access.html

画像(9)　大島桟橋に停泊する官有船「せいしょう」(向かって左)と「まつかぜ」(同右)

以下に大島青松園の主要な史跡を紹介します(画像(10)～(12)参照。2018年4月から2020年9月にかけて筆者が撮影。解説は屋外展示解説板†24の記載を引用し、一部編集・補足)。

また、年度末に異動する職員が乗った船が「蛍の光」のメロディーをBGMに、入所者と職員に見送られて出発する「離島式」は、大島の風物詩です。

〈大島青松園史跡めぐり①〉納骨堂と慰霊碑

1909（明治42）年に療養所が設置されてから亡くなった療養者の遺骨を納めるため、まず「南無佛（仏）」碑が1911（明治44）年にたてられ、670名余を合祀した【写真左下・左側の碑】。1936（昭和11）年にようやく、療養所外からの寄附金により、蓮台に擬せられた八角形の納骨堂が造られた。老朽化にともない、現在の納骨堂が2003（平成15）年に新設された【写真上】。「鎮魂の碑」は、この世に生まれてくることのできなかった胎児のための慰霊碑である【写真左下・右側の碑】。療養所内での結婚は許されていたが、子どもをもつことは禁止されていたため（子どもに遺伝するという誤った考え方による）、男性には断種手術が、妊娠した女性には人工中絶手術が行われた。

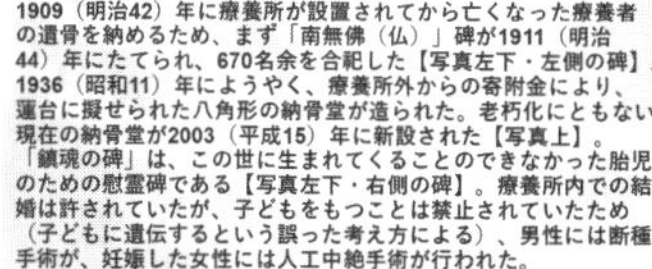

画像(10)

〈大島青松園史跡めぐり②〉「風の舞」と火葬場

大島青松園職員労働組合の主導で議論された火葬場周辺の整備が、職員労働組合、大島青松園、入所者自治会の三者協議により1992（平成4）年に決定し、それからおよそ4か月を経て、物故者の残骨を納める庵治の石材を用いたモニュメント風の舞が、園職員、在園者、高松と庵治の人々、約1,000人の手で完成した。「風の舞」という名には、「せめて死後の魂は風に乗って、自由に解き放たれますように」という願いが込められている。「風の舞」はもうひとつの「納骨堂」でもある。

療養所設置後に置かれた火葬場は、レンガ造りとなり、さらに1956（昭和31）年に薪を用いる火葬場に新築。老朽化したそれにかえて、1979年にオイル・バーナーによる火葬場が建設されるとともに、作業も園が行うこととなった。新火葬場は2001（平成13）年竣工。今も現役である。

入所者が亡くなると通夜・葬儀・火葬・納骨（遺族が引き取る場合を除く）までのすべてが療養所内で行われているのは、大島青松園のみである。

画像(11)

〈大島青松園史跡めぐり③〉解剖台

解剖室を壊した際、解剖台を廃棄する場所がなかったため、やむなく入所者の手で「風の舞」下あたりの入江にあった農業用タンクに入れられた。
年月を経て、台風などで土の覆いがなくなり、波にさらわれ、西海岸に転がっている状態で発見された。

『大島療養所二十五年史』（1935=昭和10年）に記載された、年度別に書き上げられた1919（大正8）年度と1932年度の建築物のなかに「死体解剖室」がある。同書に折り込まれた「大島療養所配置図」（1934年）には、現在の治療棟のあたりに「解剖室」の記載がある。大島では療養所に来て最初に、解剖の承諾書への署名が求められたことがあったという。解剖台は、2010年開催の瀬戸内国際芸術祭2010にさきがけて、大島の西海岸からひきあげられ、供養された上で展示された。【左下写真提供：大島青松園入所者・脇林清氏】

画像(12)

2.2. 大島青松園と瀬戸内国際芸術祭

1996(平成8)年の「らい予防法」廃止を機に、島内にあった高松市立庵治第二小学校(島の官舎に住む職員の子どもたちが通っていました。2018年3月、最後の児童1名が卒業したため休校)との交流が始まりました。やがて四国の小中学生を中心に多数の団体が人権学習に訪れるようになりました。また、香川県および高松市主催の入所者作品展(現在も継続)や、「らい予防法」廃止後、四国4県を巡回する「ハンセン病を正しく理解するフォーラム」を主催†25してきましたが、常設の展示室を備えた社会交流会館をつくる動きは、実際に関わることになるまで全く見えませんでした。着任前は、現代アートのトリエンナーレの成功例として謳われている瀬戸内国際芸術祭(以下、瀬戸芸とする)の第1回開催(2010年)から会場の一つとなっており、アートの力で離島を活性化している、という印象を強く持っていました。かつての入所者居住区域にある、使われなくなった寮を会場として展開されるアート作品は、ハンセン病問題というよりは、ある特定のハンセン病回復者にフィーチャーした内容がほとんどです。実際に作品を鑑賞してみて、そもそも「ハンセン病とは」に関する解説が会場のどこにもないことに、漠とした違和感を覚えたのも率直な感想です。

なお、瀬戸芸においては、その公式ボランティアサポーターを担う特定非営利活動法人瀬戸内こえびネットワーク†26(通称「こえび隊」。以下、こえび隊とする)が、実行委員会事務局とともにアーティストの作品制作に関する支援(大島青松園の場合、アーティストが作品設置を希望する場所・建物に関する交渉や、作品制作のための滞在にともなう面会人宿泊所利用の手配など、諸々)を行い、会期中は、受付や島内ガイドツアーも行います。また、こえび隊は、瀬戸芸会期外も、高松市(主に文化・観光・スポーツ部文化振興課及び地域政策部・地域振興課)から委託された離島振興に係るイベント等を大島で実施する他、月に1回、来島者へのガイド(瀬戸芸会期外の作品公開)、入所者の畑作業の手伝い、大島青松園の行事への参加、ラジオ番組「大島アワー」の制作・園内放送(内容は大島に限らず、他の島々のリポートもある)といった緩やかなつながりを維持しています。

ただし、先に述べた、らい予防法廃止以降、飛躍的に増加した四国4県プラスαの団体の施設見学に関しては、園職員1名を専任の「施設見学担当」として配し、園ですべて対応しているため、こえび隊との接点はありません。社会交流会館がグランドオープンした2019年には第4回、すなわち瀬戸内国際芸術祭2019[†27]が開催され、春・夏・秋会期を通して、過去最多の来島者を迎えました[†28]。

3. 大島青松園社会交流会館について

3.1. 2020年11月1日現在、最も新しい社会交流会館

大島青松園社会交流会館は、全国に13ある国立(ハンセン病)療養所の社会交流会館等[†29]のうち、12番目の開館です。

ちなみに最も開館が早かったのは、国立療養所多磨全生園隣にある現・国立ハンセン病資料館(東京都東村山市)です。多磨全生園入所者によって運営されていた自治会図書室での資料保存活動を基盤とし、入所者自ら全国の療養所を訪ねて資料収集を行い、学芸員もいない中、勉強を重ね、1993(平成5)年に開館させた高松宮記念ハンセン病資料館がその前身です。2007(平成19)年4月に「国立ハンセン病資料館」として再開館し、現在に至ります。

多磨全生園以外の療養所では、1996(平成8)年の「らい予防法」廃止、2001(平成13)年の「らい予防法」違憲国家賠償請求訴訟原告勝訴(1998年提訴。熊本地裁による判決、国は控訴断念)とハンセン病問題に注目が集まる中、社会交流会館等の設立が進み、それぞれが持つ固有の歴史を伝え、地域の一般社会と交流する場として活動を展開しています。国立ハンセン病資料館を除くと、2003年から2018年の間に、大島青松園と奄美和光園を除く10ヶ所の療養所に博物館施設がオープンしたことになります。展示専門業者に制作を依頼したところ、業者を入れ

画像(14)　社会交流会館（2020年9月7日撮影）

画像(13)　南の山から見た大島（画像提供：国立療養所大島青松園）

ず長い準備期間を経て手づくりで完成したところと様々です。ちなみに大島青松園の場合は、着任から約1年で構想をまとめ、展示専門業者の手を借りず文字通り手作業で展示制作を行ったので、グランドオープン後もこまめに更新を行っています。これら社会交流会館等の多くは、当事者の代表として自治会が設立、展示内容および運営に深く関わっています。ただし、入所者の高齢化と減少が著しく自治会が休会している療養所では、支援団体等がその役割を果たしているケースもあります。

3.2. 建物の概要

社会交流会館の建物は、かつて入所者の寮だった建物のうち、鉄骨造りだったものを改修してつくられました。工事は第1期・第2期に分かれます。第1期工事は完成図面の工事名称には「管理機能・宿泊機能」とありますが、実際の内容は、瀬戸内国際芸術祭 2010「やさしい美術プロジェクト」の作品として誕生した「カフェ・シヨル†30」（古い面会人宿泊所†31を活用して展開していた）の移転先としての「カフェ（交流空間）」、カフェに付随する調理室、調理室と行き来可能な「倉庫」、「事務室」、「面会人宿泊施設（9室）」、休憩室（面会人宿泊施設利用者等が利用できる炊事場を備える)、「展示室1(現・ジオラマ展示室)」、「多目的スペース(現・多目的ホール)」と、男子便所、女子便所、身障者用便所(以上図面表記ママ)です。第2期工事[†32]で、残り2つの展示室、図書室および書庫、(現在の学芸員常駐執務室としての)事務室が完成しました。

3.3. 着任前の現地調査と得られた課題

2017年12月20日、それまで社会交流会館展示準備委員会で園内および外部有識者との連絡調整を行っていた担当者から引継ぎを受けるため、現地に飛びました。ゼロベースから展示をつくるには相当な時間がかかるので、着任する前に少しでもできること(具体的には、展示室の面積、天井高、柱や可動壁の有無を確認し、動線作りと空間設計に着手すること。また、現存する資料を確認し、展示全体のプロットを練るという作業)を始めないと間に合わないと考え、展示室の図面と資料目録を求めましたが、資料目録はなく、図面は当日、プリントアウトした平面図を受領しました。また、これまでの社会交流会館展示準備委員会資料とその議事録にも目を通しましたが、最初に策定し関わる人々が共通認識として持っていなければいけないはずのミッション&ポリシーがないままに、準備が進んでいることが分かりました。

社会交流会館をぐるり歩いて見て回り、気づいたことは、概して博物館施設の造りではない、ということでした。カフェや面会人宿泊所が展示室と廊下で繋がっているのは、交流の場として機能するために必要と判断したのかもしれませんが、調理室等がそばにあれば、文化財IPM(Integrated Pest Management＝総合的有害生物管理)にも支障が出ます。

次に、展示室の問題点について述べます。引継ぎの日に案内されて3つの展示室を見ましたが、それぞれに問題点が散見されました。もとい、入所者の寮を改築した建物ゆえの制限もあったかもしれません。また、改築プランが承認された時点とその後では自治会役員等も替わっており、その時点ではベストだと判断されたことも、それを引き継いだ方たちが再検討し、試行錯誤された様子もうかがえました。以下、見学当時（建築図面上）の名称で説明します。

3つの展示室に共通していた難点は、稼働壁がない、空調設備が一般オフィスと同等のもので温湿度コントロールができない、左右スライド式の引き戸を施錠しても、真ん中（左右の

画像（15）「展示室 1」
ガラス張りの引き戸は左右に格納して全開可能。天井中央にはスポット照明用に 2 列配線あり。
寮の複数の部屋を結合させたためか左右の窓位置は非対称である。

画像（16）「展示室 2」

画像（17）「展示室 3」

戸の接合部)と下部に数ミリの隙間がある(ゴキブリ、フナムシ、ムカデが入れるくらい)、ということでした。開放感はありますが、展示室の中央部分に資料を配置した場合、キャプションは置けても、テーマ解説のようなものはスタンド等を要します。強制動線を敷くなら、展示室の中央にはシンボル的なものを配し、壁面に沿ってぐるりと回るようにするのがオーソドックスな手法で、見学者の安全も確保できると考えました(画像(15)～(17)参照。2017年12月20日撮影)。

また、「展示室1」は、画像(15)の通り、太陽光が差し込む部屋で、ガラス扉(寮の各部屋の縁側だったのではないか)に二重カーテン、飛散防止フィルムや紫外線カットフィルムは施されていませんでした。この仕様が決まった時点での自治会との協議では、カフェとつながった展示空間の案もあったとはと、こえび隊の談です。さらに、会計班長(当時)に確認したところ、既存の窓をさらに広げるために本省(厚生労働省)に許可を取ってこの形になったということが後日分かりました。

3.4.「大島青松園社会交流会館」英語表記へのこだわり

着任前の展示準備委員会で、「英語表記はどうなるのか、という問い合わせを受けた」という委員からの発言を受け、急遽、英語表記を考えることになりました。外部有識者(歴史学者)と協議して複数候補を出し合い、それぞれに込めた意味を説明し、展示準備委員会で決めてもらうこととしました。

そもそも、「社会交流会館」という同じ名称の施設が全国の療養所にある†33ことの意味、それぞれの共通点と違いがきちんと一般の人に伝わるか、ということが不安でした。各療養所の「社会交流会館」には独自の歴史・文化があります。「大島青松園の社会交流会館」であることを明確に表す表記を考える必要性を感じました。社会交流会館は、いわゆるMLA(Museum, Library, Archive(s)〈博物館、図書館、アーカイブズ・文書館〉)+(社会との)交流の場です。加えて、大島青松園は全国の国立療養所の中で唯一、将来構想が定まっていないことも踏まえ、「記憶や記念、継承をめぐる施設」としての意味合いを持たせたかったのです。

筆者は、とりわけ'memorial'の語が持つ「記念」「追悼」「記録」「回想」「記憶」といった意味にこだわりを持ちました。また、対外的にもれっきとした常設の'museum'であることを示したいと考えました。展示準備委員会で議論した結果、英語表記は'Oshima Memorial Musuem'に決まりました。'Oshima-Seishoen'でなく'Oshima'としたのは、社会交流会館では、大島が療養所として選ばれる前のことについても触れるでしょうし、それぞれの時代において、様々な療養所外の人との交流が(限られた環境下でも)あり、それによって大島の療養所が成り立ってきたということを踏まえてのことです。

4. 社会交流会館の資料館機能を「つくる」

4.1. ステークホルダーとの関係づくり

建物と展示室、図書室は既に完成していましたが、展示はゼロベースから…と思いきや、そこには様々な人が関わっていました。3つの展示室のうち2つはそれぞれ、瀬戸芸アーティストと歴史学者という異なるジャンルの外部有識者が展示内容を検討していました。残りの1つについても入所者の制作した作品を展示する案が、既に社会交流会館展示準備委員会の中で出されており、学芸員としてどう展示に介入すべきか複雑な心境に陥りました。2人の外部有識者はいずれも大島に10年以上関わっており、入所者との信頼関係も築いています。それぞれの社会交流会館の展示に対するスタンスも異なります。さらに本務(いずれも大学教授職)の関係もあって、打合せの機会を持つことが難しかったと思われ、意見交換などは行っておらず、この点が一番気がかりでした。そこで、着任後はまず、お二人とコミュニケーションを取り、情報を集約することに努めました。また、様々なステークホルダーが関わってつくりあげる社会交流会館だからこそ、早い段階でミッション&

ポリシーを定め、関わる者全員で共有していかなければいけないと考えました。それぞれが思い思いに展示をつくって完成、ではただの発表会になってしまいます。常設の資料館をつくるということは、それが背負う役割と責任があり、社会交流会館の場合、ハンセン病問題の全面解決に向けた正しい知識の普及啓発は必須なのです。

4.2. ミッション＆ポリシーの策定

先に懸念事項として挙げていた社会交流会館のミッション＆ポリシー策定についても、2018年4月から、長年大島の歴史を研究してきた外部有識者（歴史学者）と議論を重ねながら明文化する作業に取り掛かりました。この時点では、「国立療養所大島青松園社会交流会館の方針、理念、目的」というタイトルで、のちのミッション＆ポリシーにつながるものです。素案を固めたのが2018年8月。2018年8月29日開催の第12回展示準備委員会にて、前文と本文3条からなるミッション＆ポリシーが承認されました。これは直ちに瀬戸芸定例検討会でも共有しました。

その後、諸般の事情により、本件と「展示室2」を依頼していた外部有識者が2018年12月で社会交流会館の準備から離れることとなりました。その際、承認されていたミッション＆ポリシーも見直してはどうか、とご意見をいただいたこともあり、やや硬めの表現が多かった文章を誰もが理解しやすく共有できる表現に修正しました。現在、社会交流会館が掲げているミッション＆ポリシーは、2019年2月22日開催の第18回展示準備委員会で承認されたものですが、先に承認されたものと本質的には同じ内容です。大きな変更は次の3点です。①前文（設立趣旨ともいえる）に当たる部分で、入所者自治会が常日頃伝えたいと述べていた「国のハンセン病政策による人権侵害の歴史と現状」を明文化し、「その中で支えあい、生き抜いてきた人々の『生』を伝える」と続けました。②資料の保存と展示公開については触れていましたが、収集・調査研究の文言がなかったので加えました。③本文を、文章形式から、まず何が言いたいのかを冒頭でスローガンとして挙げ、そのために何をするか、という構成に変更しました。以下が、当館のミッション＆ポリシー最終版です。もっとも、時勢に合わせて変更する可能性も踏まえておかねばいけないと考えています。

大島青松園社会交流会館ミッション＆ポリシー

国立療養所大島青松園の歴史は、法律第11号「癩予防ニ関スル件」(1909年施行)とその関連法により香川県木田郡庵治村(現在は香川県高松市庵治町)に設置された、中国四国地方8県連合立による公立の第四区療養所に始まる。その後、「癩予防法」(1931年施行)のもとで厚生省所管の国立療養所となり現在に至る。

日本国憲法のもとで公布、施行された新「らい予防法」(1953年)では、依然として隔離予防を第一としたハンセン病対策が進められ、多くの入所者の人生と可能性が奪われた。入所者の団体は、憲法が保障する基本的人権を、強制隔離政策が侵害していると訴え続け、「らい予防法」はようやく1996年に廃止された。

国立療養所では今や唯一の「離島」である大島青松園では、社会交流会館の運営をとおして、ハンセン病と国のハンセン病対策による人権侵害の歴史と現状、その中で支え合い、生き抜いてきた人々の「生」を伝えるために、史資料の収集・保存・調査研究を行い、成果の展示公開に努める。また、故人を悼み、想い起こし、偏見と差別が解消され、すべての人の人権が尊重されるよう願い、「社会」との交流の場所を設けることとする。

1. 正しい知識の普及啓発

ハンセン病をめぐる歴史と現状に関する正しい知識の普及啓発を促進します。
そのために、史資料とその調査研究を行い、成果を展示に反映させ、適切な解説や案内を担う場とします。

2. ユニバーサル・ミュージアム(性別や年齢、国籍、障害の有無を問わず、誰もが利用できる博物館)と社会交流の実践

大島に生きる(生きてきた)人々をめぐって、療養所内外の様々な、数多くの人々が交流する機会を促進します。
そのために、社会交流会館を、可能な限り、誰もが使いやすく、安全で、居心地が良い場所とします。

3. ハンセン病関係者の名誉回復、故人の追悼、「人権の島」構想
大島におけるすべての生の尊厳を心に刻み、故人を追悼し、大島での経験と記憶を未来へと継承する「人権の島」を目指します。社会交流館は、大島の歴史を語る道具、文書、記録、図書、証言、遺物、生活の痕跡等を収集・保存し、これら史資料の保管庫としても機能します。

4.3. 文化会館図書(自治会蔵書)および紙・木製資料の燻蒸、図書室の整備

着任して半年以上は、瀬戸芸アーティストの管理下にある大量のモノ資料(入所者の生活用具など、10年以上かけて当該アーティストが収集してきた)について交渉することに費やしていたので、まずできることから、と図書整理に着手しました。文化会館という建物に図書室があり、自治会蔵書として管理されてきましたが、社会交流会館に書庫を備えた図書室ができるのを機に、移管されることとなったためです。自治会蔵書については、長年その研究に当たってきた外部有識者(こちらも本務は大学教授)のご支援をいただき、「展示室2」を依頼していた先生とともに、3人で作業にあたりました。これらの書籍を移動させる前に、他の木製資料等とともに燻蒸したいと考えましたが、離島ゆえ、業者探しは困難を極めました。燻蒸庫を搭載したトラックで来てもらうにしても、官有船に乗るサイズではないので、フェリーをチャーターする必要があり、費用が大幅にかさみます。そこで、これまでお世話になった業者を片っ端からあたり、最終的に、全国に営業拠点を持つイカリ消毒株式会社高松営業所に依頼しました。鉄柱を組み立て、ガスバリアシートで覆い密閉して燻蒸するという手法を持っていたので、官有船でも資材が運搬できること、実績も東京文化財研究所はじめ多くの機関から評価されていることが決め手でした。なお、二酸化炭素燻蒸実施の詳細については、大島青松園機関誌『青松†34』で述べているので、紙幅の都合上、割愛します(画像(18)(19)参照。2018年7月19日撮影)。

画像(18)　文化会館図書室に鉄柱を組み立て、燻蒸資料を積み上げた様子

画像(19)　ガスバリアシートで覆い、二酸化炭素ガスを充満させ、燻蒸している様子

燻蒸開始日が決まったところで、それに間に合うように、分類·整理しながら箱詰めし、燻蒸後は虫の死骸や糞が残っている可能性があるので、1冊ずつクリーニングして仮置き、その後配架方針を定め、整えていきました。自治会蔵書はほとんどが寄贈によるもので、実に細かく整理されていました。かつては入所者の中に図書係がいましたが、ぼろぼろになった背表紙に紙を貼って修復し、手書き墨文字でタイトルが書いてあるものがいくつもあり、いかに読書が貴重な娯楽であり、入所者の知識欲を支えていたかがよく分かります。図書整理作業の成果として大きかったのは、やはり「林記念文庫」の再現でしょう(画像(20)参照。2020年10月2日撮影)。元星塚敬愛園園長の林文雄が結核の再発にともなう療養のため大島青松園へ来て、亡くなるまでの約3年間を療養者とともに文芸活動やキリスト教信仰にいそしんだことはよく知られています。

画像(20)　開架図書室「林記念文庫」
壁面を占める1,000冊超の「林記念文庫」。幅広いジャンルを網羅したコレクションであることを示すため、あえて分類せず著者名順に配架している。

彼の名を冠した文庫を設立しようと、入所者自身でつくりあげたコレクションがこの「林記念文庫」です。当初「林記念文庫」は、他の蔵書と部屋を分けて収蔵されていましたが、図書室の建物が幾度か移転する過程で、他の書籍と同じ分類で再配架されていたため、自治会蔵書約8,000冊の中に分散していたのです。二酸化炭素燻蒸するための準備作業と並行して、1冊ずつ点検し、林記念文庫の蔵書印があるものを仕分けました。同時に、全国の療養所(私立を含む)関係のものもそれぞれの属性に合わせて分類しました。

また、瀬戸芸において「北海道書庫[†35]」という作品名で展示されていた書籍群も、社会交流会館に移管されましたが、これはこの書籍群を分散させることなく(こういう形で残っていたことに意味があるので)別にコーナーを設けて閲覧室に配架しています。なお、旧「北海道書庫」も瀬戸芸時代は目録を作っておらず、来歴その他についても不明でした。整理の過程で、謹呈の短冊や書簡等、挟み込み資料がかなり多いことを発見しました。これらを丁寧に調べていくと、どういう交流を経てこれらの本が大島に残っていたのかを知る手がかりとなります。これについては、図書整理にも携わった外部有識者が、成果をまとめているので、それをご参照ください[†36]。

4.4. 3つの展示室を統括し、つくる

先に述べたように、大島に残るモノ資料は、ほとんどが瀬戸芸アーティストの元にあり、目録も過去の展示記録も一切ありませんでした。入所者自治会に、それらが先々は社会交流会館で展示することを目的に収集されたことを確認した上で、正式に所管を移し、社会交流会館収蔵品とすべく、粘り強く交渉を続けました。2018年11月、ようやくすべての資料を社会交流会館へ移管することが決まりましたが、最終的に大半の資料が移管(返還)されたのは、2019年2月のことです(この時点で、社会交流会館グランドオープンは、2019年4月と決まっていました)。ただし、これらの資料は、瀬戸芸アーティストが入所者との信頼関係を築いて収集してきたものに加え、捨てられていたものをわざわざ回収して保管、瀬戸芸で作品として展示していたゆえに残ったコレクションです。この事実には深く感謝と敬意を表します。なお、現在、瀬戸芸の作品として使用する場合は、社会交流会館運営委員会での協議を経て貸出すという、本来のあるべき姿になっています。ただし、入手経路はじめ、来歴が一切分からない(記録に残していない)ことから、資料台帳作成は今も困難を極めています。

まず、ハンセン病に関する予備知識がないままに来館する人にも対応できるよう、メインエントランスに最も近い「展示室3」を導入・ギャラリーとしました。ここでハンセン病に関する基礎的な知識を得てから他の展示室を見学すると良い、という趣旨で導入展示を設けました。「展示室3」の半分は、着任前から案が出ていた、入所者の作品を展示するコーナーに充て、これらの作品を作った人たちの歴史を見るのだ、と一息入れる役割も果たしています。動線も、「展示室3」→「展示室2」→「展示室1」の順で回るよう変更し、展示室に付与されている数字が混乱を招かぬよう、各展示室に名前を付け数字を削除し、分かりやすくしました。「展示室3」は「導入・ギャラリー」、「展示室2」は「歴史展示」、「展示室1」は「ジオラマ展示」と改め、館内案内板には日英併記で展示室名称を貼付け

修正しました（画像(21)参照）。

2019年2月、グランドオープンまで2ヶ月余という時期から急ピッチで展示作業を進めました。「ジオラマ展示室」のジオラマは、入所者自治会が制作費を捻出し、こえび隊に制作を依頼していたので、その内容に関するレファレンス対応をしながら、「歴史展示」制作に着手しました。「歴史展示」は、入所者の「生（せい）」を主軸にすえ、「生きる」ために必要だったこと、生きる支えとなったことを象徴的に表す6つのキーワード——「入る」「集まる」「祈る」「働く」「熱中する」「眠る」——を挙げています。展示室を時計回りに見ていくと、入所してから療養所で最期を迎えるまでの人生をほぼ追うことができます。一方、気になったキーワードから見ても理解できるような構成としています。展示室を仕切っているのは商品名「ZEROパネル」で、パネル、ベース、アームといった各部品を組み合わせることで、ある程度自在に空間演出ができます。筆者は以前の職場の地方巡回展で同種のものを扱ったことがありますが、常設展示でこういったものを用いるのは初めてでした。着任前に発注されていたものを使いこなさねばならないという制約は随所にありましたが、何より大変だったのは、試行錯誤を繰り返しながら描いた空間設計と現実の狭間をたった独りで何度も往復したことです。

以下は、完成した（もとい現在も更新中）3つの展示室と図書室（閲覧室）の様子です（画像(22)～(25)および図(3)参照）。

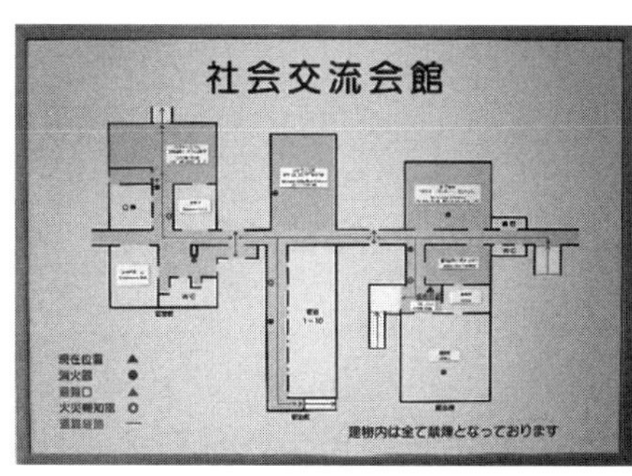

画像(21)　現在のメインエントランス側館内案内板

「展示室3」改め「導入・ギャラリー」

メインエントランスに一番近い「展示室3」を、ハンセン病の基礎知識を学べる場に。

また、入所者の文芸活動作品（解散したクラブ活動の者含む）展示ギャラリーとしても機能。

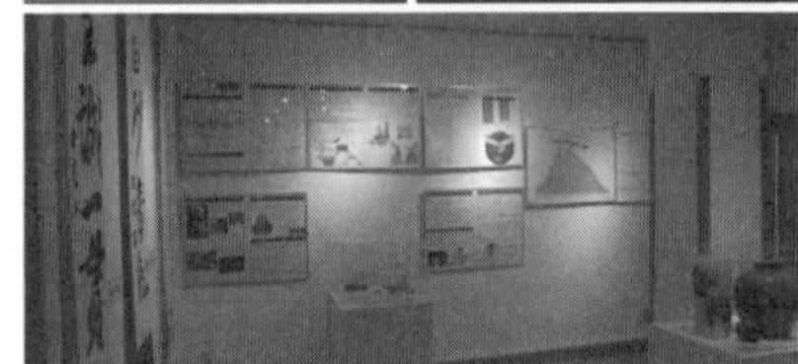

画像(22)

「展示室2」改め「歴史展示」

生きる　～支えあって、生きてきた～

入所者の「生（せい）」を主軸にすえ、「生きる」ために必要だったこと、「生きる」支えとなったことを象徴的に表す6つのキーワードを挙げた。

入所してから最期を迎えるまでを順に追っても良し、興味あるキーワードから見てもわかるように構成しており、自由動線。

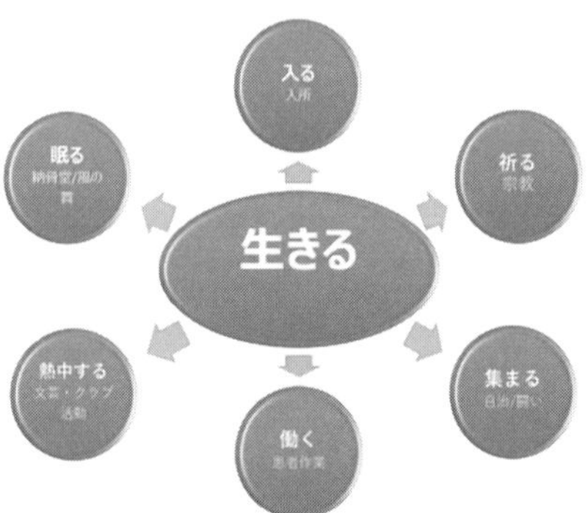

図 3

画像(23)　「展示室 2」改め「歴史展示」生きる　～支えあって、生きてきた～

「展示室1」改め
「ジオラマ展示室」

左右の窓は2018年2月に再訪した時には、既にコンパネで覆われていた。

当初奥に壁付きで配置する予定だったジオラマを展示室の中央に。360度から見られるようにした。

床置き展示が中心だった入所者の生活用具等は「展示室2」改め「歴史展示」にて展示。

画像(24)

「図書室」（閲覧室）

自治会図書館から移管された蔵書に加え、は約10,000冊を超える。

開架図書室（閲覧室）には、大島青松園や他の療養所関係、およびハンセン病関係の書籍を中心に約2,500冊を配架。

貴重書の展示も行っている。

画像(25)

5. 新型コロナウイルス[†37]禍における偏見・差別の構造、ハンセン病問題との類似性

5.1. ハンセン病への差別はなぜ生まれ、助長されたか?

前述のとおり、ハンセン病は、古代からあった病にもかかわらず、1940年代まで治療法が確立されませんでした。伝染病、遺伝病といった間違った解釈に加え、天刑説などもあり、家族・親族も差別の対象となりました。言い伝えや伝承の浸透、正しい医学的見地の普及啓発の欠如が大きな要因と言えます。ハンセン病の特徴として、目に見えるところに病変が生じ、病気が治ってからも後遺症として残る点が、同じく恐れられた結核などと大きく異なる点です。

感染力が弱いにもかかわらず、近代日本は国策として「隔離」を行い、ハンセン病政策を担った内務省(当時)は、警察および地方行政の監督、ならびに国民生活全般の事項を統轄するために設けられた行政機関です。ゆえに、ハンセン病患者の取り締まりには警察も関与することとなり、ハンセン病＝悪、ハンセン病患者は犯罪者であるかのような誤解を生むことになったのではないでしょうか。ハンセン病患者を療養所へ輸送する列車は「お召列車」と呼ばれ、車両に「らい患者移送中」と貼られました。ハンセン病患者の出た家などは真っ白になるほど消毒され、近隣の人々には、恐ろしい伝染病の患者を出した家というレッテルを貼られました。その結果、一家が村八分にされる、一家心中すると言った悲劇も生まれました。

さらに日本では、昭和に入ってから戦前戦後に「無らい県運動」(各都道府県が競って「らい患者(ハンセン病患者)」をゼロにしようとした官民一体の運動)が行われました。密告、投書などによって患者が通報され、収容されていったのです。

また、「らい予防法」はその違憲国家賠償請求における判決骨子†38において、「遅くとも昭和三五年以降においては、もはやハンセン病は、隔離政策を用いなければならないほどの特別の疾患ではなくなっており、すべての入所者及びハンセン病患者について、隔離の必要性が失われた。／したがって、厚生省としては、同年の時点において、隔離政策の抜本的な変換等をする必要があったが、新法廃止まで、これを怠ったのであり、この点につき、厚生大臣の職務行為に国家賠償法上の違法性及び過失があると認めるのが相当である。」(以上、部分抜粋)と厚生大臣(当時)のハンセン病政策遂行上の違法及び故意・過失について言及しているほか、「らい予防法」廃止が1996(平成8)年と遅れたことについて、国会議員の立法行為の国家賠償法上の違法及び故意・過失を認めています。しかし、ここには、官民双方の無関心があったことも忘れてはならないでしょう。

5.2.「新型コロナ」の差別やハラスメントにはどのようなものがあるか?

2020年1月から日本もコロナ禍に見舞われることとなりましたが、感染者、濃厚接触者、医療・介護等従事者、さらにはその家族に対しても、偏見・差別、心ない誹謗中傷が起きたこと(現在進行形の課題)はご存知の通りです。現代はインターネットが普及しており、情報の拡散スピードも速く、ひとたび情報が出るとそれを削除するのは非常に困難です。

コロナ禍が長引くにつれて、「自粛」「自粛疲れ」という言葉をよく耳にするようになりましが、新型コロナウイルスの蔓延防止という範疇を超えて、個人のプライバシー侵害に当たる恐れのある行為、「自粛警察」なるものも登場しました。

また、ようやくワクチンの目途が立った今日この頃ですが、それ以前は、新型コロナウイルスという治療薬のない未知の感染症に恐怖と不安が先行し、それが忌避と差別を生んだともいえます。また、政府や行政が掲げる「自粛」という方針はとても曖昧であるがゆえ、「できる人とできない人」「する人としない人」に大別され、「できる人」「する人」による「できない人」「しない人」の排除も行われました†39。

東京都を筆頭に連日報道される都道府県ごとの感染者数・死亡者数は、知りたい「情報」であると同時に、感染者数の数で都道府県やそこに暮らす人、そこでの生産物に対しても、差別・偏見をもたらしていないでしょうか。そこにメディア等による扇動はないと言い切れるでしょうか。私たちもその一翼を担っていないか、改めて振り返る必要があると考えます。

5.3. ハンセン病と重なるコロナ禍の偏見・差別の構造

2020年4月17日（金）の朝日新聞（香川版）には「差別的状況　ハンセン病と重なる――坂口力元厚労相にきく」と題された記事が掲載されました。朝日新聞と瀬戸内海放送の共同インタビューなどに応じたとされるその内容は「正しい知識　行政は丁寧に説明を」と副題が付き、「『排除』への懸念」「恐怖感偏見うむ」「『今』だけでなく」という3つの小見出しで構成されていました。「感染しただけで周囲の見る目が変わってしまう。ハンセン病がその最たる例でしょう。急性疾患である新型コロナと、慢性疾患のハンセン病は病気としての性質は異なりますが、今起こっている差別的な状況やその原因は基本的に同根だと思います。」「人は情報が限られたり偏ったりしていても、自分がもつ情報で判断しがちです。正しい知識がなければ、差別や偏見につながりやすいということを自覚する必要があります。」坂口氏は2020年1月から高松市在住、2001年の「らい予防法違憲国家賠償請求訴訟」で熊本地裁が原告勝訴の判決を下した際の厚生労働省大臣です。控訴断念を訴え、小泉純一郎首相（当時）の表明につなげました。判決後は、大島青松園を訪れ、ハンセン病回復者に直接謝罪しました。

新型コロナ感染者が出た場所を消毒する防護服姿の人々は、かつてハンセン病患者の自宅を真っ白になるほど消毒したという光景と重なります。また、感染者を多く出している都道府県からの往来（帰省を含む）を拒否する動きや自粛警察は、ハンセン病における「無らい県運動」を彷彿とさせます。

あるハンセン病回復者は、コロナ禍で「隔離」という言葉を頻繁に聞くようになり、この言葉が最も恐ろしく嫌いであると言います。例え軽症者でもハンセン病というだけで、名ばかりの療養所に終生隔離を余儀なくされたからです。半世紀に及ぶ療養所生活、「らい予防法」が廃止されたとて、既に平均年齢70歳を超えて社会復帰できる人はごくわずかです。

ハンセン病問題がこれだけ大きな人権問題に発展したにも関わらず、その反省と教訓が活かされなかったことは、ハン

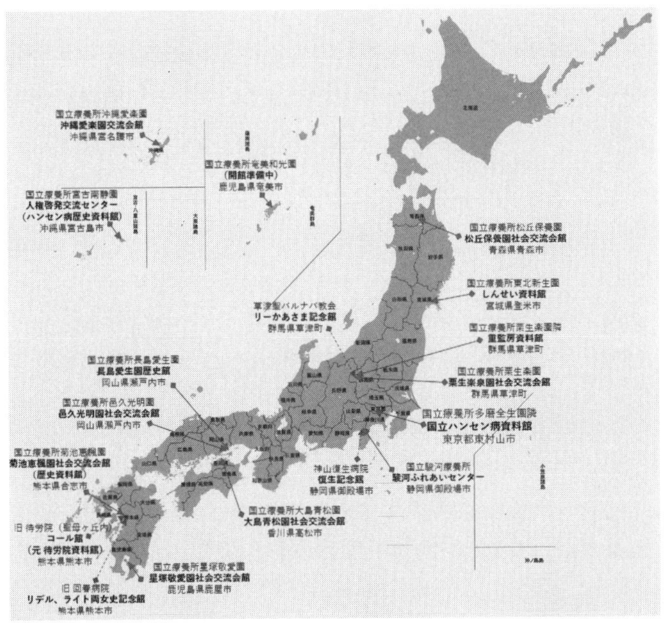

参考資料（筆者作成）　全国の（ハンセン病）療養所・資料館

セン病回復者にとっても辛かったでしょう。偏見·差別をするのは、いつの時代も「病気」ではなく「人」であることを忘れてはいけません。

まとめに代えて

筆者が特に力を入れた社会交流会館の歴史展示「生きる～支えあって、生きてきた」に込めたメッセージは、「無知·無関心であることもだれかを傷つける」「命の尊さ、支え合って生きていく人々の優しさ·美しさ」です。これらはハンセン病問題とハンセン病回復者から学んだことです。

病気になった人、障がいを持っている人は、望んでそうなったわけではありません。新型コロナウイルス問題と同様、大島青松園で働く人々も、差別を受けてきました。特に地元ほど差別は根強いです。こうした構造は、ハンセン病も新型コロナも悲しいことによく似ていますが、ハンセン病については「昔のこと」「解決済みのこと」として、関心がもたれないことが多いことも事実です。

ハンセン病回復者が暮らす療養所は、早ければあと10年、遅くとも20年後にはその役目を終えることになります。療養所としての機能はなくなっても、大島はこの姿をハンセン病強制隔離政策の象徴として残していくべきであると個人的には考えています。療養所の永続化問題は既に議論されているところですが、やがては私たちが引き継がねばならない役目です。そして、ここを訪れた人がハンセン病に対して正しい知識を学び、ハンセン病問題から人権について考える場として社会交流会館は機能すべきであり、それを目指して、今後も展示をはじめとする普及啓発に係る内容を更新していきます。社会交流会館を拠点として人権学習ができる島となることを目指し、社会交流会館は今後も様々な人々と関わり合いながら有形無形のものを「つくり」続けるのです。

注

1　大島青松園社会交流会館の建物は、かつて入所者の寮だった建物のうち、鉄筋造りだったものを改修してつくられた。工事は第1期・第2期に分かれる。第1期工事では、瀬戸内国際芸術祭 2010「やさしい美術プロジェクト」の作品として誕生した「カフェ・シヨル」（面会人宿泊所を活用して展開）の移転先としての「カフェ（交流空間）」を「瀬戸内国際芸術祭 2016」秋会期のうちに新装オープンさせることが必須であった。大島は瀬戸内国際芸術祭第1回開催、すなわち「瀬戸内国際芸術祭 2010」から会場の一つとなっている。秋会期閉幕の 2016 年 11 月 6 日を目前に、10 月 28 日、大島青松園「社会交流会館管理棟」完成記念式典とともに、カフェにおいて華やかなオープニングイベントが開催されている。よって、大島青松園において社会交流会館は 2016 年 10 月にプレオープン済み、と解釈されていた。

【参考】2016（平成 28）年 10 月 25 日発信　瀬戸内国際芸術祭実行委員会事務局プレスリリース
https://setouchi-artfest.jp/seto_system/fileclass/img.php?fid=press_release_mst.201610251621303ed1629a701fee9b7b6d338f97ea50f1

2　ハンセン病が現代では治る病気になり、療養所で暮らす人々や社会復帰した人々は、既にハンセン病が完治しているので、「患者」ではない。よって、「元患者」、「回復者」という表現を、「らい予防法」廃止後から使用するようになったが、本稿では原則として「ハンセン病回復者」と表記する。

3　「国立ハンセン病療養所」と表記されている事例が多いが、これはいわば通称で、今は「ハンセン病」の語が取られ、「国立療養所」と称す。「国立療養所」は、結核、精神障害、ハンセン病などの療養を要する者に対して医療を行い、併せて医療の向上に寄与することを目的とする施設等機関として厚生労働省に置かれていたが、2004（平成 16）年の独立行政法人国立病院機構の設立に伴い、国立ハンセン病療養所を除き、同機構に移行した（『法律用語辞典（第 4 版）』参照）。
なお本稿では、かつて、ハンセン病患者を国の政策によって隔離収容したことを明確に伝えるために、「国立（ハンセン病）療養所」という表現を用いることがあるが、その意味は「国立の（ハンセン病回復者が暮らす）療養所」である。

4　1907 年、明治 40 年法律第十一号「癩予防ニ関スル件」が公布され（施行は 2 年後の 1909 年）、同年 7 月の内務省令第二十号「道府県癩患者療養所設置区域」によって全国の道府県は 5 つの区域に分けられた。道府県が連合して各区域に 1 つ、ハンセン病療養所がつくられた。これが公立療養所の始まりで、大島青松園もその 1 つである。ハンセン病対策が強化される中で、1930（昭和 5）年には、初の国立療養所「長島愛生園」が設立される。1909 年に開所した 5 つの公立療養所と 1931 年に開所した沖縄県立宮古保養院は、1941（昭和 16）年、国に移管され、厚生省（当時）の所管となった。

5　具体的には、第 11 条（基本的人権の享有）、第 13 条（個人の尊重、生命・自由及び幸福追求に対する権利）、第 14 条（法の下の平等）を指す。

6　1998 年、星塚敬愛園、菊池敬楓園の入所者 13 名が「らい予防法」違憲国家賠請求訴訟（西日本訴訟）を熊本地裁に提起、翌年、大島青松園入所者 59 名も原告に加わる。これを機に、1999 年の東日本訴訟（栗生楽泉園、多磨全生園、駿河療養所、松丘保養所の入所者 19 名および退所者 2 名が東京地裁に提訴）、瀬戸内訴訟（長島愛生園、邑久光明園の入所者 11 名が岡山地裁に提訴）と全国各地に運動が広がる。2001 年 5 月 11 日、熊本地裁で原告勝訴の判決が出されると、全国ハンセン病療養所入所者協議会は国の控訴断念を求める原告団を支持して、厚生労働省前と首相官邸前で座り込みや街宣活動を行った。5 月 23 日、国は控訴しない旨の首相談話が出され、判決が確定した。

（国立ハンセン病資料館 2011 年度秋季企画展図録「たたかいつづけたから、今がある　――全療協 60 年のあゆみ　1951 年～ 2011 年」等を参照）

7　厚生労働省ホームページ「らい予防法の廃止に関する法律（平成 8 年法律第 28 号）」

https://www.mhlw.go.jp/topics/bukyoku/kenkou/hansen/hourei/8.html

8　厚生労働省ホームページ「ハンセン病に関するページ」内「関係法令等」

https://www.mhlw.go.jp/stf/seisakunitsuite/bunya/kenkou_iryou/kenkou/hansen/index.html

年度ごとの確認事項へのリンクをクリックすると、冒頭に「なお、この確認事項に記載のない事項については、この協議会の議事録による。」の一文がある。

9　電子政府の総合窓口 e-Gov

https://elaws.e-gov.go.jp/search/elawsSearch/elaws_search/lsg0500/detail?lawId=420AC1000000082

10　前掲注 8 参照。具体的内容は下記。

https://www.mhlw.go.jp/topics/bukyoku/kenkou/hansen/hourei/17.html

11　2014（平成 26）年 4 月 30 日にオープンした重監房資料館の展示を指す。「重監房」とは、群馬県草津町にある国立療養所栗生楽泉園の敷地内にかつてあった、ハンセン病患者を対象とした懲罰用の建物で、正式名称を「特別病室」といった。しかし、「病室」とは名ばかりで、実際には患者への治療は行われず、「患者を重罰に処すための監房」として使用されていた。重監房資料館の展示では、「重監房（特別病室）」の実寸大部分再現展示が見られる。（重監房資料館ホームページおよび案内リーフレットを参照、

部分引用。http://sjpm.hansen-dis.jp/）

12 前掲注 8 参照。具体的内容は下記。

https://www.mhlw.go.jp/topics/bukyoku/kenkou/hansen/hourei/18.html

13 地方の国立療養所の資料館としては、いち早く、長島愛生園歴史館が2004（平成 16）年 4 月 20 日に全館開館（前年に部分開館）、菊池恵楓園社会交流会館（歴史資料館）が 2006（平成 18）年 12 月 12 日に開館していた。

14 前掲注 8 参照。具体的内容は下記。

https://www.mhlw.go.jp/topics/bukyoku/kenkou/hansen/hourei/22.html

15 前掲注 8 参照。具体的内容は下記。

https://www.mhlw.go.jp/topics/bukyoku/kenkou/hansen/hourei/23.html

16 前掲注 8 参照。具体的内容は下記。

https://www.mhlw.go.jp/topics/bukyoku/kenkou/hansen/hourei/25.html

17 展示等を通して国のハンセン病政策の歴史やハンセン病に対する正しい理解を深めるための普及啓発活動を行うとともに、入所者と一般社会の交流の場としても機能する資料館（博物館施設）を社会交流会館と総称している。ただし、療養所によって、独自の名称をつけているところもある。

18 前掲注 8 参照。具体的内容は下記。

https://www.mhlw.go.jp/topics/bukyoku/kenkou/hansen/hourei/26.html

19 公益財団法人日本財団ホームページ「日本財団について」→「ニュース」→「お知らせ」→「2017 年のお知らせ一覧」→「国立ハンセン病資料館等学芸員募集のお知らせ」

https://www.nippon-foundation.or.jp/who/news/information/2017/20170906-22011.html

20 2016 年 4 月 1 日から 2020 年 3 月 31 日まで。厚生労働省からの受託は単年度契約。2020 年 4 月 1 日からは、傘下の公益財団法人笹川保健財団が受託しているため、学芸員の所属も変更となった。参考までに、受託者の変遷は、社会福祉法人ふれあい福祉協会→公益財団法人日本科学技術振興財団→公益財団人日本財団→公益財団法人笹川保健財団である。

21 表面に蝋様の膜があり、酸に対する抵抗力の強い菌。染色しにくく、染色後は脱色されにくい。結核菌・癩菌など。抗酸性菌。

“こうさん - きん［カウサン・・］【抗酸菌】”, 日本国語大辞典, JapanKnowledge, https://japanknowledge.com

22 ドイツの医師・細菌学者であるロベルト・コッホ (Heinrich Hermann Robert Koch) による。炭疽菌、コレラ菌の発見者でもある。

23 【参考】ハンセン病治療の歴史

- **～1941 年　大風子油（だいふうしゆ/たいふうしゆ）　(Hydnocarpus oil)**

1940 年代はじめまでは、大風子油（イイギリ科のダイフウシノキの種子を種皮を除き圧搾して得られる油脂）を筋肉注射するという治療法が広く使われていた。注射する時に激痛をともなう、症状が再発しやすい、効き目が不確かであるなどの問題があった。

- **1943 年～　プロミン　(Promin)**

1943 年、アメリカ・カーヴィル療養所のファジェイ博士により、プロミン（スルフォン剤）という薬がハンセン病に対して有効であると報告された。日本では石館守三博士が 1946 年、独自にプロミンの合成に成功し、1949 年から広く導入された。1950 年代以降は、静脈注射用のプロミンから有効成分を抽出して経口剤（飲み薬）にしたダプソンが世界的に使われるようになった。しかし、1960 年代～ 1970 年代に入ると、ダプソンに対する耐性菌の発現が世界的に報告されるようになり、単独使用による問題が広く議論されるようになった。

- **1981 年～　多剤併用療法　（MDT）Multidrug Therapy**

耐性菌の発現に対処するために、新しい治療法の開発が進められた結果、1981 年、WHO（世界保健機関）により、リファンピシン、ダプソン、クロファジミンのうち 2 剤、または 3 剤すべてを併用する（組み合わせて飲む）治療法が確立された。この治療法は、MDT（Multidrug Therapy ＝多剤併用療法）と呼ばれ、もっとも効果的で再発する可能性が低いとされ、ハンセン病の標準的な治療法として推奨されている。安全で服用方法が簡単なことも大きな特徴。

24 屋外の史跡・建造物について解説板設置の必要性が外部有識者（歴史学者）から提案され、展示準備委員会で賛同された。当人が解説案を作成し、自治会が添削するという流れで進められていた。園内案内となると瀬戸芸との関わりもあるという配慮から、こえび隊にも声がけし、瀬戸芸定例検討会でも報告している。筆者が 2018 年 1 月から展示準備委員会に出席するようになった時点で、既に解説は校正段階に入っていた。屋外展示解説板は「大島青松園史跡めぐり」とタイトルがつけられ、2018 年 3 月、園内 16 ヶ所に設置された。解説を執筆するにあたっての論拠等が記されたものが研究成果として4回に分けて公開されている。いずれもオンラインジャーナルで公開されているので、URLを示す。

「国立療養所大島青松園史跡めぐりと史料 (1)」（阿部安成『彦根論叢』第416号〈2018年夏号〉、2018年5月） https://www.econ.shiga-u.ac.jp/ebr/Ronso-416abe_s.pdf

「国立療養所大島青松園史跡めぐりと史料 (2)」（阿部安成『彦根論叢』第417号〈2018年夏号〉、2018年9月） https://www.econ.shiga-u.ac.jp/ebr/Ronso-417abe.pdf

「国立療養所大島青松園史跡めぐりと史料 (3)」（阿部安成『滋賀大学経済学部研究年報』第25巻、2018年11月） https://www.econ.shiga-u.ac.jp/ebr/Nenpo-vol25abe.pdf

「国立療養所大島青松園史跡めぐりと史料 (4完)」（阿部安成『彦根論叢』第418号〈2018年冬号〉、2018年12月） https://www.econ.shiga-u.ac.jp/ebr/Ronso-418abe.pdf

25 入所者の高齢化、四国各県が独自にハンセン病問題普及啓発活動を行うようになってきたことを踏まえ、入所者自治会とも協議の上、23回目の2019（令和元）年6月13日開催（於 高松市レクザムホール）を最後とすることが、園長によって明言された。

26 「こえび隊」の運営団体である、特定非営利活動法人瀬戸内こえびネットワークについては下記を参照。

瀬戸内国際芸術祭ボランティアサポーター こえび隊ホームページ https://www.koebi.jp/

特定非営利活動法人瀬戸内こえびネットワークについて https://www.koebi.jp/management/

27 瀬戸内国際芸術祭公式ホームページ https://setouchi-artfest.jp/

春会期「ふれあう春」：2019年4月26日（金）～5月26日（日）／31日間

夏会期「あつまる夏」：2019年7月19日（金）～8月25日（日）／38日間

秋会期「ひろがる秋」：2019年9月28日（土）～11月4日（月祝）／38日間

28 瀬戸内国際芸術祭公式ホームページ「瀬戸内国際芸術祭2019総括報告」によれば、大島の来島者は、春会期3,040人、夏会期4,322人、秋会期5,515人の計12,877人で、前回の瀬戸内国際芸術祭2016（来島者計 5,104 人）と比して 2.5 倍以上の人が訪れたことになる。ただし、来島者の数え方は瀬戸芸独自ルールによる。そして、普段は人権学習を目的とした人々が訪れる大島に、現代アートを求めてハンセン病のことを全く知らない（ともすると関心がない）人々が押し寄せると、当然ながらトラブルも多くなる。もっとも、これは大島に限ったことでなく、他の離島でも地元住民との間で起きていることである（瀬戸芸終了後、男木島、女木島を訪れ、来島者向けに飲食・物販等の営業を行っていた人たちに簡単なインタビューを実施した）。「大島に来て初めてハンセン病のことを知った、もっと知りたい」と感想を寄せてくれた来島者には心から感謝したい。

https://setouchi-artfest.jp/files/about/archive/report2019.pdf

29 「社会交流会館等」（傍点筆者）としているのは、「社会交流会館」がスタンダードな名称とされているものの、療養所によってはその設立理念等に基づいて、固有の名称をつけているところがあるためである。

30 {つながりの家}カフェ・シヨル　やさしい美術プロジェクト

瀬戸内国際芸術祭 2010 から。当初は古い第一面会人宿泊所（筆者が着任した時点で既に取り壊されていた）を使用していた。ちなみに「カフェ・シヨル」の「シヨル」は讃岐弁で「～している」という意味なので、この場合「カフェしている」ということになる（傍点筆者）。

瀬戸内国際芸術祭ホームページ「アーカイブ」に、社会交流会館に移転する前の「カフェ・シヨル」の様子が掲載されている。アーカイブ 2010 には掲載なし。アーカイブ 2013、2016 ともに同じ写真。解説なし。

アーカイブ 2013_ 大島

https://setouchi-artfest.jp/artworks-artists/archive/2013/oshima/61.html

アーカイブ 2016_ 大島

https://setouchi-artfest.jp/artworks-artists/archive/2016/oshima/61.html

やさしい美術プロジェクト（瀬戸内国際芸術祭ホームページの「作家」欄より）

https://sctouchi-artfcst.jp/artworks-artists/artists/71.html

アーカイブ 2013、2016 ともに同じ写真。解説なし。

アーカイブ 2013_ 大島

https://setouchi-artfest.jp/artworks-artists/archive/2013/oshima/61.html

アーカイブ 2016_ 大島

https://setouchi-artfest.jp/artworks-artists/archive/2016/oshima/61.html

やさしい美術プロジェクト（瀬戸内国際芸術祭ホームページの「作家」欄より）

https://setouchi-artfest.jp/artworks-artists/artists/71.html

31 「面会人宿泊施設」とは、主に入所者に面会に来る人々のための宿泊施設で、通称「面宿（めんしゅく）」と呼ばれ、どの療養所にもある。

32 社会交流会館展示準備委員会議事録の第1回（2017年5月2日開催）を見ると、内装工事（第2期工事分と思われる）は、ゴールデンウイーク明けから始まり、同年8月末に完成予定とあった。

33 ただし、以下の国立療養所の資料館は「社会交流会館」という名称ではない。東北新生園「しんせい資料館」、駿河療養所「駿河ふれあいセンター」、長島愛生園「長島愛生園歴史館」、沖縄愛楽園「交流会館」、宮古南静園「人権啓発センター（ハンセン病歴史資料館）」。また、邑久光明園は「社会交流会館　資料展示室」、菊池恵楓園は「菊池恵楓園社会交流会館（歴史資料館）」としている。

34 「学芸員のお仕事　――資史料「燻蒸」編」（池永禎子『青松』7・8月号〈第75巻・第4号〉〈通巻第701号〉、国立療養所大島青松園協和会、2018年8月

「学芸員のお仕事　――続・資料「燻蒸」編」（池永禎子『青松』9・10月号〈第75巻・第5号〉〈通巻第702号〉、国立療養所大島青松園協和会、2018年10月）

「学芸員のお仕事(3)　――資料「燻蒸」その後は…?」（池永禎子『青松』11・12月号〈第75巻・第6号〉〈通巻第703号〉、国立療養所大島青松園協和会、2018年12月）

35 前掲注30を参照

36 「書史を伝えること、書史から考えること　――国立療養所大島青松園で蔵書目録をつくる」（阿部安成『国立ハンセン病資料館　研究紀要』第6号、国立ハンセン病資料館編・発行、2019年3月31日）

37 新型コロナウイルス感染症（COVID-19）についての説明は紙幅の都合上割愛する。詳細は国立感染症研究所ホームページを参照されたい。

https://www.niid.go.jp/niid/ja/diseases/ka/corona-virus/2019-ncov.html

38 厚生労働省ホームページ「『らい予防法』違憲国家賠償請求事件」

https://www.mhlw.go.jp/topics/bukyoku/kenkou/hansen/hourei/3.html

39 2020年10月25日（日）開催「ハンセン病市民学会シンポジウム」の「第二

部　新型コロナウイルス感染拡大で生じている人権侵害を考える　～ハンセン病問題の取組から学ぶ」シンポジスト・谷川雅彦氏の事前配布資料を参照。

※注にあるホームページへの最終アクセスは 2020 年 12 月 1 日。

コラム2

ダークツーリズム

町田小織

第2章で採り上げられたハンセン病の資料館は、戦争、災害等の現場同様、人によっては「ダークツーリズム」の対象として捉える場所である。その「記憶の場」をダークツーリズムの目的地(訪問先)としたり、研究テーマにしたりする事例がある。

ダークツーリズムは、元々ヨーロッパを中心に20世紀末頃始まり、約20年の間に世界に広まった。日本では、ハンセン病問題についても、戦争、災害、公害等とあわせて「負の記憶」「負の遺産」と表現する場合もある。しかし、ダークツーリズムや負の記憶といった言葉の用い方のみならず、そのような消費のされ方には、当然のことながら賛否両論ある。

ダークツーリズム研究者である井出明は、「ダークツーリズムとは、戦争や災害をはじめとする人類の悲しみの記憶を辿る旅」と定義している[†1]。井出がイメージするダークツーリストは、団体で押し寄せるようなツアー客や修学旅行生ではなく、ソロ・ツーリスト(一人旅の旅行者)である。

井出のダークツーリズム観をみていくと、日本の伝統芸能である能楽のワキに繋がるように感じる。井出は「悲しみの記憶を辿る旅人たちは、その地に赴き、亡くなった人たちの思いや、場の記憶を受け継ぐ、そしてそれを持ち帰り、また誰かに伝えていく」[†2]と語る。つまり、ダークツーリストとは、地元の人や死者に代わって記憶を伝える媒介者である。

能のワキも旅人である。しかも単なる旅人ではなく、亡霊や怨霊として登場するシテ(昔語りの主人公の化身)とコミュニケーションをとることができる。他の人には見えないシテと対話をし、それを他の人に伝える役割がワキである。シテはこの世に思い残したことがある。それをワキが問うことによって、シテに発露してもらい、無念を昇華してもらう。それができるのはワキがマージナル・マン(境界人)だからである。

能楽師の安田登によると、能は「鎮魂の芸術」である。ワキ僧に憧れて旅をした松尾芭蕉も、鎮魂の旅人である[†3]。

安田曰く、ワキは人生の落後者ともいえるような人だという。本来はそのような人物でないと、ダークサイドを感受できないのかもしれない。ワキのようなダークツーリストや学芸員でないと、異界(過去、ここではない場所、人間以外の生き物)と交信できないのではないだろうか。

仮に、社会の多数派はワキではないと考えると、「ヨロコースト(Yolocaust)」で問題提起された観光客の記念写真の事例[†4]や、セルゲイ・ロズニツァ(Sergei Loznitsa)監督の映画『アウステルリッツ』[†5]の見学者たちも頷ける。

「ヨロコースト(Yolocaust)」が問題提起したのは、そこが「記憶の場」や過去の悲劇を想起するための記念碑だとしても、そこを訪れる人は必ずしも追悼や鎮魂のために訪問するとは限らないということである。誰かにとっては神聖な場所であっても、他の誰かにとっては笑顔でセルフィーを撮り、SNSで発信することができるのである。同じ場所が、人によって意味づけや価値づけが異なることにより生じた問題である。

ロズニツァ監督は、インタビューで次のように答えている。

> ベルリンの郊外にあるザクセンハウゼン強制収容所跡を訪れました。そこには次から次へとバスが押し寄せ、多くの観光客を収容所の跡地へ運び、その人々はそこで大量虐殺が行われたことを理解していないかのような服装で訪れ、死者を侮辱するような振る舞いをする者もいます。元強制収容所の在り方を目の当たりにし、私はホロコーストの歴史をどのように現代に伝えて、記憶をどのように残すべきか考えました。それは歴史に似せただけの偽物を展示することではなく、冗談を交えながら観光客に施設を紹介することでもなく、私たちが人類の過去を忘

却してしまい、そのことで人間性が劣化していることを伝える必要があると思ったのです。そんなことを考えながら私は強制収容所の建物を訪れる観光客にカメラを向けました。そこに映るものこそ歴史を美化せず、冒涜せず、そして強調もしない、ホロコーストの記憶の現在地であり、私たち現代人の真実の姿なのです[†6]。

上記の記事を既に読んでいたので、実際に鑑賞したらどんな感覚になるのだろうと思い、映画『アウステルリッツ』を渋谷のシアター・イメージフォーラムにて鑑賞した。新型コロナウイルス感染拡大によって、観客の少ないミニシアターは存続の危機に瀕している。私が鑑賞した際も観客は10人以下であった。

この作品はドキュメンタリーで、なおかつストーリーはない。ただ見ている側の感覚には、約1時間半の間に変化がある。

最初は、自分が亡霊のような気持ちであった。まるで強制収容所で亡くなったユダヤ人の霊として、成仏できずにその場に漂っていて、訪れる観光客を眺めている気分である。

途中から、来場する観光客たちが、ガイドに誘導されて「群衆」として行動している様を見て、当時の"普通"の人々はこんな感じだったのではないかと考えるようになる。拷問や虐殺の現場を見ても、説明を聴いても、特に何も感じている様子はなく、淡々としている。もしくは退屈そうにしている彼らを見るにつけ、当時もこのようにホロコーストが進んでいったのではないかという気持ちにさせられる。

少なくとも、この映画に登場する観光客たちは、ホロコーストに無関心ではない。むしろ関心が高い層だろう。現場を訪れようと思うだけ、意識が高いのかもしれない。それにもかかわらず、全編を通して漂う雰囲気は「他人事」。何も考えていないようにさえ見えるのは、なぜだろう。無関心でないにもかかわらず、どうしてなのだろうかと考えた。

見終わって思うのは、この映画こそが、ホロコースト・スタディなのではないかということだ。映画そのものがホロコーストの疑似体験である。暴力的なシーンは一切ないにもかかわらず、ホロコーストを生み出す人間の闇を見事に伝えている。

冒頭の「ダークツーリズム」に戻ろう。仮にダークツーリストが能楽のワキのような人物だとしたら、「ヨロコースト（Yolocaust）」や『アウステルリッツ』の観光客はダークツーリストではない。松尾芭蕉のような旅人であれば、戦争、災害等の記憶が色濃く残る地を訪れても、論争を巻き起こすことはないのではないだろうか。

注

1 井出明『ダークツーリズム――悲しみの記憶を巡る旅』幻冬舎 , 2018, p. 20.

2 同上

3 安田登,「安田登の能を旅する」,『the 能ドットコム』, https://www.the-noh.com/jp/people/essay/travel/index.html（最終アクセス：2020 年 12 月 29 日）

4 ドイツで活動しているイスラエル人アーティストのシャハク・シャピラは、yolocaust というサイトをつくり、そのサイト上で、ベルリンのホロコースト記念碑で記念写真を撮って SNS で発信している、ある意味“イノセント”な観光客の画像を加工して掲載した。現代の SNS で入手可能な他人の記念撮影画像に、かつての強制収容所の写真を背景として合成したのである。そしてその画像を削除してほしければ、シャピラにメールするよう連絡先が記してあった。

Shahak Shapira, *Yolocaust*, https://yolocaust.de/（accessed Dec.30, 2020）

「yolocaust」で検索をすれば、削除された画像も見ることができる。つまり、最初にアップロードした人が削除しても、インターネット上にデータは残るということでもある。

Joel Gunter, "'Yolocaust': How should you behave at a Holocaust memorial?", *BBC News*, Jan. 20 2017, https://www.bbc.com/news/world-europe-38675835（accessed Dec.30, 2020）

5 セルゲイ·ロズニツァ監督『アウステルリッツ』（原題: Austerlitz）2016 年製作 , ドイツ , サニーフィルム , 2020

6 Anon.「スターリンの国葬、粛清裁判、ホロコースト観光を捉えた鬼才、セルゲイ・ロズニツァが自作を解説」『映画 .com』, 2020 年 11 月 23 日 , https://eiga.com/news/20201113/10/（最終アクセス：2020 年 12 月 29 日）
映画の公式ガイドブックにも同様のコメント（若干日本語訳が異なる）が記載されている。『セルゲイ・ロズニツァ〈群衆〉ドキュメンタリー 3 選「国葬」「粛清裁判」「アウステルリッツ」公式ガイドブック』サニーフィルム , 2021, p. 20.

第3章
つなぐ

つながりに気づく場所

稲庭彩和子

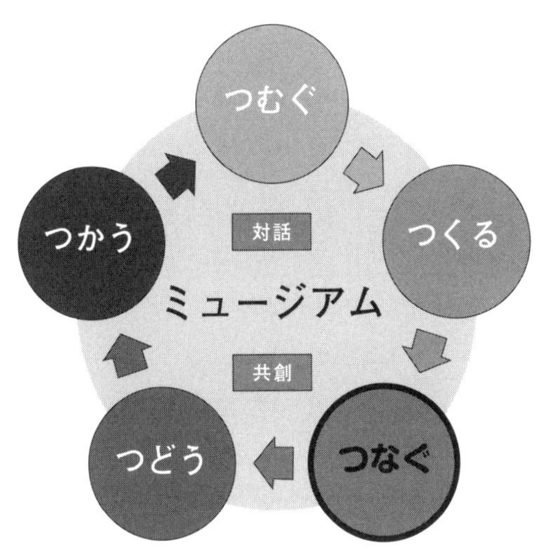

1. 人生100年時代を生きる

皆さんは東京の上野公園に行ったことがありますか。日本で最も美術館や博物館が集まっている公園です。パンダで有名な上野動物園の隣にある茶色いレンガ色の建物が東京都美術館です(図1)。東京都美術館は省略して「都美(とび)」とか「都美館(とびかん)」と呼ばれています。日本で最初にできた公立の美術館で、1926(大正15)年に東京府美術館として誕生しました。

図1　東京都美術館

100年はとても長い時間ですが、現代では皆が自分はもしかしたら100歳まで生きるかもしれないと考える時代になりました。長寿は良いことですが、100年間に起こる社会の変化の中、最期まで健やかに生き抜くのはなかなか大変なことです。例えば、東京都美術館が東京府美術館として誕生した約100年前は、日本はどんな時代だったでしょう。1926年は大正時代です。日本の人々は着物を着ていて、女性にはまだ参政権もない時代です。1925年に25歳以上の男性にのみ選挙権が与えられました。毎日の暮らしは今とは全く違い、社会の中で大切にされた価値観も違ったでしょう。

では、これからの100年はどうでしょうか。現代はAIなどの科学技術の発達により、歴史的な大転換が起こっていく時期にあると言われています。つまり、これからますます時代の変化が加速度的になっていく。それはどういうことかというと、これまでの100年に比べて「現在」が「過去」になっていく、その速度が速いのです。激流の時の流れの中で、私たちは暮らしていくことになるのです。ではそういう変化の大きい100年をどう乗り越えていくのか、どうやって次の世代に私たちの文化をつないでいくことができるのか、実はとても重要なことなのです。なぜなら私たちは文化的営みを通して社会の情報を共有しながら、多くの合意形成を行なって、社会を安定させているからです。あっという間に過去になっていくものが多いと、それだけ共有知をつくるのが大変で、合意形成をしていくのも大変だからです。

そんな人生100年時代において、文化を保存し、次世代につないでいく役割を持つミュージアムは、どういう場所だと皆さん一人一人の幸せにつながるのでしょうか。皆さんが生きていくこれからの時代において、皆にとって嬉しい美術館や博物館とはどんな場所だろうか？ということを一緒に考えたいのです。

なぜなら美術館や博物館には、今生きている皆さんに何らかつながるモノや考えが保存され、研究され、展示されています。そこには、人間の脳だけで記憶しておくのは難しく、でも人々をつなぐ「共有知」として保存しておく必要があるモノを保存しています。だからこそミュージアムは税金などの公的な資金で運営され、公共的な目的を掲げて活動しているのです。ですので、この教室にいる全員が、美術館・博物館に何らかつながっている。関係していない、という人は実は一人もいないのです。

逆に言えば、皆全員が、自分の人生にとってプラスになるように博物館や美術館を利用したり、良い形に変化させたりしていく権利を持っている「関係者（ステークホルダー）」と言えるのです。だから皆さんに、これからの未来のミュージアムを、それぞれ想像してみて欲しいのです。

さて、今日は、ミュージアムでの体験を想像してみるひとつのきっかけとして、「つながりに気づく」という話をしたいと思います。私は、ミュージアムでの重要な価値ある体験のひとつが「つながりに気づくこと」ではないかと思っています。人間は社会的動物なので、人とのつながりが切れると、生きる気力や生きがいが無くなります。ですので「つながりに気づく」というのは、特に長い人生の充実にとって重要な要素です。

「つながりに気づく」には、自分の内面とよく会話をする必要があります。自分は、何に心を動かされるのか、気がつくことが大切です。それには自分が過ごしてきた年月を思い起こして、どういう時に心が踊ったか、幸せを感じたか、どういう時に頑張る気持ちが芽生えたかなど、過去に想いを巡らせてみることです。例えば、皆さんは今大学生で、これからの人生をどのように進んでいくか、いろいろと考えている時期だと思います。私も大学3年生の頃、自分の進むべき道について色々迷いました。そんな時に歴史のゼミの先生が「あなたの20代の経験の幅が、あなたの人生の幅をつくる。だから20代はまずは直感的にやりたいことに挑戦しなさい」と言ってくれたのです。20代は突っ走って、30代で迷っても間に合うと。

私は大学3年の頃、日本の歴史や美術に関心があって大学院への進学を希望したのですが、両親には「大学院にいってどうするの？」と言われ、さてどうするかと考えていました。研究者になりたいというよりも、自分が感じている今の社会の課題について、考え続けなければ先がない、という感じがしたのです。それで、先生の言葉にも背中を押され、奨学金を借りて大学院に行くことを決め、修士課程では日本美術史を専攻しました。修士課程を修了したあとは、神奈川県の公募の助成金を得て、イギリスのロンドンにある大英博物館で2年間をインターンをしながら、ロンドン大学ユニバーシティカレッジの大学院でミュージアム学（Museum Studies）という学問を学びました。帰国したのが29歳の時です。20代に直感的に広げていった関心や活動の幅が、その後の人生の幅になっていくというのは、確かにそうだなと振り返って思います。直感的な行動というのは、自分の中にそうする必然性があって、その関心のある方向性と「つながり」を感じている状態だと思います。自分の進むべき道を探す時もこの「つながりに気づく」ということが、何かを選択するにあたっての助けになることがたくさんあります。今日の話のキーワードとして「つながりに気づく」というのを頭の隅に置いておいてください。今日皆さんにお話しする美術館や博物館について、私はちょうど皆さんの年齢の頃からすこしずつ関心を持ち始めました。

ですので、皆さんにもこの授業をきっかけとしてミュージアムへの関心が生まれて、美術館や博物館が皆さんの人生で「つながりに気づく」助けになる場所になるといいなと思っています。

2. メディアとは？　ミュージアムとは？

この授業の大テーマは「メディアとしてのミュージアム」です。「メディア」も「ミュージアム」も概念的な単語なので、このテーマがどういうことを指すのか、少しイメージがしにくいかもしれません。まずはこのテーマ自体を身近なものに例えて考えてみましょう。

皆さんは自分の子どもの頃の写真は自宅にありますか。デジタルの写真画像だったらパソコンのハードディスクやSDカードなどの記憶媒体に保存されているでしょうか。デジタル画像ではなく写真用紙にプリントアウトしていたり、昔ながらの写真屋さんで現像する紙焼きの写真を持っている人もいるでしょう。そうした紙の写真はアルバムに整理されているかもしれません。また、中学校や高校の卒業アルバムは持っているよ、という人もいるかもしれませんね。そうした写真や写真アルバムは、どちらも「メディア」といえるものです。

「メディアとしてのミュージアム」の「メディア（media）」の説明を辞書で見てみると「①手段。方法。媒体。特に新聞・テレビなどの情報媒体。②情報を保存する外部記憶装置の媒体。③情報を頒布（はんぷ）する手段。」と書かれています。

つまり紙の写真を保存しているアルバムは、「アルバム」自体が写真を保管する装置（メディア）であり、それと同時にそのアルバムを広げて見るときには、過去の「情報を頒布する手段」になるので、写真アルバムは「メディア」といえます。

では「メディアとしてのミュージアム」の「ミュージアム」はどうでしょうか。これは辞書には「博物館、美術館」とだけ書かれています。「ミュージアム」という単語の直接の説明はなく、博物館、美術館の項目を参照するようになっているのです。つまり「ミュージアム」とは、○○博物館、○○美術館と個別には呼ばれるものを、包括している概念なのです。

例えば、東京都美術館の話をするときには、皆さんは「ミュージアム」とは呼ばず、「美術館」と呼ぶと思いますが、東京都美術館の英語の名称は「Tokyo Metropolitan Art Museum」、つまりアートに特化したミュージアムということになります。つまり「ミュージアム」は歴史、美術、科学など様々な分野の「博物館・美術館」をまとめるような上位概念です。

では皆さんが頭の中で思い浮かべている「ミュージアム」のイメージとはどんなものでしょうか。今私が「ミュージアム」について話していても、皆さんの頭の中では、意外とバラバラな「ミュージアム」を想像しているかもしれませんので、ミュージアムのイメージをもう少し具体的に見ていきたいと思います。

世界で一番有名な博物館として、イギリスのロンドンにある大英博物館（図2）やロンドン自然史博物館（図3）が挙げられます。もしくは日本でもっとも歴史のある博物館は、東京国立博物館（図4）です。

では「美術館」はどうでしょう。フランスのルーブル美術館（図5）やニューヨークのメトロポリタン美術館（図6）のような、宮殿のような大きな列柱のある石造りの入口を思い浮かべる人が多いかもしれません。もしくはニューヨーク近代美術館（図7）のようなモダンな建築や、日本の金沢21世紀美術館（図8）のようにガラス張りの現代的な建築を思い浮かべる人もいるでしょう。新しい美術館は有名建築家が建てたユニークな形をした美術館も多いですね。

ここに示した7つの建物はどれもミュージアムで、共通している活動は、モノの「収集、保存、研究、展示、教育」です。そして、写真アルバムを開くと、そこにコミュニケーションが起こるように、博物館や美術館も、ひとたび誰かがその扉を開ければ、保管されているモノと人々との間にコミュニケー

図2　大英博物館
photo by Ham, CC BY-SA 3.0

図3　ロンドン自然史博物館
Photo by Drow male, CC BY-SA 4.0

図4　東京国立博物館
photo by Wiiii, CC BY-SA 3.0

図5　ルーブル美術館
photo by Alvesgaspar - Own work, CC BY-SA 3.0

図6　メトロポリタン美術館

図7　ニューヨーク近代美術館
Photo by hibino, CC BY 2.0

図8　金沢 21 世紀美術館
photo By 金沢市 , CC BY 2.1

ションが引き起こされるので、ミュージアムも写真アルバムのように「メディア」であるといえるわけです。「収集保存機能」と「コミュニケーション機能」の大きく2つに分けられます。

3. 機能を拡張してきたミュージアム

モノを社会から切り離し、外部と遮断する「収集保存機能」と、社会との関わりに向かっている「コミュニケーション機能」は、考え方によっては逆の方向性を持った活動です。ミュージアムにはこの両方の機能が搭載されているわけですが、歴史的にみるとこの二つの機能は随分と変化してきました。変化というよりは、パソコンに例えるならば機能を拡張してきたといった方がいいかもしれません。

パソコンがここ数十年で大きく機能を拡張してきたように、ミュージアムも歴史の中で、社会の進展と人々のライフスタイルに合わせて、その機能を進化・拡張させてきたのです。特に時代が進むにつれて、社会との関わりに向かっている「コミュニケーション機能」を拡張してきました。

その変化を図にしたものがこちらです（次頁の図9）。

1980年代に新しいミュージアム像が模索される中で「第三世代の博物館」[†1]という考え方が示され、ミュージアムの主要な機能の変化が論じられたのですが、この図はそれから30年以上が経った現在において、その先をどう考えるかを付け加えてみたものです。第三世代のミュージアムがちょうど図の中央にあります。私が勤務する東京都美術館は2012年にリニューアルして、3.5世代ぐらいとしました。美術館勤務ということもあり、ここからは少し美術館を例にした説明をしていきますが、大きく捉えればミュージアム全体も同じような進化の中にあると考えてもよいと思います。

左下から見ていくと、ミュージアムは最初は「宝物を保管する場所」でした。その多くは、王侯貴族や教会など富裕層の宝物や、戦争の戦利品が保管されていた場所で、一般には公

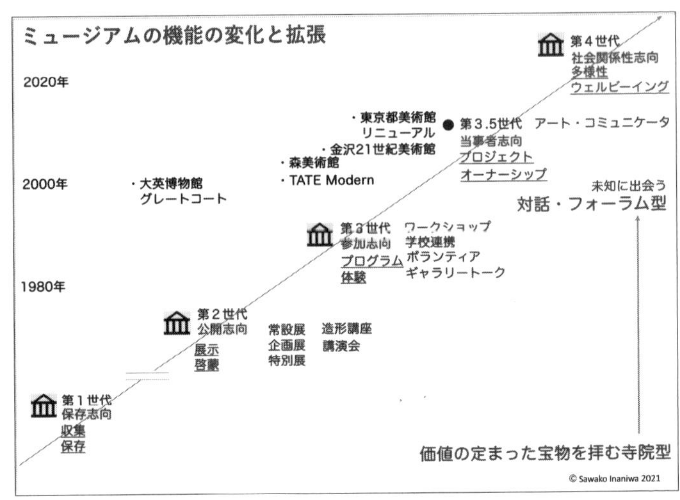

図9　ミュージアムの機能の変化と拡張

開されていませんでした。宝物が一般公開されるようになったのは18世紀半ば以降、250年ぐらい前のことです。今でも世界最大級の博物館であるロンドンの大英博物館が1759年に一般に向け開館し、世界最大級の美術館であるパリのルーブル美術館はフランス革命を経て1793年に一般公開されました。ルーブル美術館のコレクションはもともと王室の私有財産でしたが、これが国有財産となり公開されたわけです。一般に公開といっても、おそらく現代に比べればより限られた人だけが展示を見たと想像され、「貴重で珍しいものをありがたく見る場所」であり「教会や寺院」に似た場所であったのです。それに引き続く19世紀には国際博覧会、いわゆる万博が隆盛し貴重で珍しいものを見る文化が殖産興業とつながり、貴重で珍しいものを展示することとそれを見る行為が、国際的な経済活動の中で価値化された時代でした。

20世紀に入り民主主義が進展する中で、単に宝物を並べて見せるだけではなく、コレクションをあるテーマに沿って展示して公開する、ストーリーのある企画展示が出てきます。1929年に開館したニューヨーク近代美術館は装飾のない白い「ホワイトキューブ」と呼ばれる展示室に作品を並べ、展覧会を通してメッセージを発信する「コミュニケーション機能」を拡張させた企画展示がされるようになりました。これが第二世代の最初の頃で、調査研究、展示、教育と現代の美術館につながる活動の芽が既にこのときに揃っていたようです。そして、戦後からの70年は、目覚ましくコミュニケーション機能を拡張してきました。メディアとしてのミュージアムは、記録や保管の機能を発展させると同時に、人々とつながるコミュニケーションをもたらすメディアとして役割を活発化させてきたのです。

4. 誰のためのミュージアムなのか?

とりわけ21世紀になってからの20年は、ミュージアムの社会的役割について、特に欧米圏で議論が活発に積み重ねられ、ミュージアムは様々な社会的な課題、例えば貧困、ジェンダー、教育格差、環境破壊、多文化共生の問題などにも積極的に関わっていく理念を持つまでに変化してきています。

その戦後のミュージアムの歴史の中でも、2019年は日本にとって特別の年でした。「国際博物館会議(ICOM(アイコム)International Council of Museums)」という博物館の専門家が集まる大会が、ついに京都で開催されたのです。ICOMは、戦後まもなくの1946年に創設されたミュージアムの専門の国際組織で、現在では世界140カ国から4万人を超える会員がいます。ICOMは博物館における職務の倫理的なあり方を明確にしたり、専門家の協議の場などを提供する機関としての役割を担っています。3年に1度行われる大会の開催は日本では初めてでした。世界120カ国から過去最大となる約4600名のミュージアム関係者が京都に集結し、約1週間、多岐にわたるテーマでフォーラムや会議が開催されました。日本からは約1900名が参加し、内100名以上が各国際委員会で発表をするなど日本の博物館史上に残るできごとだったのです。私も7日間にわたる会議に参加したのですが、印象深かったのはミュージアムの「人々をつなぐ」社会的役割について数多く議論され、各国の実践が語られたことです。「ミュージアムは過去を保存し公開するだけでなく、より多様な人々が文化を通し、社会とのつながりができるよう、社会課題に目を向け、市民の対話の場となり人々の未来をつくる拠点となる」というような考えです。

ミュージアムは文化財を「保存すること」をまず目的としているがゆえに、展示物を中心とした思考に支配されがちです。しかし「ミュージアムは誰のためにあるのか」と常に問いつづけることが重要であり「人々が幸福(Wellbeing)であるためにミュージアムがいかに貢献することができるのか」という論点で、たいへん熱を帯びた話し合いがされたのです。

この大会の基調を示す全体会議の1つ目の講演テーマは「持続可能な未来への共創」でした。この「持続可能な＝サステナブル」というキーとなる概念は、2015年に国連で採択された国際社会の共通目標「SDGs(持続可能な開発目標)」として認知されつつあります。貧困、教育、働きがい、環境、経済、公正など21世紀の世界が抱える課題を包括的に挙げた「世界を変革する17の目標」は、国・企業などあらゆるセクターが担い手となることが求められています。

SDGsが採択された背景には、私たちの暮らしが今のままでは、近い将来社会全体が立ち行かなくなるという危機感があります。未来が「偶然に」良くなることはない、つまり、幸福な未来をつくるには今すぐアクションを起こす必要があるという状況の中、ミュージアムこそ公益に資するユニークな機関として「持続可能な社会」を実現する積極的な取り組みができると、その大きな可能性について述べられました。

日本ではミュージアムの役割を国際的な社会課題とつなげてとらえる議論は、まだ始まったばかりです。しかし、欧米ではここ数十年で人間の尊厳や公平性に関する意識が急速に高まり、ミュージアム運営においても「共通善:社会全体にとっての公共的な善」を考えることは、既に基調となっています。
「誰のためのミュージアムか？」という問いに対し「あらゆる人、すべての人のミュージアムである」と明言して実現しようとする中で「文化・教育施設」としてのミュージアムは、より福祉的な役割も含む活動に取り組み「人々の幸福な状態＝ウェルビーイング」を支え推進する機関である、という視点が大切にされるようになってきました。こうした流れは「誰一人取り残さない：No one will be left behind」をスローガンとして掲げるSDGsの考え方と呼応しているのです。

5. 何のためのミュージアムなのか？

人々の価値観や社会のあり方の変化に伴って、ミュージアムは機能を拡張してきたのであれば「ミュージアムとは何か？」という「ミュージアムの定義」についても改定を検討する必要が生じてきます。

実は先ほど話したICOM京都大会での参加者の最大の関心は、1974年以来45年ぶりの博物館の定義の「大改正」とそれが採択されるかどうか、ということでした。現行の「ミュージアムの定義」は次のようなものです。

博物館とは、社会とその発展に貢献するため、有形、無形の人類の遺産とその環境を、教育、研究、楽しみを目的として収集、保存、調査研究、普及、展示する公衆に開かれた非営利の常設機関である。

これに対し、新たに提案された新定義案は以下のようなものでした。

ミュージアムは、多様な人々を迎え入れ、さまざまな声に耳を傾ける、民主的な空間です。私たちの過去や未来について、物事の前提や判断が本当に正しいか、なぜ

そうなのかを多角的に検討し思考する、対話のための場所です。現在の利害の対立や課題を認識して取り組みつつ、社会から託された美術品・歴史資料・標本などを保存し、未来の世代のために多様な記憶を守ります。また、そうした文化的遺産への平等な権利とアクセスをすべての人々に保証します。

ミュージアムは営利を目的としません。参加性・透明性を重視し、多様なコミュニティと積極的に協働し、収集・保管・研究・解説・展示をし、世界についての理解を深めます。それらの活動は、人間の尊厳や社会の公正さ、そして全世界の平等と、地球のウェルビーイング(良い状態)に貢献することを目指しています。(筆者訳)†2

皆さんはこの「新定義案」を読んで、どう感じるでしょうか。この新定義案はICOM京都大会が開催される前にウェブで公開されたのですが、私はこの案文を目にしたとき、その民主主義的な思想が表明された単語の選択に「これは議論になるだろうな…」と、少々高揚する思いを抱きました。

欧米ではミュージアムは民主主義を体現する場所であり、また民主的なシチズンシップを涵養(かんよう)していく場であるという考え方があり、新定義案の内容は、この30年ぐらいの欧米でのミュージアム学(Museum Studies)の主流の考えが反映された内容です。ですので欧米のミュージアムの現場にいる人にとっては、新定義案に書かれているような理念の中で既に活動をしているため、ミュージアムの現場の実態が言語化されて、定義の中に盛り込まれただけ、と感じたという意見もありました。

しかし、国際的な組織であるICOMの定義として考えると、SDGsに謳われているような持続可能な社会を実現するための民主主義的な考え方が地球規模で共有されているかと言えば、そうではない状況があります。ICOMに加盟する国は全てが民主主義の国ではないですし、また日本のように民主主義の国でも、新定義案に盛り込まれたようなミュージアムの社会的役割について、議論が積み重ねられていない国も多いのです。そう考えると、この案はかなり議論を呼ぶだろうと思いました。

一方で、ICOMの専門委員会でこの新しい定義を起草するにあたって、相当の熟議が重ねられたであろうことを想像し、新しいミュージアムのあり方を言語化し、世の中に表明しようとする専門家たちのエネルギーに、敬意の念を持ちました。なかなか強い信念がなければできない仕事です。

ICOM京都大会では、新定義案を巡ってまさに予想以上の大議論となり、新定義案の採決のための投票自体を延期するという結果となりました。2021年の現在もこの新定義案の検討が継続されています。この一連の議論での大切な点は、この議論自体が、ICOM京都大会の場で、非常に民主的な参加性の高い会議で活発に議論されたこと、そして、この新しい定義案の内容が、本質的に博物館の役割として間違っているという意見はなかったということです。つまり国際的な組織であるICOMによる「ミュージアムの定義」としては議論がさらに求められているけれども、ミュージアムの本質的な理念としては、新定義案で提案されている内容に、多くの関係者が賛意を示していたのです。そのように考えるとこの新定義案は、2019年時点での専門家が練り上げた「ミュージアムは何のためにあるのか？」という問いに対するひとつの答えとも言えます。

6. ミュージアムは新しい「共有知」をつくるメディア

「ミュージアムは誰のためにあるのか？」「ミュージアムは何のためにあるのか？」という大きな二つの問いに対して現時点での答えが見えてきました。ミュージアムはパブリックな場所であり、あらゆる人が利用できるように運営されることが理想です。そして、ミュージアムは対話の場であり、地球をも含むすべての人々のウェルビーイング（幸福）に貢献することを目指しているのです。

とはいっても、話が大きすぎて見えにくいと感じている人もいると思うので、ここで、ミュージアムのもっている機能を、個人のレベルで考えてみましょう。

最初に「メディアとミュージアム」というテーマの話をしたときに、写真アルバムの話を例えに出しました。多くの親は子どもが産まれると、その赤ちゃんの成長の過程をせっせと写真に撮り、アルバムに整理します。それは自分の子どもの成長の様子を記憶に留め、時折見て、後からも見返して思い出したいからです。子どもは大きくなってから、そのアルバムを親から見せてもらって、自分の赤ちゃんの頃のことを写真で知ることになります。普通の人は3歳より前のことはほとんどの記憶になく、そうした写真アルバムを見ることで、自分の成長過程を知り、自分の赤ちゃんの頃の思い出が作られ、自分のアイデンティティが育まれ、親と自分のつながりも改めて認識をしていくのです。もしも両親から自分の小さな頃の写真が一枚もないと言われたら、残念に思うでしょう。人間は社会的な動物で、常に自分と他者との物語の中に生きていて、その物語から生きる力を得ているからです。

また、成人して独立した後は、自分の小さな頃の写真アルバムをそのまま実家に置いてある人もいるでしょう。そういう人にとっては、何十年もその写真アルバムを見ることはないのですが、もし実家でそのアルバムが火事などで全焼してしまったら残念に思うでしょう。実際には何十年も見ていないし、今後もずっと見ることはなかったかもしれない写真アルバムでも、焼けてこの世から永遠になくなってしまったとなると、非常に悲しいわけです。それは物質として写真アルバムが誰かによって大切に保管され実在しているということを信じられる状況が、誰かと私の物語を支えているからです。

この写真アルバムのような役割を社会の中でしているのが

ミュージアムです。人々は他者と何らかの記憶を共有したり、同じ物語を信じたり、同じものを視覚に捉え、意味を共有することで、人と人のつながり、つまり社会を支えているのです。

もちろん、人々の間で共有する記憶は、ある町の風景だったり、野山の風景でもいいのです。特別にミュージアムにあるものだけが、共有知になるわけではありません。ただ、共有する価値のある残すべきものを厳選して、共有財産とすることを意図して、物を収集し、保存し、展示しているのがミュージアムなのです。

ミュージアムはヨーロッパで250年ほど前に生まれ、現在まで社会の中で発達させてきた文化継承のシステムです。人間の数万年に及ぶ長い歴史を考えると、まだたった250年、日本国内で考えると、日本で最も長い歴史を持つ東京国立博物館の創立は1872年(明治5年)ですから、たった150年ほどの歴史です。2018年の時点で日本国内の博物館は5000館以上あるので、人間社会のシステムとしては急成長を遂げた「新しいつながる方法」と言えるでしょう。

世界の人口は、産業革命以降、爆発的に増えてきました。

人が増えるということは、それだけ人と人のネットワークを安定させていくのが難しくなるわけです。人の数だけ考えや記憶があり、共有することも増えていく。この急激な人口増加にともなって、ミュージアムという装置が発明され、世界中に広がっているのが現在です。でもこれは、まだ新しいコミュニケーション装置、つまりメディアなのです。だから、まだ人類はこの「共有知」や「合意形成」を育む「ミュージアムという新しいメディア」をみんなで本当に使いこなすまでには至っていない、というのが現状ではないでしょうか。

7.「共同的な視覚体験」と「つながりに気づくこと」

最初の方で、「ミュージアムでの重要な価値ある体験の一つが「つながりに気づくこと」ではないか」と書きましたが、このことについてもう少し詳しくお話しします。

先ほど、赤ちゃんの頃の写真アルバムの話で、自分の赤ちゃんの頃の写真を見るということによって、赤ちゃんの頃の思い出が作られる、という話をしました。つまり、その人は自分の赤ちゃんの時にどんな日常だったかは覚えていないわけですが、親が撮影した写真を子どもが見ることによって、子どもは自分自身が赤ちゃんであった時のその光景を共有するわけです。同じ写真を見ることによって「共同的な視覚体験」が生まれます。

例えば0才の時の写真を、その人が5才になって見たら「わぁ、私小さいね！」と認識するだけかもしれませんが、20才ぐらいになって見たら「私、赤ちゃんの頃、可愛いかったんだなぁ」と嬉しい気持ちになるかもしれません。さらに30才ぐらいになってからその写真を見たら「大切に育ててくれたんだ」と親に対する感謝の念に気づくかもしれません。

同じ写真を見ても、親と子ではそこから感じることはもちろん違いますし、また同じ人の中でも時間が経ってその人の経験値が変わると、その同じ写真を見ても気づくことが変わってくるのです。写真は30年にわたって大切に保管しつづけられたとき、その人にとっての写真の持つメッセージは豊かになっていくことがあります。その気づきが起こるのは、その体験の背景に「共同的な視覚体験」があるからなのです。親が撮った写真を見て、5才、20才、30才の私は同じ画像からその時々で違う意図を読み取ります。それはその背景にその写真を撮った人の視点を共同的に見ている、つまり私は他者の視点と自分の視点を行ったり来たりすることで、そこに何らかの意図を読み込むのです。

ミュージアムに集められたモノも、この写真と同じような性質を持っています。皆さんは当たり前だと思うかもしれませんが、ミュージアムにあるものは、なんとなく集められたものではなく、誰かがよく観察したり鑑賞したりして「これは残すべき重要なものだ」「この物を通して、他の人と共有することは価値がある」と判断された物がミュージアムには保存され、展示されているのです。つまり、あなたが何か展示物を見るときには、既に誰かがその展示物をよく観察したり、鑑賞していて、あなたも今それを見ている、つまり、あなたは偶然にもその展示物を見てしまったとしても、あなたのような観察・鑑賞する人を、その展示物を選んだ人は待っていたのです。あなたは届けたかった相手の何番目かの人になります。その展示物は誰かによってよく観察され、それをあなたが観察すると、そこに共同的な視覚体験が生まれます。共同的な視覚体験は、例えば、一緒にご飯を食べて過ごした時間のある仲間を「同じ釜の飯を食う仲だ」などというのと同じように、共同的な視覚体験も「つながる感覚」をもたらすのです。あなたは、ミュージアムに大切に保管され、展示されるほど大切なものが宿るその展示物を届ける宛先の人となるべく、その展示物の前にいるのです。その物を選んだ人は、その物を通して、なんらかの価値を誰かに渡そうとしていた、それをあなたは受け取ろうとしているのです。

絵を見て感動をする、ということがあるとすれば、それは言い換えれば、自分が生きている実感を感じられる時間です。そしてそれは、絵を描いた作家や、その絵は価値があり、そのことを誰かに伝えたいと考えて残した人との共同的な視覚体験を通して、生きていることの実感を受け取っていることなのです。これが「つながりに気づく」体験です。これは、教えられて知ったり理解することができる体験ではなく、あくまでも「気づく」ことしかできない体験です。こうした「かたちのない贈り物」を受け取る体験は、ミュージアムの特徴的な体験です。このように、ミュージアムは物を収集し・保存し・研究し・展示することで、社会的な贈与システムを担っているのです。

8. 展示物との出会い方、仲良くなる方法

ある人が何かの展示物を見ている瞬間は、展示物を通して過去から何らかの価値がその人に渡されようとしている瞬間でもあります。でも、人から何かを受け取るのと同じように、丁寧に相手と向き合わないと受け取れません。言い方を変えれば、展示物の観察や鑑賞がしっかりとできると、受け取れる可能性が高まります。

学校の先生から、小学校の45分の授業の中で美術作品を鑑賞するとしたら、何作品ぐらいがいいかと質問を受けることがあります。

「10作品ぐらいでしょうか？」

それに対し

「美術作品を見て『何かを勉強する』と考えないで、子どもたちと作品が仲良くなれる様な状況を作ってください。45分授業なら3作品ぐらいがおすすめです。」

と伝えています。

作品ではなく、人に会うことを想定するとよく分かります。例えば、ある日、転校生がやってきます。もし10名の転校生がいっぺんに教室に入ってきたら、なかなかその10名の転校生と45分の間に良い出会い方をするのは難しいのではないでしょうか。1人の転校生とコミュニケーションを取るのに、わずか4分しかありません。せめて1人15分ぐらいの時間は欲しいところです。そうすると3人ぐらいの転校生なら人柄や個性が少し分かります。作品も同じです。1作品をきちんと鑑賞するには最低15分ぐらいは必要で、1時間の授業で取り上げるのは3作品ぐらいが最適です。実際に子どもたちと作品を鑑賞すると、1作品で45分経ってしまうこともあります。

ではその時間で何をするのかといえば、その相手とコミュニケーションを取ることが必要です。そうすると相手が分かってきます。目の前にその人がいるならば、その人と直接コミュニケーションを取るのが普通で、その人の履歴書のような書

類を持ち出して、その人には何も聞かないというのはおかしいですよね。その人に何かを聞いて、伝えてくれることに耳を傾ける必要があり、また逆に聞いている側は気持ちをオープンにして、自分のことも伝えてみてもいいかもしれません。コミュニケーションは双方向性をもっており、両者が気持ちがオープンである方が早く仲良くなれます。

作品の鑑賞も同様です。絵画が目の前にあったら、絵そのものとコミュニケーションを取ってみてください。作品の横に貼られた題名などが書かれているキャプションを見て作品がいつ描かれたのかなどを知るのは良いですが、それで分かったような気になるのは禁物です。その作品自体を知るためには、自分の気持ちをオープンにして、作品に話しかけるかのように、作品の声に耳を澄ますかのように、じっくりと観察してください。ただ、作品の方から声を発して話してくれるわけではないので、かわりに何人かで作品を見て、発見したことや、見たことから想像したことを共有していくと、絵をじっくりと見ることができます。なぜなら絵を認識する目の数と、それを見て考える脳の数が増え、いろいろと発見が増えるからです。美術史の研究者たちも同じようなことをしています。絵をじっくりと観察して、ある一つの作品について複数の研究者が発見したことを論文などに書き、複数の人の知見が重なっていくと、絵のことが深く分かってきます。

9. つながりをつくる人

「絵を見るのは難しい、分からない」という言葉をよく聞きます。ただ、よく誤解していることがあるのです。絵を鑑賞するというのは「絵の歴史的背景を知っていて、それを言えること」ではなく、「作家の意図を言い当てる」ことでもありません。自分でモノをよく見て思考を巡らせることが、絵を鑑賞することなのです。

作品の歴史的背景を知れば、それだけ理解が深まるということはありますが、多くの人にとって絵を鑑賞するというのは、「絵そのものをよく見て、考えを巡らせてみること」が、楽しいと感じます。前提として、絵を自ら見たいと思って見ている、その心持ちがあることの方が知識があることより大切ですので、関心が絵に向かうための、多すぎない、映画の予告編程度のちょうど良い量の前情報があるのは効果的です。絵そのものに出会って、関心が高まって、自分で知りたいと思ってから背景の情報を得るのが、順番としては自然なことです。

子どもの頃、自転車に乗れるようになった時のことを覚えているでしょうか。歩く速度とは違う風景を体感しながら、自由に移動できる楽しさは小さな子どもにとっては新鮮で、自分の住む世界が広がるような体験です。ミュージアムを楽しむのも似ています。ミュージアムでモノを観察する楽しみ方を一旦体得すると、自転車がそうであるように、しばらくそのスキルを使わない時期があっても、一生乗りこなせます。

自転車を乗れるようになった時、おそらく親がサポートしてくれたり、友達と教えあったり、学校で自転車教室があったりしたのではないかと思います。そうした、新しい体験を体得する機会というのは、大抵の場合、誰かが一緒に体験の場にいてくれることで成り立っています。

つまりミュージアムも最初は一緒に楽しむ人がいると早く使いこなせるようになるのですが、現在の学校教育の中や家庭教育の中では、あまりその機会がないのが現状です。

私の勤務する東京都美術館では、隣接する東京藝術大学と、市民の方々と一緒に、美術館を拠点にアートを介した人々のつながりを作る「とびらプロジェクト」[†3]という活動を行っています。これは2012年から始まった新しい活動で、美術館を拠点にアートを介して人々のつながりを作っていく、社会課題への視野を持ったソーシャル・プロジェクトです。毎年40名ずつアート・コミュニケータ（愛称：とびラー）を募集していますが、毎回定員の何倍もの方々から応募があります。とびラーは美術館を拠点に3年間の活動の中で、ミュージアムや文化財を使いこなし、人と作品、人と人をつなぐ経験をつむことができます。

先ほど「まだ人類はこの「ミュージアム」という装置をみんなで本当に使いこなすまでには至っていない」という話をしましたが、アート・コミュニケータのような、ミュージアムを使いこなす主体的な存在がもっと世の中に広がれば、ミュージアムが持つ力や、文化財の価値は世の中に循環し、文化発のコミュニケーションの血流が良くなり人と人のつながりが増えます。実際、とびラーの活動は驚くほど活発で、コロナ禍でなかなか実際の美術館でのコミュニケーションが取れない時期でも、オンライン会議システムを活用して、年間300回を超える自主的なミーティングが行われ、社会的な課題を学びつつ実践をしていく活動を続けていました。

例えば上野公園の9館をつなぐ「Museum Start あいうえの」†4という子どもと家族のためのプロジェクトでは、ワークショップのファシリテータ役などを担い、自ら「つなぐ人」になって活動をしています。

とびラーは3年間の任期の後は、それぞれの地域に戻って、それぞれの場所でアート・コミュニケータとしてアートと人、人と人をつなぐ活動を継続している方も多く、また、こうしたアートを介したコミュニティ形成のプロジェクトは、東京を含め、2021年現在で全国7カ所に広がっています。

「つながりに気づく」には、まずはミュージアムに出かけてみてください。今はオンラインで様々なコンテンツがありますので、まずはオンラインで自分の関心と合いそうなミュージアムを見つけて、出かけてみるのもおすすめです。皆さんがそれぞれのペースで、「つながりに気づく」体験をして、その楽しさを誰かにまた伝えていくことを願っています。

注

1　1980年代に提唱された「博物館世代論」とは、伊藤寿朗『市民のなかの博物館』（吉川弘文館、1993年）に詳細が書かれている。それによれば、竹内順一が1985年に書いた「第三世代の博物館」の問題提起に基づいて、伊藤が博物館の主要な機能を整理するなどし、世代間の違いを対比した。

2　英語の原文と公益財団法人日本博物館協会による日本語仮訳は以下の通り。

> Museums are democratising, inclusive and polyphonic spaces for critical dialogue about the pasts and the futures. Acknowledging and addressing the conflicts and challenges of the present, they hold artefacts and specimens in trust for society, safeguard diverse memories for future generations and guarantee equal rights and equal access to heritage for all people. Museums are not for profit. They are participatory and transparent, and work in active partnership with and for diverse communities to collect, preserve, research, interpret, exhibit, and enhance understandings of the world, aiming to contribute to human dignity and social justice, global equality and planetary wellbeing.

> 博物館は、過去と未来についての批判的な対話のための、民主化を促し、包摂的で、様々な声に耳を傾ける空間である。博物館は、現在の紛争や課題を認識しそれらに対処しつつ、社会に託された人類が作った物や標本を保管し、未来の世代のために多様な記憶を保護するとともに、すべての人々に遺産に対する平等な権利と平等な利用を保証する。博物館は営利を目的としない。博物館は開かれた公明正大な存在であり、人間の尊厳と社会正義、世界全体の平等と地球全体の幸福に寄与することを目的として、多様な共同体と手を携えて収集、保管、研究、解説、展示の活動、ならびに世界についての理解を高めるための活動を行うものである。

3　東京都美術館×東京藝術大学「とびらプロジェクト」
https://tobira-project.info

4　Museum Start あいうえの　https://museum-start.jp/

コラム3
あわい

町田小織

メディアは「媒介」だといわれる。何かと何かの間に立って、なかだちをするということである。それは、大和言葉でいう「あわい(間)」ではないだろうか。

第2章のコラムでも能を取り上げたが、ここでもワキ方の重鎮である能楽師の安田登による解説に依拠したい。非常に光栄なことに、安田は東洋英和女学院大学の生涯学習センターで、シュメール語等の古代語を学んでいた。そして世界最古の神話とされる、シュメール神話『イナンナの冥界下り』をシュメール語で読んでいくうちに、これを能で演じることを発案されたようである。

安田によると、ワキは「媒介」で、異界と現実世界、過去と現在を「**つなぐ**」存在なのだという。夢幻能では、ワキがシテと出逢い、シテが「**つむぐ**」物語を聴き、シテの魂の救済をワキが図るという流れである[†1]。

外国という異界、過去(歴史)という異界、そして一見難解に見える芸術という異界。その異界と「われわれ」とを、ミュージアムという場で「**つなぐ**」学芸員。あちらとこちらの境界にいて、両方の世界を行き来できるのがワキなのであれば、学芸員もそのような存在なのではないか。第3章のテーマでもある、学校・大学とミュージアムをつなぐ、人と人をつなぐことも、学芸員には求められる。

そして、異界と現実世界との「あわい」がミュージアムであろう。「あわい」には次のような意味がある。

(1) 物と物との交わったところ。重なったところ。また、境目のところ。中間。間。

(2) 人と人との間柄。相互の関係。交際。仲。

(3) 色の取り合わせ、調和。配色。

(4) 機会。折。

(5) あいだの距離。また、物のすきま。空間的にいう場合が多いが、時間的な間隔にもいう[†2]。

ワキは「あわい」にいるからこそ、死者の霊(シテ)のような異界の人々とも交流できるのだとしたら、学芸員にも相通ずるところがあるように思う。

安田は「『異界』に足を踏み入れることで、自分が普段とらわれている身体性や自分の時間から抜け出し、新たなものに目覚めるきっかけをつかむ」[†3]ことができるという。それにより、日常の生を充実させることができるのである。つまり、日常と異界をつなぐ「あわい」が必要であり、人間と人間以外の世界を「**つなぐ**」役割を担うワキが求められるのである。

注

1 安田登『あわいの力――「心の時代」の次を生きる』ミシマ社 , 2013

2 “あわい［あはひ］【間・合】”, 日本国語大辞典 , JapanKnowledge, https://japanknowledge.com.toyoeiwa.remotexs.co ,（参照 2021-01-16）

3 安田, 前掲書 , p. 175.

第4章 つどう

世代・地域・文化を超えて

半田昌之

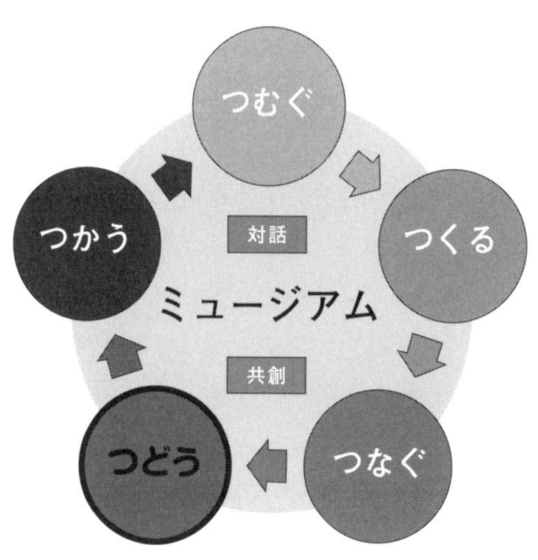

ICOM（International Council of Museums）という、世界の博物館関係者が集う組織があります。3年に1回、世界各地で開催される第25回目の大会が、2019年の9月に京都で開かれました。今日は、そのICOM京都大会のことを話題として提供しながら「メディアとしてのミュージアム」というお題で、博物館の役割について話をさせていただきたいと思います。

まずはICOMとは何か、また、ICOMと日本の博物館の関係についてご紹介しつつ、京都大会が日本で開かれたことに至るまでの道のりをお話ししたいと思います。その上で、ICOM京都大会がどんな大会だったのかということを皆さんと共有し、私たちの博物館を取り巻くお話の中で、京都大会の成果を、どのように活かしていったらいいのかというお話をしたいと思います。併せて、日本全体の博物館がどのような状況にあるのか。日本人だけではなくて世界、アジアを含めた人たちが、ミュージアムという場所の意味を共有し、集うことで、その先に何が起こってくれたらいいかを考えてみたいと思っています。

1. ICOM（International Council of Museums）

ICOMは1946年に発足した国際NGOです。なぜ1946年か。1945年に第二次世界大戦が終息した後、国連が再構成されて、その後ユネスコ（UNESCO）という組織が生まれます。そうした中で、戦争、紛争という時代を超えて、世界が平和で明るく発展していくためには何が必要か。人々が平等に教育を受けられて、平和とは何だろうということを、国際規模で考えていける仕組みが必要であると考えられました。過去を記録し未来に伝える役目を持つ博物館に対しても、国際規模の組織が必要だということで、1946年にフランスのパリで立ち上がった組織がICOMです。ICOMはユネスコの一部ではなく、独立したNGOですが、両者は密接な関係を持ち、ICOMはユネスコの中の経済委員会に諮問権を持っています。

ICOMは、世界の博物館の進歩、発展のために尽くすということをミッションとして、現在は世界141の国と地域から、博物館関係者約46,000人、それと博物館約3,000館が会員となり構成されている組織で、本部はフランスのパリのユネスコの中に置かれています。

ICOMは、32の国際委員会と119か国の国内委員会、アラブ・アジア太平洋・ヨーロッパ・ラテンアメリカ・北ヨーロッパ、アフリカなど6の地域ごとの地域連盟のほか、個別のテーマを扱う特別委員会やワーキンググループから構成され、ICOMの国際委員会にはなっていないけれども、関連する機関・組織23が加盟機関として位置付けられて、ICOMの全体像を形作っています。

2. ICOMの活動——3つの柱

このICOMの活動を簡単にご説明します。

ICOMの活動は、博物館の国際的な規範の確立、有形・無形文化財の保護、博物館専門家の人材育成が、大きな3つの柱となっています。

今、世界的に見ますと、文化財・文化遺産の不正な輸出入が横行しています。ブラックなマーケットで、本来取引してはいけない文化財が流通の対象となったりするので、そのような不正取引の監視もICOMの重要な仕事です。

それから、ユネスコが2015年11月の大会で、博物館に対する国際勧告を出しました。この勧告の内容をまとめるための助言や支援もICOMの役割です。

博物館の人材養成に関しては、2010年に開催された上海でのICOM大会をきっかけに、北京に開設されたITCという国際研修センターで、アジア地域やいわゆる途上国の若手の博物館専門家の養成・研修が、年に2回行われています。

また、不法な文化財の取引を含めて、博物館倫理規定の策定というのは、博物館の関係者がどのような倫理に基づいて仕事をしなくてはならないかということも定めています。もう一つ、その倫理規定の基礎となる博物館の定義についても、ICOMが取組んでいる重要なテーマです。

3. ICOM国際委員会

先ほどご紹介した国際委員会ですが、二つの国際委員会が

ICOM 国際委員会一覧

	略称	日本語訳
1	AVICOM	オーディオビジュアル及び映像・音響新技術国際委員会
2	CAMOC	都市博物館のコレクション・活動国際委員会
3	CECA	教育・文化活動国際委員会
4	CIDOC	ドキュメンテーション国際委員会
5	CIMCIM	楽器の博物館・コレクション国際委員会
6	CIMUSET	科学技術の博物館・コレクション国際委員会
7	CIPEG	エジプト学国際委員会
8	COMCOL	コレクティング国際委員会
9	COSTUME	衣装の博物館・コレクション国際委員会
10	DEMHIST	歴史的建築物の博物館国際委員会
11	GLASS	ガラスの博物館・コレクション国際委員会
12	ICAMT	建築・博物館技術国際委員会
13	ICDAD	装飾美術・デザインの博物館・コレクション国際委員
14	ICEE	展示・交流国際委員会
15	ICFA	美術の博物館・コレクション国際委員会
16	ICLM	文学の博物館国際委員会
17	ICMAH	考古学・歴史の博物館・コレクション国際委員会
18	ICME	民族学の博物館・コレクション国際委員会
19	ICMEMO	公共に対する犯罪犠牲者追悼のための記念博物館国際委員会
20	ICMS	博物館セキュリティ国際委員会
21	ICOFOM	博物館学国際委員会
22	ICOM-CC	保存国際委員会
23	ICOMAM	武器・軍事史博物館国際委員会
24	ICOMON	貨幣博物館国際委員会
25	ICR	地方博物館国際委員会
26	ICTOP	人材育成国際委員会
27	INTERCOM	マネージメント国際委員会
28	MPR	マーケティング・交流国際委員会
29	NATHIST	自然史の博物館・コレクション国際委員会
30	UMAC	大学博物館・コレクション国際委員会
31	ICETHICS	博物館倫理国際委員会　NEW!
32	DRMC	博物館防災国際委員会　NEW!

去年の京都大会で新しく誕生しました。ひとつは、「博物館倫理国際委員会」。それから「防災国際委員会」が新たに認められて、今32の国際委員会になりました。

この一覧はABC順になっていて、"A"のAVICOM「オーディオビジュアル及び映像音響技術国際委員会」から始まり都市博物館のコレクション。教育・文化、ドキュメンテーション、楽器の博物館、科学技術の博物館など、様々なテーマの国際委員会がありますが、これに二つの国際委員会が加わったということです。

ICOM自体がパリで誕生した組織だとお話しましたが、ヨーロッパの影響が強い組織ですので、例えば武器・軍事史国際博物館や貨幣博物館国際委員会など、日本にあまり馴染みのないテーマの博物館の国際委員会も入っています。

これらの国際委員会は、ICOMの会員がそれぞれに興味ある委員会を選んで所属することができます。数千人が所属する大きな委員会から数百人のこじんまりした委員会まで様々ですが、各委員会が独自の活動を展開し、毎年、世界中の各地でそれぞれの委員会ごとの総会や研究大会が行われています。そして、3年に一度の大会では、これらの国際委員会も大会の開催地に一堂に会して、全体での会議とともに委員会ごとの会議や研究会を展開します。

4. ICOMと日本の博物館

ICOMの日本委員会は、1951年、ICOM発足(1946年)の5年後に発足しました。アジアでは初めての国内委員会として産声をあげました。その事務局が私の今勤めている日本博物館協会にあります。

私はこの日本博物館協会の専務理事という立場ですけれども、ICOM日本委員会では事務局長を務めさせていただいています。歴代の委員長は、日本の博物館界の重鎮が名を連ねていますが、初代の中井猛之進はじめ福田繁や佐々木正峰、近藤信司といった国立科学博物館の歴代の館長さんがお務めになってきたことも特色かと思います。

こうしたICOM日本委員会の活動は、1960年代〜80年代にかけて結構活発で、博物館職員の研修や国際会議を開催したりして、アジア太平洋地域の博物館の振興を日本がリードしていた時代でもありました。しかし1990年代から、日本の博物館界は、国内課題の対応に追われた事情も相まって、ICOMでの活動は停滞気味の時期が続くことになりました。

日本におけるICOMの歴史を語る上で、忘れてはならない人物が棚橋源太郎です。棚橋先生は、昭和3(1928)年に、今の日本博物館協会の前身である博物館事業促進会の設立以来、一貫して日本の博物館の発展に貢献され、日本の博物館の父と言われた方です。戦後間もない時期にICOMが創設された時も、日本の博物館もICOMに積極的に関与して、国際性を身に着け発展していかなくてはならないと、日本委員会の立ち上げに尽力されました。当時の日本博物館協会で常務理事だった先生は、ICOMの活動にも精力的に参画し、当時のヨーロッパやアメリカをはじめ、広く世界の最新の博物館事情を日本に紹介されました。こうしたICOMで功績が認められ、棚橋先生は、昭和32(1957)年から36(1961)年に逝去されるまで、日本人でただ一人のICOMの名誉会員になられた方です。奇しくも、日本で初めてICOM大会が開かれた2019年は、棚橋先生の生誕150周年でした。そのことも、何か深いご縁があるなと考えているところです。

では今、このICOMの会員はどんな状況になっているのでしょうか。日本について見てみますと、個人の会員が500名を超えました。そんなに少ないのかと思われる方もおられるかもしれませんが、実は2005年には約200人のコミュニティでした。それが2019年京都大会を開催したことをきっかけに、500人を超えるくらいまでに増えてきているという状況です。施設として加入する団体会員の数も少しずつ増えて40館を超えてきました。

しかし世界に目を転じてみますと、やはりヨーロッパが多く、ドイツは個人会員だけで6,000人以上が加入しています。フランスやオランダが5,000人弱、イタリア2000人強というところで、米国も2,000人以上が会員になっています。

アジアを見てみますと、この2019年の時点で、中国が約300人、韓国は100人弱と日本より少ない数字になっています。京都大会を終えた今、ICOM会員数が一番多い国は、アジアでは日本いう状況になっているといえますが、大会が終わったら会員が減ってしまったということにならないように、これからも活動の充実を図っていく必要があります。

5. 第25回ICOM京都大会2019

京都でのICOM大会は第25回目の大会なのですが、最初に開かれたのがパリ。アジアで初めて開かれたのが第20回のソウル。それから、22回の上海がアジアで2回目の開催です。

日本はアジアでは3回目の開催国として、25回目の大会を

2019年に京都で開催したということです。
ICOMの大会は、北米のカナダ、アメリカでも開かれています。南米もリオデジャネイロとブエノスアイレス、オーストラリアもメルボルンで開かれています。5大陸の中でまだ一度も開かれていないのが、アフリカです。
実は日本の後、3年後2022年に開かれるICOM大会は、1年前まではエジプトのアレキサンドリアが投票で選ばれて開催が決まっていました。アフリカで初めてのICOM大会が開かれるということで、結構盛り上がっていたのですが、残念ながら色々な事情があったようで、アレキサンドリアが辞退したことでアフリカでは開催できなくなりました。現在、2022年のICOM大会はチェコ共和国のプラハで開かれる予定になっています。

6. 京都大会への道のり

京都大会に至る道のりを少しご説明します。
先ほどお話ししたように、アジアで初めての大会は、2004年韓国・ソウルで開かれた大会でした。この時に大会テーマとなったのが、"Intangible cultural heritage(無形文化財)"です。この大会を契機に、韓国では無形文化財に対する取り組みが、非常に活発になりました。また、アジアでは初めてのICOM大会でしたので、日本も含めアジアの関係者がとてもたくさん参加した大会として、記念すべき大会だったと思います。
その後、2010年に上海大会が開かれます。上海万博の時に作った非常に大きな会場を使った立派な大会でした。この時も日本人がたくさん参加したのですが、この上海大会に行った日本人の中から、「ソウル、上海とやってきたのに、一番早く国内委員会が出来た日本でなぜ大会が出来ないのか」という声が上がりました。
このことが、実は京都に向かう道のりの第一歩だったというのは、動機がよかったのか悪かったのかは分かりませんが、

＊招致までの主な流れ

・ 2004年10月3日～	第20回ICOM大会（韓国・ソウル）に参加（68名）＊アジアで初めてのICOM大会
・ 2007年8月19日～	第21回ICOM大会（オーストリア・ウィーン）に参加（18名）
・ 2010年8月19日～	第22回ICOM大会（中国・上海）に参加（60名） 日本開催の可能性について検討する必要性が話題に上る
・ 2012年5月29日	平成24年度ICOM日本委員会総会において議論
7月20日	ICOM大会招致検討委員会の設置
・ 2013年3月27日	報告書「ICOM大会の招致について」提出
8月10日～	第23回ICOM大会（ブラジル・リオデジャネイロ）に参加（30名）
11月25日	ICOM大会招致準備委員会の設置
・ 2014年5月18日	「国際博物館の日」シンポジウムの開催（テーマ：世界博物館大会の京都開催に向けて）
11月27日	立候補の意思表明Letter of Intentを提出／立候補は日本（京都）とアメリカ（シンシナティ）
12月23日	京都国立博物館にて「ICOMフォーラム 京都」を開催
・ 2015年1月30日	立候補申請書Bidding Paperを提出　　大会テーマ：Museums as Cultural Hubsに決定
4月21日・22日	現地視察on-site Inspection（関係者3名が来日）
5月17日	京都国立博物館にて「国際博物館の日」シンポジウムを開催
6月 2日	パリ本部の諮問委員会にて、プレゼンテーションと投票
6月 3日	諮問委員会で投票結果が公表され、京都開催が決定。（京都：72、シンシナティ：26）

◆2015年6月　パリで開かれたICOM総会で、次期開催地を決める投票を前にプレゼンテーションする青木国立新美館長、佐々木京都国立博物館長、鈴鹿聖護院専務

招致プレゼン

＊招致決定から開催まで

・ 2016年6月9日	ICOM（国際博物館会議）京都大会2019組織委員会設置
7月3日～	第24回ICOM大会（イタリア・ミラノ）に参加（124名）／ICOM旗がミラノ市から京都市へ
・ 2017年4月1日	ICOM京都大会準備室設立
5月17～22日	国際博物館の日 記念シンポジウム／ICOM幹部来日
8月26～31日	国際委員会窓口担当者勉強会
10月30日	ボランティアチーム第1回会議
・ 2018年 4月1日	ICOM京都大会準備室設立
3月16日	第1回学術・研究チーム会議
4月12日	ICOM本部事務局 会場視察、打合せ
5月19日	国際博物館の日 記念シンポジウム
6月7日～	第33回ICOM総会、第84回ICOM諮問会議（パリ）細谷幸二氏による大会ポスター公開
9月30日～	ICOM舞鶴ミーティング開催（プレ大会）
11月28日～	第66回全国博物館大会 スアイ・アクソイ会長他参加（東京上野）
12月1～3日	ICOM-ASPAC九州大会開催（九州国立博物館）
・ 2019年1月7日	ICOM京都大会参加登録開始
5月26日	国際博物館の日 記念シンポジウム　ICOM京都大会記者発表
9月 1日	第25回ICOM京都大会開催

ここから京都大会招致への道のりは始まったということです。2004年にソウルで開かれて、2010年に上海でやって、さて今度は日本で開催できないかということで、検討委員会が立ち上がりました。

この検討委員会で、是非日本でやるべきだという報告書をまとめて、それをきっかけに、2013年にはICOM大会招致準備委員会を作って、2014年には立候補の意思表明をしました。そして、2015年の1月に立候補申請書を本部に提出します。準備委員会では、大会のテーマも“Museums as Cultural Hubs”という、文化をつなぐハブとしての博物館をキーワードとする京都大会のテーマも決めました。

その後、本部から開催地とした京都に現地視察団が来て、会議場や博物館等を案内して細かな調整を行いました。最終的には2015年6月に開かれたパリ本部での諮問委員会でプレゼンテーションと投票が行われました。ライバルはアメリカのシンシナティだったのですが、この投票の結果、京都:72、シンシナティ:26という大差で京都が招致に成功したということになりました。

京都での招致を計画していた日本は、2013年のリオデジャネイロ大会に関係者が参加して、立候補の意思があることをアピールしました。この時に初めて“JAPAN”という紹介ブースを立ち上げて、日本の紹介をしました。日本には5千以上の博物館があることや、どんな活動をしているかなどの紹介とともに、当時五島美術館におられた名児耶明さんが、ブースを訪れた人々に抹茶を入れてもてなしていただいて、外国のキュレーター(学芸員)や博物館関係者にとても喜ばれたという思い出があります。このリオ大会で、次の2016年に開催地であるイタリアのミラノに、リオデジャネイロの市長さんから、イタリアのICOMの委員長ガランディーニ(Alberto Garlandini／2020年よりICOM会長)さんに、ICOMフラッグが引き渡されました。

そして、2015年のユネスコ本部で開かれた諮問委員会で立候補都市のプレゼンテーションが行われました。日本委員会の委員長であり、国立新美術館の館長であった青木保さんと、準備組織委員会の委員長の京都国立博物館の佐々木丞平館長が、「日本の京都へWelcome」と、ICOM大会を日本で開催する意義をプレゼンテーションしました。もう一人、聖護院八つ橋の専務取締役だった鈴鹿可奈子さんも着物を着て市民代表として応援演説に駆けつけてくれました。鈴鹿さんが流暢な英語で「京都でお待ちしています」とPRしていただいたおかげもあり、シンシナティに大勝できたことを懐かしく思い出します。そして、2016年のミラノ大会の閉会式で、リオデジャネイロでミラノに渡ったICOMの旗が、京都に引き渡されました。

ミラノでフラッグが引き渡された2016年から2019年までの3年間は、開催に漕ぎ着けるまでの準備に追われました。大会の委員会の立ち上げ、運営委員会を中心とする実働部隊の結成、ボランティアの準備、日本開催の意義を確かなものとするための学術研究チームの編成、そして協賛スポンサーの獲得など、アッという間の3年間でした。

この間、本当にたくさんの方々にご協力をいただきました。日本画家の絹谷幸二さんは、大会のポスターをボランティアでお描き頂き、2018年の総会では、わざわざ手弁当でパリの会場まで来ていただき、応援演説とともに出来上がったポスターのお披露目やサイン会まで。京都府・京都市の皆さんも、地元の応援団として京都推進委員会を作っていただき、知事・市長を先頭に大会を支援してくださいました。

こうした方々の協力なくしては実現できなきなかった大会で、皆さんには本当に感謝しています。2018年、大会までちょうど1年というタイミングで、京都府下の舞鶴でプレミーティングを開催して、2019年9月1日に第25回ICOM京都大会がオープンしました。

次に、足掛け7年の準備を経て実現したICOM京都大会がどのような会議だったのか、その概要をご紹介したいと思います。大会全体の様子を紹介する動画や詳細な報告書は、ICOM日本委員会のホームページでも紹介していますので、お時間のあるときに是非ご覧ください(https://icomjapan.org)。

ICOM京都大会の主催は、ICOM本部、ICOM日本委員会、京都大会の組織委員会と私ども日本博物館協会、共同主催が日本学術会議で、大会のパートナーとして京都府、京都市、文化庁、国立文化財機構、国立美術館、The Getty Foundationに加わっていただきました。大会の主会場は国立京都国際会館で、京都府立京都学·歴彩館と稲森記念会館をサテライト会場として多彩なプログラムの会議が開催されました。また、夜は、京都府立植物園や二条城、平安神宮等でのソーシャルイベント、京都府下から関西地域の博物館の協力で開催されたオフサイトミーティング、そして北陸から関西等にわたる多彩なエクスカーションなど、本当に盛り沢山で、しかも内容の濃いプログラムが展開されました。

7. 文化をつなぐミュージアム——伝統を未来へ

振り返れば、7年間くらいの準備で進めてきた会議です。無事に終わって本当にホッとしていますが、準備の中で重要だったのが大会のテーマで、決まるまでにはかなりの時間と蹇々(けんけん)諤々(がくがく)の議論がありました。日本での開催なので、日本文化の特色から考えれば無形文化財もテーマとしてアピールできるのではないかという意見もありましたが、既に2004年のソウル大会のテーマになっていました。議論の中で、博物館が持つ、過去と未来を、地域と市民を、異なる文化や宗教や民族を「つなぐ」機能に注目したらどうかという意見が出て、国立民族学博物館の吉田憲司館長から「Cultural Hub」というアイディアが示されました。このキーワードを基に、日本らしさ、京都らしさ、そしてこれからの博物館の役割を議論する大会のテーマとして「Museums as Cultural Hubs: The Future of Tradition 文化をつなぐミュージアム——伝統を未来へ——」というテーマが決まりました。日本語のテーマで博物館ではなくミュージアムとしたのは、より広くいろいろな博物館が含まれるイメージを表現したかったからです。

実際、大会を通して議論された内容を振り返ると、繰り広げられた議論の多くが、地球全体の環境問題、SDG's、紛争や差別を乗り越える社会包摂、そしてそれぞれの地域コミュニティと博物館の在り方、今後の地域社会への貢献、多様な役割を担う博物館の定義の見直しというように、まさに日本が掲げたテーマに添った展開であったことは、とても嬉しいことでした。

さて、9月1日～7日までの大会が開催された期間中にすごい数の会議が行われました。これらの会議は、メイン会場での全体会議をはじめ、国際委員会や地域連盟等の独自のセッション、ICOM全体の総会や委員会等様々な種類の会議が組み合わされてプログラムが構成されています。プログラム自体が複雑で、参加者は、慣れない会場の中で、自分が今どこにいて、次の会議に出るためにどこに行かなくてはならないのかを理解するのが大変です。リオやミラノで自分が参加する

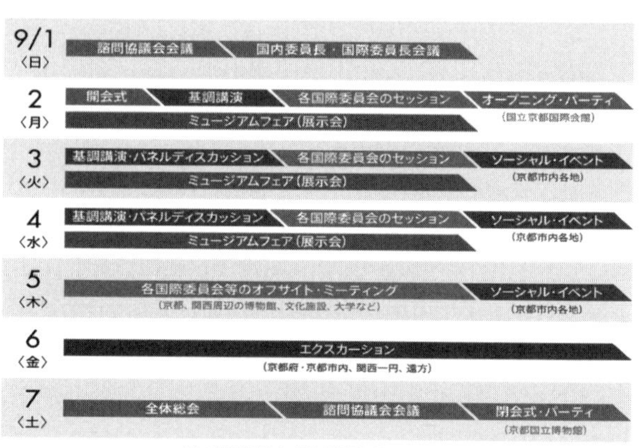

ICOM2019 スケジュール

立場になった時、すごく苦労した経験もあり、京都大会では、プログロムの作り方、会場での案内の仕方にはとても苦労したところですが、スマホ用の携帯アプリも導入して工夫しました。それでもプログラムが分かりにくい、どこに行けばいいのか、という質問はとても多く、現場で対応する運営スタッフの皆さんは、本当に大変な仕事をしてくれたと感謝しています。

こうしたプログラムの中から幾つかをご紹介したいと思います。

まず基調講演者ですが、大会での基調講演者選びは大会全体の印象を左右するとても大事なポイントです。開催地としての日本の希望通りになるということではなく、本部や本部の役員の意向も入ります。その中で、折角日本で開催するのだから、1人は日本人、できればもう1人アジアから選びたいと考えて、本部とやり取りしてようやく3人の基調講演者を選ぶことができました。お1人目は、建築家の隈研吾さん。それからセバスチャン･サルガドさんというブラジル出身の世界的なカメラマン。それから、蔡國強さんという中国出身の現代美術のアーティスト。この3人に基調講演はお願いすることになりました。

隈さんは「森の時代」というテーマで、現代の建築はコンクリートの時代から自然や環境との調和が求められる森の時代に向かっているとして、地域や環境との繋がり･調和、それから、人々を受け入れる･人々が気軽に集えるプラットフォームとしてのミュージアムの在り方が大切で、地域との繋がりの中で社会的役割を果たすことが大切だと訴えられました。

サルガドさんは、世界的に進む自然環境の破壊に警鐘を鳴らすカメラマンとして著名な方ですが、特にアマゾンの熱帯雨林の保護をライフワークとして取り組んでおられます。「アマゾン熱帯雨林保護――ブラジリアン イニシアティヴ――」と題する講演では、既に19%が破壊されたアマゾンの森林破壊を防ぐには、人々の関心を高めていくことが大切だと訴え、ミュージアムとは人々に真実を伝え、実際に行動を起こしてもらうために非常に重要で、開かれた存在であるべきだということを強調されました。

蔡さんは、火薬を使う現代アートのパフォーマンスが非常に得意なアーティストです。火薬は武器として争いのために使われるのではなく、平和のためのアートとしてこそ使われるべきだとの持論の中で、創造のインスピレーションの源泉としてのミュージアム、それから、地域コミュニティの場所としてのミュージアムということを強調されました。

ちなみに、この蔡さんはニューヨークのグッゲンハイム美術館から横浜美術館などこれまで手がけた展覧会を紹介しながら、ミュージアムは、見る人にインスピレーションを起こさせる重要な役目があると訴えられた。また東日本大震災の後、福島のいわき市で自らが関わった「なんでも美術館」というプロジェクトを例に、ミュージアムにとって、地域の観光や経済的価値だけでなく、地域住民にとっての重要性を強調された。

プレナリー・セッションは、大会で取り上げる重要なテーマについて、参加者全員を対象とする全体会議のことです。京都大会では、「博物館による持続可能な未来の共創」、「ICOM博物館定義の再考」、「被災時の博物館——文化遺産の保存に向けた備えと効果的な対応」、「世界のアジア美術をミュージアム」という四つのテーマでセッションが開かれました。

「博物館による持続可能な未来の共創」は、まさに地球的課題でもあるsustainabilityに関するもので、日本からは毛利衛さん（当時国立化学未来館館長）が登壇し、博物館がSDG'sに取組む重要性が議論されました。

「ICOM博物館定義の再考」。これは、京都大会で案が示されて、新しい博物館の定義として採択される予定だったのですが、様々な意見が出された議論に決着は付かず、採択に至りませんでした。示された案に対する検討の時間が短く議論が足りないという意見の他、自分の国の事情に合わない、定義というより目指すべき目標のようだとか、様々な意見が出され、結局は議論を継続して採択は延期する、ということが採択されるということになりました。日本には、博物館法という法律があり博物館も定義も明文化されているのですが、世界ではそうした法律がない国が多く、こうした国ではICOMの示す今博物館の定義が重要な意味を持っているということを、改めて認識したところです。

「被災時の博物館」は、地震や豪雨など、大規模災害による博物館や文化財への被害が多発する日本で開催するICOM大会で是非取り上げたいテーマでした。日本からは東北大学教授の小野裕一さんが登壇し、博物館の防災体制を整備するための連携の必要性や、地域の防災に対してのミュージアムの可能性が議論されました。博物館の防災については、これまでICOMの中ではワーキングとして活動してきた博物館防災委員会(DRMC=Disaster Resilient Museums Committee)が、京都大会で正式に博物館防災国際委員会(ICOM-DRMC)として発足しました。

そしてICOMの大会としては初めて取り上げられた「アジア美術と博物館」。世界中に所蔵されているアジア美術のコレクションについての調査研究や活用方法について、ヨーロッパからの視点ではなくアジアからの視点で見直す意味あるセッションとなりました。日本からは千葉市美術館長の河合正朝さんが登壇し、日本美術の展示には「しつらい」という考え方があり、絵画や工芸品を個別に見せるのではなく、床の間など飾られる空間全体のしつらいの中で鑑賞することに重要な意味があるとの発表を行い、ミュージアムにおけるアジア美術のあり方について、今後につながる機会となりました。

プレナリー・セッションの他にも、重要なテーマについてのパネル・ディスカッションが三つのテーマで開かれました。

「デコロナイゼーションと返還」では、植民地時代に、あるべき所から他の国に移った物文化財についての取り扱いと、その返還はどのように考えていくかについて、様々な視点からの議論を通して、今後も検討を続ける必要性が確認されました。

「マンガ展の可能性・不可能性」は、日本ならではのテーマで、大英博物館で日本のマンガ展が2019年に開かれて、大成功を収めましたが、マンガというアートがミュージアムのテーマ、あるいは文化としてどのような意味を持っているのか、ということが議論されました。

もう一つが、「博物館の地域発展」。地域発展には博物館の充実が欠かせないという一つのコンセプトのもとに、ICOMとOECDがコラボレーションする新たな試みのパネルでしたが、門川大作京都市長に登壇していただいて、京都の取り組みをご紹介していただきました。今までの日本だと、新しい土地開発をする時に、まず誘致するのは、製造業等の企業を誘致して街づくりを始めていた。しかし今やそのような時代ではない。新しい都市・新しいコミュニティを作ろうとするときには、まず文化施設。特にミュージアムを整備することによって街づくりをしていく、というのがこれからの考え方であり、地域発展の新しいあるべき姿だということをお話いただいたことを印象深く思い出します。

8. 数字で見るICOM京都大会2019

参加者が4,590名。ICOMの大会としては、史上最大の参加者にお集りいただくことができました。参加者の暮らす地域も多彩で120の国と地域からのご参加をいただきました。けれども、一番嬉しかったのは日本から1,866人集まっていただいたことです。

大会の前に私たちが掲げた日本人の参加者の目標は1,000人でした。しかし、準備を始めた2015年2016年頃においては、500人来ていただけるかなというのが正直な印象でした。結果としては1,866名、全体としては41%日本人が占めてくださったというのは、非常に大きな意味がある成果であると考えています。

日本の次に多かったのがヨーロッパ26%、そして日本を除

ICOM大会で史上最高の参加者

参加者 **4,590**人　居住地 **120**カ国・地域

●地域別参加者数

地域	割合	参加者数
日本	41%	1,866
ヨーロッパ	26%	1,173
アジア（日本除く）	14%	661
北米	6%	280
未回答	5%	225
中南米・カリブ	3%	149
中東	2%	93
アフリカ	2%	84
オセアニア	1%	59
合計	100%	4,590

41
26
14
6
3
2
2
1
5
(%)
Japan
Europe
Asia (excl. Japan)
North America
Central and South America
Africa
Middle East
Oceania
N/A

史上最高の参加者数

くアジア地域が14%ということでした。他には中東・アフリカ・オセアニアなど含めて、全世界から多くの博物館の専門家が日本にお集り頂くことができたとことは、大会の最も大きな成果だったと思います。

先にご紹介した基調講演やプレナリー・セッションはじめ、国際委員会や地域連盟ごとのセッションを含め、様々な会議で登壇いただいた方は1,476名で、開催されたセッションの数は231にのぼりました。

昼間に多くの会議をこなした後、夜のお楽しみとして開催されたソーシャル・イベントは、京都府と京都市のご協力の下で実現しました。二条城や植物園、平安神宮などで毎晩開かれたイベントには多くの参加者が日本文化に触れていただきました。

大会後半、会場を主会場から地域の博物館等に移して実施したオフサイト・ミーティングでは、関西だけでなく広い地域の博物館のご協力で多彩なプログラムが展開されました。そして大会終盤のエクスカーションでは、無料でご参加いただけるコースを49種類ご用意いただくことができ、訪問先で

は趣向を凝らしたおもてなしを用意していただくことができました。

大会が終わった後のポスト・カンファレンス・ツアーも、北海道、東北、東京、そして沖縄の4コースが実施されました。私は東北のポスト・カンファレンス・ツアーに同行しました。これは保存科学を専門とするICOM-CC（保存国際委員会=Conservation Community）の会長を含むメンバーだったのですが、どうしても東日本の被災地を周りたいということで、9月7日に京都の会議が終わった後、3泊4日で福島・宮城・岩手の被災地を訪ねる弾丸ツアーが、同委員会の窓口担当を務めた、たばこと塩の博物館の榊玲子さんの努力で実現しました。皆さん、映像や本で読んではいたけれど、津波で被災した、あるいは原子力発電所の事故で今でも故郷に帰れない人がおられる現地の状況をご覧になって、東日本大震災の博物館や文化財の被害は、その地域に住む人々の問題だけではないと。私たちICOM-CCのメンバーも含めて、全世界の問題としてこれからも全面的に支援したい、皆さん涙ながらに語られたのが非常に印象的でした。現地に行くことで実感できるイメージの強さと、新たな絆の誕生に深く感動しました。

多様な会議のプログラムが進む一方、主会場の国立京都国際会館のイベント会場では、ミュージアム・フェアという展示会が並行して開かれました。147のブースが出展し、ミュージアムに関連する様々な企業や組織が、最新の技術や情報を参加者に紹介しながら交流を深めていただきました。このミュージアム・フェアでは1,300人の方たちが関係者として活躍をしていただいたということです。

ICOM大会のような大規模な国際会議を成功させるためには、多額な費用を確保することも重要な仕事で、佐々木丞平組織委員長が先頭に立ち、懸命な営業活動を行いました。その甲斐もあり、大会の意義をご理解いただいた多くの企業や団体、また個人から予想を上回る協賛や寄付をいただけたことは、本当にありがたいことでした。

約1週間の大会でしたけれども、かかったお金が4億9千万円。大会全体では約6億円の費用がかかりました。通訳費も大変な金額が必要でした。多くの日本人が全体会議に出て、同時通訳を通して、日本語で聞かないと内容がよく分からないということもありました。ちなみにICOMの公用語は、フランス語とスペイン語と英語の3か国語となっています。大会の開催地では、この3か国語の公用語については、全体の会議では3カ国後全ての同時通訳を用意しなくてはいけない義務があります。それに日本語を加えなくてはいけないので、非常にお金がかかるところだったのですが、多くの皆さんのご協力で無事に切りぬけることができました。

こうした会議でもうひとつ重要なのがボランティアです。語学ももちろんですが、会議の運営や、日本に不慣れな海外からの参加者への様々なご案内、イベントでのおもてなしなど、ボランティアさんの活躍の場はたくさんあり、それぞれが大切な役目を担っています。

このICOM京都大会では、延べ849名の方がボランティアに登録して下さり、様々な場で活躍してくださいました。その中には、京都や関西圏の大学で学芸員の資格を取ろうと勉強している学生さんたちが、たくさん参加してくれたのも嬉しいことでした。

大会の終了後に実施したアンケートの結果を見ると、大会全体の満足度が90%でした。まずまずの成功と言えるのではないかと安心しています。

こうして、5年をかけて準備して開催にたどり着いたICOM京都大会は、何とか無事に終了することができました。9月7日に京都国立博物館で行われた閉会式で、かつて2016年のミラノ大会の閉会式で、ミラノ市から京都市が受け取ったICOMフラッグが、京都市からプラハに引き継がれ、「2022年にプラハでまた会いましょう」というメッセージをもって京都大会は幕を降しました。

9. ICOM京都大会2019の成果

ICOM京都大会の成果は何ですか、と聞かれて、一言でお答えするのは難しいのですが、私なりに考えていることをお話ししたいと思います。

◉「Museum 定義」の見直し：ICOM の博物館定義の見直しは、今回の大会で、博物館関係者から最も注目を集めた議題だったことは確かです。本部から示された新しい定義案は、大会のプレナリーセッションやラウンドテーブルでの議論を経て、総会で採択される予定でしたが、結果的には採択は見送られました。

採択に至らなかったことは、個人的に残念な思いもありますが、大会での議論を通して、案を提出する会長以下ICOM本部側の人たちと、その案を受取って意見を述べる会員との間の、真摯なやり取りが強く印象に残りました。私たち日本人にとって、博物館の定義について考える機会は、博物館法を紐解いたりする以外にさほど頻繁にあるわけではありませんし、日常の博物館運営に当たっても意識して考えることはあまりないと思います。一方で、博物館を取り巻く社会環境が大きく変わりつつある中で、新たな定義がどのような内容になるのかということに関心を寄せていた日本人もたくさんいたことも事実で、議論の会場には多くの日本人参加者が見られました。私も含め、その場に立ち会った日本の博物館関係者の多くは、定義の内容はともかく、その熱を帯びた議論そのものに、一種の驚きを感じたのではないかと考えています。予定されたスケジュールや段取りを超えて、議題に対する様々な意見を出し、耳を傾け、結果的には予定した段取りが崩れても、議論を続けることを決める判断。こうした議論のプロセスの中で、博物館定義の重要性を改めて認識し、また、新たな定義の在り方について、世界の博物館関係者が注ぐ熱い眼差しを実感したこと、それ自体が大きな成果であったと思っ

◎現行のICOMの博物館定義
（2007年のICOMウィーン大会中の総会で採択）

A museum is a non-profit, permanent institution in the service of society and its development, open to the public, which acquires, conserves, researches, communicates and exhibits the tangible and intangible heritage of humanity and its environment for the purposes of education, study and enjoyment.

博物館とは、社会とその発展に貢献するため、有形、無形の人類の遺産とその環境を、教育、研究、楽しみを目的として収集、保存、調査研究、普及、展示する公衆に開かれた非営利の常設機関である。

◎ICOM京都大会で採択延期となった新たな博物館定義案

Museums are democratising, inclusive and polyphonic spaces for critical dialogue about the pasts and the futures. Acknowledging and addressing the conflicts and challenges of the present, they hold artefacts and specimens in trust for society, safeguard diverse memories for future generations and guarantee equal rights and equal access to heritage for all people.
Museums are not for profit. They are participatory and transparent, and work in active partnership with and for diverse communities to collect, preserve, research, interpret, exhibit, and enhance understandings of the world, aiming to contribute to human dignity and social justice, global equality and planetary wellbeing.

博物館は、過去と未来についての批判的な対話のための、民主化を促し、包摂的で、様々な声に耳を傾ける空間である。博物館は、現在の紛争や課題を認識しそれらに対処しつつ、社会に託された人類が作った物や標本を保管し、未来の世代のために多様な記憶を保護するとともに、すべての人々に遺産に対する平等な権利と平等な利用を保証する。
博物館は営利を目的としない。博物館は開かれた公明正大な存在であり、人間の尊厳と社会正義、世界全体の平等と地球全体の幸福に寄与することを目的として、多様な共同体と手を携えて収集、保管、研究、解説、展示の活動、ならびに世界についての理解を高めるための活動を行うものである。

（日本語は日本博物館協会による仮訳）

ています。ご参考までに、ICOMの現行の定義と京都大会で議論された新たな定義案をお示ししますのでご参照ください。

◉ ICOMは、大会ごとに大会決議が採決されます。それぞれの大会ごとに、大会のテーマや議論の内容のトピックを抽出し、大会の決議としてまとめます。決議案作りは、国際委員会や国内委員会からの提案も含めて進められます。京都大会では、10本の提案があって最終的に6本が執行役員会に報告され、大会の締め括りの総会で採択されましたが、そのうちの2本が日本から提案したものでした。その2本は、「アジア地域のICOMコミュニティへの融合（The Integration of Asia into the ICOM）」と、京都大会のテーマと関連した「文化をつなぐミュージアムの理念の徹底（Commitment to the Concept of 'Museums as Cultural Hubs'）」です。

ICOMでの議論は、全体的にはヨーロッパ中心に偏りがちな傾向がある中で、アジア地域の重要性とその地域での議論をICOM全体で共有しようという決議の実現は、ICOMの歴史でも大きな意義のあるものです。この決議には、先にご紹介したアジア美術についてのプレナリーセッションの開催も大きく影響しています。また、大会テーマの「文化をつなぐミュージアム」の理念の徹底は、京都大会のテーマが、博物館全体の方向性を正しく反映されていることへの支持の現れでもあり、大会の大きな成果であったと言うことができると思います。

◉阪神淡路大震災から25年、東日本大震災からももうすぐ10年が経とうとしています。その後も地震や台風、集中豪雨等の災害が絶えない日本では、自然災害で被害を受ける文化財や博物館施設も多く、博物館が災害とどう向き合い、どのような対策を講じていくかは、とても重要な課題です。ICOMでも、大規模な自然災害や、ブラジル国立博物館やノートルダム寺院の火災など、博物館の防災対策は検討されてき

5
決議

2
新たな国際委員会

・アジア地域のICOMコミュニティへの融合
・Museums as Cultural Hubsの理念の徹底　等

大会の成果

ました。京都大会では、是非このテーマで議論する場を作りたいと働きかけて、プレナリー・セッションに「災害と博物館」を設定することができました。さらに、京都大会を契機に、これから世界の博物館がすべき課題として、博物館防災国際委員会が立ち上がったというのも、京都大会の成果だったと思います。

◉また、日本から世界に広まり、今や世界共通の表現メディアとなったマンガについて、また、これも世界共通の課題でもありますが、地域の経済発展や活性化に対して博物館がどのような役割を果たせるかをテーマに、それぞれ「マンガ展の可能性」と「博物館と地域発展」というパネル・ディスカッションを設定して、活発な議論がなされたことは、大会の大きな成果だったと思っています。

このような様々な成果があったと考えられるICOM京都大会ですが、私が一番大きな成果だと思うのは、この大会を日本で開催したことによって、日本の博物館関係者が、「世界には様々な博物館があって、日本と同じように苦労しながら頑張っている仲間たちがたくさんいる」ことを実感したことだと考えています。これまで、日本の博物館は、どちらかというと内向きで、自分たちの課題を国内だけで考える傾向があったように思いますが、この大会をきっかけに、自分たちの身近な博物館の課題も、世界中の仲間たちと議論ができて、一緒に解決していくことができる、ということに気付くことができたこと。これこそ、ICOM京都大会の1番の成果だったと思います。

こうしたICOM京都大会の成果は、それらを今後につなげていかないと意味がありません。せっかく苦労して実現できた京都大会の成果を、これからの日本の博物館が良くなっていくことにつなげていきたいと考えてみると、日本の博物館関係者は、ICOMコミュニティとの継続的な関係をもっと強化し続けていかなければならない。その中で特に若い世代の方々にミュージアムに興味を持っていただき、ICOMのコミュニティにも積極的に参画して、国際的にミュージアムを考え、多様な文化を共有して交流する。そして、その交流を通して得た知恵を日本の博物館のために活用できる。そんな人材を育成していきたいと思っています。

10. これからの課題

これまでお話してきたように、ICOM京都大会は、たくさんの博物館関係者が集まって大きな成果を収めることができました。一方で、今、日本の博物館は様々な課題を抱えていて、博物館振興に資する制度の整備・充実が求められています。博物館にご興味のあるかたはお分かりかもしれませんが、日本において、博物館はとてもたくさんの役割を期待されています。ただ単に、文化財を集め、それを調査・研究する、保管する、未来に繋げるという機能だけではなく、地域に元気をもたらす地域新振興の一つの中核的な文化施設としての役割であるとか、インバウンドを含めた観光で地域を訪れる人々が、地域の歴史や文化を楽しむための施設としての役割も期待されています。

そうした中で、博物館とは何なのか、何をする場所なのか、誰のために何をすればいいのか、という「博物館の基本的なこと」について、もっともっと考えていく必要があります。そして、そのためには、京都大会で採択が延期となった「博物館の定義」についても、日本国内で、もっと議論されるべき時代に差しかかっていると思います。

先にも少し説明しましたが、日本には博物館法という法律がありますが、世界的に見てみると、こういう博物館についての法律を持っていない国がたくさんあります。むしろ持っている国の方が少ないです。日本の場合は、その博物館法に第二条の博物館定義のところに、博物館とは「歴史、芸術、民俗、産業、自然科学等に関する資料を収集し、保管(育成を含む)し、展示して教育的配慮の下に一般公衆の利用に供し、その教養、調査研究、レクリエーション等に資するために必要な事業を行い、あわせてこれらの資料に関する調査研究をすることを目的とする機関」という定義があります。

繰り返しになりますが、このような法律を持たない世界の多くの国の中には、ICOMが定める博物館定義そのものが、その国の博物館の政策の基本となっているという重要な役割を持つ国がたくさんあります。それ故に、定義に対する議論というのは、いろんな国から、いろんな発言があり、一つにまとめるのはなかなか難しいということになります。

一方、日本のことを考えてみると、今の博物館法に書かれた定義を読み返すと、博物館ですからコレクションを充実していかなくてはいけないとか、社会教育機関として教育もしていかなければならないとか、でも楽しみも必要だとか、ほぼ基本的なところは押さえられているように思えます。しかし、ICOM京都大会で議論された、地球全体の環境を守り持続可能な活動を続けるための博物館の役割、SDG'sへの取組、地域文化を保存し継承するという基本機能の充実の先に、さらに、地域振興であるとか、観光振興であるとかにも貢献しなくてはならない、という様々な期待が博物館に寄せられています。このように、役割が多様化するような時代を迎えている中で、博物館がこれからどうしたらいいのか、そもそも博物館とは何なのかということは、日本でもしっかりと議論しなくてはならない時代であるということだと思います。

そうした中、京都大会の成果の一つといえると私は考えているのですが、2019年の11月に国の文化審議会の中に博物館部会という専門委員会が立ち上がりました。この博物館部会を中心に、博物館に対する制度、あるいは政策を協議しようということで、既に何回かの委員会が開かれたところです。博物館政策を充実させながら、基本的な法律も含む博物館制度を充実させていくための場が作られたことは、大いに歓迎したいと思います。一方で、厳しい状況の中で疲弊している現場への支援も急がなくてはなりません。

今、文部科学省の調査によれば日本には5,700を超える博物館があるといわれています。まさに博物館大国とも呼べる数だと思います。が、日本博物館協会の全国博物館を対象とする博物館総合調査では、回答した約2,200の博物館の中で、最も多いのが、館長1人、学芸員1人、事務職員1人という博物館だということになります。私は「1人博物館」と密かに呼んでいるのですが、そうした博物館の運営は本当に大変です。こうした小規模な博物館に支援の手をきちっと差し伸べていかなければ、全体としての博物館の充実はありえないということを考えていかなくてはいけません。そのために必要な政策や法律はどのようなものかを考えていくべきなのですが、何より博物館に関係する関係者の主体的な議論を積み重ねて、こういう博物館の制度であってほしい、と発言していくことが求められている時代にきたなと思っています。

11. これからの博物館に期待される４つのチカラ

私は、これからの博物館で必要な力というのは4つあるのではないかと考えています。これら4つのチカラは、新潟県立歴史博物館の山本哲也学芸員から聞いて強く共感し、私なりに使わせてもらっています。

一つは【守るチカラ】。これは文化財を守るという博物館としては基本機能として必要なことも含めて、災害等の歴史や自然を研究するなかで、博物館が地域を守ることへも貢献できるという、少し広い意味を含めた博物館の役割を果たすために必要な「守るチカラ」で、それを博物館という場で活かしていかなくてはならない。

【見せるチカラ】というのも大事だと思います。それは一種“伝えるチカラ”であろうかと思うのですが、自分たちが調査・研究して掘り起こした地域の文化財の魅力というものを、地域の人々にまずは見てもらい、伝えていかなくてはならない。それで地域の人々が自分の故郷には「こんなお宝があったのだ」ということに気づいて、誇りに思ったことを、全国に、そして世界に見せて伝えていくきっかけを作る、つまりお宝情報の発信基地になっていくということが、博物館には求められているのではないかなと思っています。

もう一つ大事なのは【育てるチカラ】。これは地域の歴史と文化という宝物の価値を、博物館での調査研究によってしっかりと見極め、その発信力を育てていく。言い換えれば、お宝を、原石から魅力的な宝石に磨き上げるということかもしれませんが、その育てていくチカラ。もう一つ大事なのは、地域の子どもたちの生きる力を育むこと。これからの世界を担っていく若い人たちが、故郷に誇りを持って生きていけるチカラを育てるというのも、博物館の求められている大きなチカラかなと思います。

そしてもう一つはつないでいかないといけないなと。【つなぐチカラ】。今、ユネスコの憲章であるとか、国際勧告であるとか、ICOMのコミュニティの中で、宗教や民族等様々な要因で引き起こされる紛争などを超えて、私たちは文化財や多様な文化を共有し、それぞれを大切に思い合う気持ちを通して世界の平和を考えていかなければならないと言われています。一方で残念なことですが今も途絶えることなく、世界のどこかで紛争が起こり、文化財の破壊が進んでいるという現状をきちっと見据えて、自分たちが考えるべきこと、なすべきことを話し合わなくてはいけない。そのことを博物館でも考えていくべきだなと思います。

国・民族・文化・宗教を超えて人々が集える「フォーラムとしての博物館」を目指したいと私は考えています。保存施設だけでもない、教育施設だけでもない、研究施設だけでもない、博物館の役割というのが求められているのだと思います。

ICOMは、毎年5月18日を「国際博物館の日（International museum day）」と定めて世界各地で関連イベントを実施することを推奨しています。日本で国際博物館の日を知っている人は、残念ながらほとんどいないと思うのですが、5月18日です。日本博物館協会も毎年PRしながら、全国の博物館に協力をお願いして、この日に無料開館であるとか、記念品の配布などを行って協力してくれる博物館が増えてきています。

去年（2019年）のテーマは「文化をつなぐミュージアム」ということで、京都大会と同じテーマでした。今年（2020年）のテーマは既に発表されていて、「平和を実現する場としての博物館：多様性と包括性（Museums for Equality : Diversity and Inclusion 2020）」です。多様性と包摂という言葉は、日本語に直すのが難しい言葉だと思うのですが、平等な世界を作っていくための博物館の役割とでも考えればいいのでしょうか。いずれにせよ、多様性と包摂性も博物館にとっては、取組まなくてはならない重要なテーマです。

こうしたテーマは、日本の博物館を見ているかぎりでは、なかなかピンとこないイメージもあります。でも国際的な視野で見てみると、平等性や多様性、インクルージョンといった社会課題につながるテーマは、ミュージアムが積極的に関わり、その解決に向けて取り組むべき課題だと思われます。

最初にちょっとお聞きしたら、皆さんは博物館にご興味を持っている専門家や関係者ではない方が多いということでした。博物館の中の難しい話ではなく、ここで皆さんと共有したいのは、博物館の未来に向けて果たせる役割のイメージです。日々の暮らしの中で、博物館というのは色々な世界の方たち、あるいは色々な文化を持っている人たちが気軽に集うことによって、それぞれの人々が過去からの長い時間の道のりの中で、どんな生活様式、どんな文化を築いてきたのかということを知る。それぞれの文化を尊重して、それぞれがいい所、悪い所を見直しながら、またこの先、共に歩いていくための糧となるものを見つける場所になっていけたら、博物館は、社会の中でとても重要な役割を果たし得るのではないかと思っているところです。

そういった意味で、皆さんもお休みの日や時間のある時にご近所、あるいは日本の中で旅行に行ったときには、まずは地域の博物館に足を運んで、その地域がどういう場所なのか、どういう歴史を持っている場所なのかを知ってから観光されるというのも、一つの旅の楽しみ方としておすすめです。

海外に行った時も、パリに行けばルーブルやオルセー、オランジェリーへ行かれる方も多いだろうし、ロンドンへ行けば大英博物館や自然史博物館へ行かれる方も多いと思います。

やはり、博物館はその地域の歴史や文化のあり方がエッセンスとして詰まっている所です。それを体感できる場所。実物が持つ存在感を通じてヴィジュアルで、さらに五感と通して地域の歴史や文化に触れることができる場所としては、とても使い勝手のいい場所だと思います。

今日はICOMという、一つの国際的な博物館のコミュニティをご紹介するとともに、その3年に1回の会議が京都で開かれたということを話題にして、博物館のお話をさせていただきました。何かご質問等あればお答えしますので、ぜひお訊きいただけたらと思います。ご清聴ありがとうございました。

質疑応答

【町田幸彦氏†1より質問】

① 改めて定義を巡る論争について。大会事務局がこれでいきたいという原案があったと思うのですが、それは一言でいうと何でしょうか。またそれに対して納得できないという人の、一番の対立線は何でしょうか。博物館の今日的役割という論点に持っていこうとしたというご説明はありましたが、一番ホットイシューとなった部分は何でしょうか。

②「あいちトリエンナーレ」の問題について。これを博物館の定義でというと、重なるところとそうでない部分があると思います。いわゆる韓国の従軍慰安婦の少女像と同じものを展示しようとしたら、色々とストップがかかり展示を中止したが、異論が出てまた再開したという経緯になっていました。展示という問題をそのような概念で考えた場合に、このあいちトリエンナーレとしてどんなアジェンダを出したかというと、「検閲」という問題です。日本国憲法では検閲をしてはならないと書いてあります。当然、日本の博物館法もその憲法の下にあるので、「検閲」は排除したかたちで展開されなければならない。そのようなことが起きていて、ICOMや博物館の仕事に携わっている人や、研究されている人の間で、あいちトリエンナーレの問題はどのように受け止められているか、あるいはいないのか、そこをお聞きしたいと思います。

【半田昌之氏の回答】

ご質問ありがとうございました。私の個人的な考えも含めてコメントさせていただきます。

① まず、日本の博物館法の博物館に対する定義は、お話しでもご紹介したように「歴史、芸術、民俗、産業、自然科学等に関する資料を収集し、保管(育成を含む)し、展示し

て教育的配慮の下に一般公衆の利用に供し、その教養、調査研究、レクリエーション等に資するために必要な事業を行い、あわせてこれらの資料に関する調査研究をすることを目的とする機関」と規定されています。この「育成を含」むというのは、日本の博物館法には動物園、水族館、植物園も含まれるという意味から入っています。

また、2015年にユネスコのミュージアムに関する国際勧告が採択されて、そこにおけるミュージアムの定義とは、「社会とその発展に奉仕する非営利の恒久的な施設で、公衆に開かれており、教育と研究と娯楽を目的として人類と環境に関する有形無形の遺産を収集し、保存し、調査し、伝達し、展示するもの」となっています。

これに対し、京都で示された原案ですが、全文をご紹介すると次の文章です。

「博物館は、過去と未来についての批判的な対話のための、民主化を促し、包摂的で、様々な声に耳を傾ける空間である。博物館は、現在の紛争や課題を認識しそれらを対処しつつ、社会に託された人類がつくった物や標本を保管し、未来の世代のために多様な記憶を保護するとともに、すべての人々に遺産に対する平等な権利と利用を保証する。

博物館は営利を目的としない。博物館は、開かれた公明正大な存在であり、人間の尊厳と社会正義、世界全体の平等と地球全体の幸福に寄与することを目的として、多様な共同体と手を携えて収集、保管、研究、解説、展示の活動、ならびに世界についての理解を高めるための活動を行うものである。」

これを見ると、先にご紹介した二つの定義に共通する要素も多く含まれていることが分かります。例えば、資料の収集、保管、研究、展示等の要素です。

一方、従来の定義にはない表現も多くあります。それらの多くは、これからの博物館が社会にどのような役割を持ち、そのためにどのような活動をしなくてはならないのか、という具体的な内容が盛り込まれています。例えば、紛争、国際的課題というものを博物館は認識しなければならなくて、それに対処するところであると言っています。こうした踏み込んだ表現はこれまでの定義には見られません。私がこの中で個人的に最も気になるのは、"社会正義"という言葉です。その前の"人間の尊厳"には全く異議はありませんが、社会正義には大きな違和感があります。

皆さん、どう思われますか。社会正義というのは誰が決めるのですか。社会正義というのは、その時々で変わっていく、相対的なものではないかと、個人的には思います。どこかに独裁者が治める国ができ、その独裁者が定めた社会正義がその国の社会正義となります。それが国際的に共有できない社会正義であっても、その国の博物館は独裁者の掲げる社会正義に従わざるを得ません。博物館というのは、相対的に時代や為政者が規定する社会正義を超えた活動をしなくてはいけない場所ではないかと、私はイメージしています。

実際、提案された定義にはいろいろな意見が出されました。定義というのは暗唱できなければ定義ではない。こんな長い文章は覚えられないと言った人もいます。もうひとつは、民主化を促すという表現も、国の体制によっては受け入れ難い国も多いとの指摘もあり、事実、この定義を国に持ち帰っても、基本的な博物館政策の指針としては使えないとの意見も出されました。

一方で、新定義案に盛られた社会課題に対する博物館の役割など、目指すべき基本的な方向性には多くの賛同が得られ、ICOMが目指す博物館のミッション・ステートメントとしては適しているといった意見も多く出されました。結局は、議論が足りない、という基本的なところで採択はせずに検討を継続する、ということになりました。現在は、最終的には2022年のプラハでの大会に持ち越されるとの予測もありますが、博物館の役割が変化する中で、地域、文化を超えた役割論まで踏み込んだ博物館の定義が、そのようにコンセンサスを得られるか注目したいと思います。

また、この定義案の議論については、今後、日本でも検討が予定されている博物館法改正に向けた動きの中でも、日本としてもしっかりと博物館の定義を見直していく必要があると思います。

② あいちトリエンナーレの問題は、私も個人的に気にしているところで、いろいろな場の勉強会、あるいはシンポジウムへお邪魔して、自分なりに勉強してきました。

表現の自由というのは、町田先生もおっしゃっていましたが、憲法に保障された権利です。表現の自由は、基本的に保障、担保されなければならない、重要な権利の一つだというように考えています。

一方、現代美術を扱う博物館における作品の在り方については、今回の問題もその一つであるように、様々な視点から議論が幅広く展開される可能性を持つジャンルであり、博物館関係者の中でも様々な意見があるというもの事実です。

様々な意見の中には、表現の自由というのはそもそも個人の権利なので、どういう表現であっても保障されるべきだ、それがいかなるアート作品として表現されたものについても保障されるべきであるとおっしゃる方もいます。他方、憲法に保障された表現の自由というのは、その頭に“公序良俗に反しない限りにおいて”という頭文がついている。その公序良俗に反する場合には表現の自由は制限されて然るべきとの意見もあります。

今回の愛知県と名古屋市の立場の違いにも、こうしたニュアンスを感じます。

天皇や皇室についても日本国内に様々な意見がある

現状のなかで、それが現代美術のモティーフとしてどのように取り上げられるべきか、または取り上げられるべきでないかの統一された基準はないと思います。従軍慰安婦をテーマにした作品についても、アート作品ではなく政治的プロパガンダとされるか、過去の歴史をモティーフとするアート作品として単純に扱えば良いという意見もあります。

個人的なコメントしかできなくて恐縮ですが、今回のケースについては、会期途中で展覧会が中断されたことはとても残念です。展示作品についての物議は展覧会には付きもので、外からの反応が原因となって展覧会が中断されるのはあるべき姿ではなく、展覧会自体の企画の在り方に問題があったと言わざるを得ないと思います。

また、展覧会の中断や批判を受けて、文化庁が既に認めていた補助金の支払いを中止したことも残念でした。一連の展覧会や作品に対して、国として気に入らないとしても、補助金支出の手続きを超えて判断するのは、今後の展覧会等に関する補助金申請や支出についての公平性に疑義を生む懸念は避けられないと思います。国は、逆にそうした懸念に慎重に対処してもらいたいと思いました。

博物館での展覧会の企画や展示作品の適正等に関する是非は、先ほどの社会正義の話と同じように、相対的な価値の中でそれぞれが持つ異なる意見のやり取りを重ねていくなかでまとめていかなくてはならないことで、結論に至るプロセス自体がとても重要なのだと、私は思います。

博物館という社会的機能の中で、作品や作者自身の表現の自由がどのように保障されなければいけないのか、といった時に、私は、検討のプロセスを経て、企画側と作家側が合意した展覧会の姿が、保証された表現の自由の合意された形なのだと思っていて、その合意された形は、鑑賞者がどのような印象を持つかに拘らず、最大限に保証されなくてはならないと考えます。私は、あいちトリエンナーレの現場を見ることはできませんでしたが、あそこに展示されていた作品の一部を別の場で見る機会は持っている側の人間なので、多分大きな違和感は感じなかったのではないかと思っています。個々の作品については、あれが展覧会として成り立たないほどの、公序良俗に反する作品とは思わずに、好き嫌いはともかくアート作品として鑑賞すればいいのではないかという気持ちです。

一方で、様々な物理的な、外的な力がかかってくることに起因する、見学者への安全確保やセキュリティであるとか、これは運営する博物館側にとって、非常に大きな問題です。それが自分たちの責任では担保しきれないといった時の判断という意味では、中止もやむなしという判断も然るべき選択だったのではないかと考えています。いろいろな問題が、複合的に錯綜し、単純に結論が出せない問題で、歯切れの悪い部分もあり、町田幸彦先生からお尋ねいただいた質問には的確に答えられていないかもしれませんが、私の現状でのコメントとして受け取っていただけたらと思います。ありがとうございました。

注

1　東洋英和女学院大学国際社会学部国際社会学科教授。本書第 6 章執筆。

追記

本稿の校正をしている2020年の年末は、新型コロナウイルスの感染拡大が収まらず、いわゆる第3波といわれる中で、感染者数や死亡される方も増加する深刻な状況の中にあります。全世界がコロナ禍に見舞われた中で、博物館も深刻な影響を受けています。事業の持続すら難しい博物館も多くある経営的課題はもとより、休館や事業の中止等によって、博物館の社会的機能が果たせない状況への対応にも迫られました。こうした状況の中で、それぞれの博物館は、感染予防対策に取り組む一方で、ホームページ等のオンライン環境を活用して、自らのコレクションや蓄えた情報を広く社会に発信する新たな試みにチャレンジしています。

ICOMも、世界規模でのコロナ禍と博物館について、精力的に情報を発信し、オンラインでの活動を展開しています。日本博物館協会も、文化庁と協力しながら、博物館の感染予防ガイドラインの作成や、支援策の展開等で、できるお手伝いをさせていただいています。

コロナ禍を経て、博物館の在り方も大きく変化せざるを得ないと感じている昨今ですが、その社会基盤としての役割を改めてしっかりと見直して、これからのあるべき姿を探っていきたいと思います。

コラム４

クロアチア地震とICOM

町田小織

2020年3月22日、ザグレブでマグニチュード5.3の地震が発生する[†1]。美しいザグレブ大聖堂（聖母被昇天大聖堂）の尖塔が一部損壊するほどの衝撃である。約140年ぶりの大地震だと、少なくともその時点では報道された。新型コロナウイルス感染拡大によるロックダウン中の大地震。日本に住むわれわれにとっても他人事ではない[†2]。

ザグレブには友人が複数住んでいるので、彼らの状況が気になったが、友人たちは無事で、直接の被害はなかった。それ以降余震もあったが、最終的にマグニチュード5を超える揺れは2回である。

その後、耐震に問題のある住居の見直しが図られ、個人的に世話になっている、ICOMクロアチア事務局長でザグレブ大学の先生は、引っ越しをすることになる。2020年2月に私が訪問した家である。旧ユーゴスラビアでは、自宅にゲストを招くのは極々普通のことであり、この時もパートナーの方とふたりで準備した手料理で歓迎してくれた。

さらに2020年12月29日、ザグレブから南へ50km離れた、ペトリニャ（Petrinja）近郊を震源とする地震が発生した[†3]。マグニチュード6.4という強い地震で、ザグレブにも被害は及んでいる。

ザグレブ市内のミュージアムでは、パンデミックによる休館だけでなく、地震によっても一時休館しているところがある。前述のように耐震に問題があったり、展示品が損壊したりしている被害に関する情報を、ICOMクロアチアがまとめている。ICOMでは文化遺産の保護も行うので、クロアチアの文化メディア大臣からICOMのアルベルト・ガランディーニ（Alberto Garlandini）会長へ支援が要請された[†4]。

ICOM公式サイトに掲載されているクロアチアからの報告書によると、3月の地震でザグレブ市内のミュージアムは多大な損害を受けている様子が分かる[†5]。築100年以上の古い建物も多いため、屋根が損傷したり、壁に亀裂が入ったり、壁が崩れ落ちたりしている。たった1ヶ月前に訪問したミュージアム(ザグレブ現代美術館、ザグレブ市博物館等)が被災していることに、驚きを禁じ得ない。

第4章でテーマとなったICOM2019京都大会では、新たに「博物館防災国際委員会(Disaster Resilient Museums Committee)」が発足した。これも京都大会の成果のひとつである。

2020年11月24日から2021年2月17日まで、ザグレブの美術工芸博物館で「地震:1880年から2020年まで」展が開催している[†6]。同館の開館140周年を記念する企画展である。冒頭記した通り、2020年の地震は140年ぶりの大地震。ザグレブは1880年にマグニチュード6.3の地震に見舞われている。その140年前の地震(図1)と、被災したばかりの2020年の震災の展覧会である。当初は2021年1月24日までの会期であったが、2月17日まで延長されることになった。

初日には、ゾラン・ミラノヴィッチ(Zoran Milanovic)大統領、ニナ・オブリェン・コルジネク(Nina Obuljen Korzinek)文化メディア大臣、ミラン・バンディッチ(Milan Bandić)ザグレブ市長他も訪問[†7]。皮肉にも、この企画展開催中に、3度目の地震(12月29日)に見舞われたということである。

公式サイト上では、マターポート(Matterport)による3DVR見学が可能なので、ザグレブに行くことができない2020年~2021年も企画展の様子を垣間見ることはできる[†8]。もし、会期終了後もアーカイブズとしてアクセスが可能であれば、覗いてみてほしい。

大地震に見舞われたクロアチアへの支援に関して、在クロアチア日本大使館が公式サイトにまとめているので、ご参照頂ければ幸いである[†9]。

図1　1880年の地震後のザグレブ大聖堂（Photo: Ivan Standl/public domain）

注

1　BBC News, "Earthquake rocks Croatia's capital Zagreb", *BBC News*, Mar.22 2020, https://www.bbc.com/news/world-europe-51995861（accessed Jan.30, 2021）

2　執筆した時点では、まさか2021年2月13日にマグニチュード7.3の地震が福島県沖で起きるとは思っていなかった。福島と宮城で震度6強という、クロアチアの地震を軽く凌駕する災害が起きる日本。当該地域における博物館の被害状況も気になるところである。

3　BBC, "Croatia earthquake: Seven dead as rescuers search rubble for survivors", *BBC*, Dec.30 2020, https://www.bbc.com/news/world-europe-55474230（accessed Jan.30, 2021）

4　ICOM, "Croatia Earthquake: situation report and ICOM actions to support the museum sector", *ICOM*, Jan.12 2021, https://icom.museum/en/news/croatia-earthquake-december-2020-situation-report/（accessed Jan.30, 2021）

Republic of Croatia Ministry of Culture and Media, "Letter to Mr.Garlandini", *Republic of Croatia Ministry of Culture and Media*, Jan.7 2021, https://icom.

museum/wp-content/uploads/2021/01/Letter-Ministry-Croatia.pdf,（accessed Jan.30, 2021）

5 ICOM, “UPDATED: ICOM urges institutions and governments to support Croatian museums”, *ICOM*, Apr.17 2020, https://icom.museum/en/news/icom-urges-institutions-and-governments-to-support-croatian-museums/（accessed Jan.30, 2021）

6 MUO（Muzej za umjetnost i obrt, Zagreb）, “Protreseni MUO: od potresa do potresa 1880. - 2020.”, *MUO*, https://www.muo.hr/blog/2020/10/04/140-muo-2/（accessed Jan.30, 2021）

7 大統領他が見学している様子は、同館の YouTube チャンネルで動画が視聴可能である。

MUO（Muzej za umjetnost i obrt, Zagreb）, “Predstavljena izložba Protreseni MUO: od potresa do potresa 1880. - 2020.” [Video], Nov. 25 2020, https://youtu.be/KtNtfdgh6j0（accessed Jan.30, 2021）

8 今後このような技術が進化すると、世界中のミュージアム間での競争が激しくなるだろう。コロナ禍で「おうち時間」の奪い合いが起きたように、有限である時間をどこに費やすかは、必ずしもリアルな現場である必要がなくなる可能性がある。

9 在クロアチア日本国大使館「クロアチア中部シサク・モスラビナ県のペトリニャ市で発生した大地震に対する緊急・復興支援について」,『在クロアチア日本国大使館』, https://www.hr.emb-japan.go.jp/documents-JP/Donations.pdf（最終アクセス:2021 年 1 月 29 日）

第5章
つかう

印刷博物館からのプロポーザル

樺山紘一

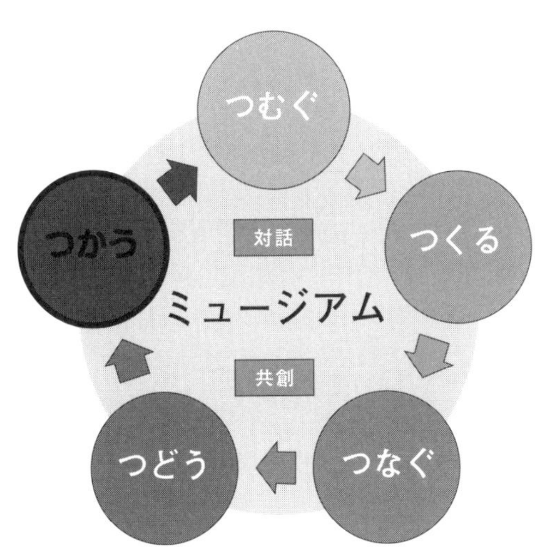

1. 博物館を取り巻く状況の変化

博物館の数も少なく、非常に珍しかった時代には、ミュージアムとは珍しいもの·古くなったものをそこへ納め、時々こっそりと見せてくれるような場所でした。そういう時代が長かったのです。文字通り「博物館行き」という言葉で表されるように。出かけていくにも気分が重かったし、そこで勉強しないといけないし、勉強するためにノートもつけないといけない。

とてもかたい気持ちで行っていたというようなことが、長い間続いていたかもしれません。

確かに、博物館·美術館は古い文化財を納めて、収蔵して、しかもそれをいい状態で保存しておく。そして次の世代、次の次の世代へ渡していく。そういう場所であると考えられていました。

例えば美術品、仏像や絵画は、懇切丁寧に保存しなければすぐに劣化してしまうので、博物館·美術館において、専門的にこれを手当てしていく、大事にしていく。これが大切なことであるのは確かです。古い施設、古いものを大事にしている。それはとても大事なことだけれども、でもそこへ行くと何となく気分が滅入ってしまうような、そんな暗い施設。照明も低かったし、またちょっと大きな声を出すとすぐに怒られてしまうという。そんな湿っぽい場所であるという時代が長く続きました。

20世紀、21世紀になると多様な種類の博物館·美術館が、東京、そして日本各地に出来上がりました。新しいモダンな建物が博物館·美術館のために用意される時代になってきました。そして多くの展覧会が開催され、大勢のお客様を迎えるようになってきました。ところが、ご存じのように2020年に新型コロナウイルス感染が日本にも及び、博物館·美術館を取り巻く状況が大きく変わってきました。ほとんどが休館せざるを得なくなり、再開に向けて多くの対策が必要となってきました。その後、大部分の美術館、博物館は、安全に利用いただくために今まで以上の配慮をしながら再び開館していますが、それぞれの館の意義をあらためて見直すことにもなりました。

2. 印刷博物館について

さて、今度は私どもの印刷博物館の話を少しさせてください。この博物館があった場所は昔、印刷工場がありました。つまり印刷という産業があった昔の場所、縁がある場所に博物館

印刷博物館
プロローグ

が作られました。この印刷博物館は、凸版印刷株式会社という印刷会社が作った博物館です。しかし、自分たちの会社の経済活動を宣伝するために作った博物館ではありません。

それぞれの産業・企業は、自分たちが社会の中でそれぞれの役割を果たしているのだということを、社会に対して自分から説明したい。言葉だけでなく、実物をもって説明したい。そんな意図、想いから作られた博物館です。こうした活動のことをCSRと言います。CSRはCorporate(企業の) social(社会の) responsibility(責任)。つまり会社が社会に対して果たす役割・責任を博物館で示したい。

自分たちが社会の中で企業活動・産業活動を行い、それがどんなかたちで世の中に役立っているか、どんな責任を負っているか。そのようなことを実物で示したい。そういう意味が博物館にはあります。要するに、それぞれ産業や企業は自分たちの物を作り、それを社会へ送り出し、消費者にとって色々なかたちで消費してもらう、使ってもらう。その活動を通して企業は利益を上げ、雇用している労働者もそれで食べていくことができる。そんな大きな循環の中にいますので、産業も企業も自分たちが社会に対してどういう考えを持ち、どういう活動をして、どう貢献しているかということを見ていただきたい。

これは、私たち印刷博物館だけではありません。日本各地に博物館があり、その中には産業や企業が自分たちで作っている、CSR（企業の社会的責任）を説明する場所として作られた博物館もたくさんあります。

国家が自分たちの国の大事な宝を見せる場所、国宝を見せるための美術館・博物館もある。あるいは、地方自治体が自分たちの町や村の歴史を集め、見てもらうための場所、つまり郷土資料館等もある。同じように企業が社会的責任を、また歩み方を実物で皆さんに見てもらう、そういう博物館もある。

それぞれが違った目的と違った役割、ミッションを持っているけれど、それぞれは自分たちの社会的あり方や存在が、多くの人々との対話の中に生きているのだということを、博物館で実物を見ていただき、説明したい。印刷博物館は印刷物がどうやって出来上がり、今後どういう風に変わっていくのかということも含めて、作る側・提供する側の立場から博物館をみていただきたい。

私たち印刷博物館もこの博物館の中で様々な展示を行っていますが、資料を収集し、可能なものは展示し、場合によっては実際に動かすことができるような施設を作っています。

例えば、活字と図版。活字ばかりか、さらには版画のような、文字ではないけれども、同じものを複製することができる版画です。木版画もあれば、石版画もあり、銅版画もある。活字と版画図版を使って文字や図像を複製することができる。これまで使われてきた活字や版画のもともとの姿、あるいはその製品、そうやって出来上がった品物をご覧いただく場所だと考えています。

あるいは、写真にありますように、版画の作り方、とくにそれを墨とかインクを塗って、それがどんなインクかどんな墨が使われ、それをどのようにして製品が出来上がっていくか、実際の姿をできるだけ昔あった姿で再現したい、こんな風に考えて展示をしてまいりました。

次は道具と機械。こうした活字や版画を製造するためには、もちろん道具がいります。昔学校で版画を作る機会があった

版にインクをつける

19 世紀の印刷機

かと思うのですが、こするためのバレンとかありましたよね。もっと大きくなれば輪転機とか、色々な機械が必要です。輪転機も本当に大きなものは博物館の中には入らないので、もともとの印刷の機能を見ていただく場所を作り、実際に見ていただいています。

こうして機械は、物によってはすっかり現場では使われなくなりました。けれども、かつて印刷がどうやって行われていたのかという、機械や道具の姿は今大事にして昔の姿を留めておかないと、当然のことながら、すっかり忘れてしまいます。でも印刷の在り方は、昔使われていた道具の姿を通して、今の姿が見えてきますので、私たちも古い道具をなるべく捨てずに保存し、できれば今でも動くようなかたちで展示をしています。

実際には昔の機械を昔と同じように動かすのはとても難しいことですが、多くの博物館はかつてと同じように稼働するよう収蔵してきました。そこに行ってみると、自動車や印刷機が昔はこんなかたちで動いていたんだ、それが少しずつ進化して、今の姿になったのだということが理解できます。そのような場所としての役割を、博物館は果たしたいと考えていました。そんな昔のことを知らなくたって車は動くし、昔の姿を見なくたって印刷はできます。しかしこれまでの発展・進化のかたちを見通すことによって、今の技術・産業にどんな意味があり、どうしてそれが大事なのかということを理解することができるはずです。

私たちの印刷博物館に関して言えば、印刷は紙で行われています。紙をどのようにして収集し、紙にどのようにしてインクを載せ、機械にかけるかということ、この技術はそう簡単なことではありません。まずは紙をどのように漉く のかというところから始まります。

紙の長い歴史、そして紙に代わる他のものも含めて、それがどうやって出来上がり、私たちの生活の中に組み込まれていくのかということを展示し、展示を通して考えていただきたい。今やコンピューターのディスプレイだけで済むのだと考えることもできるけれど、やっぱり紙がないと私たちは物を読むことが出来ない、持ち運ぶことが出来ないということもあります。私たち、印刷に関わる人間としては、紙の在り方、どんな紙が、どうやって出来上がってきたのかは大事なことです。

3. 産業文化博物館

さて、今まで印刷博物館の話をしてきましたが、ここでお話したいのは印刷だけではありません。

これはトヨタ産業技術記念館という名古屋にあります博物館です。トヨタは、織物を織る自動織機を発明した豊田佐吉の長男豊田喜一郎が創業した会社です。今や世界最大の自動車製造会社の一つとして、知らない者はいません。

でもトヨタは、最初に手掛けた織物の自動織機の機械から、現在の乗用車に至るまで、自分たちが作ってきた製品を保存し、それを早くから展示しています。その中にはもう街では見なくなったクラシックカーや、日本の繊維産業発展に貢献した機械も見られます。本物の機械の動態展示(使っていない物でも実際に動くように管理)と多彩な実演を通じて「研究と創造の精神」と「モノづくり」の大切さを伝える博物館を作っています。

もちろんこれらの中には、トヨタのような世界最大の企業の一つというようなケースもあるけれども、もっと小さい企業で、大変優れた興味深い博物館・美術館を作っているところもあります。

例えば赤い口紅。昔日本で使われていたベニバナの紅。あ

トヨタ産業技術記念館
(トヨタ産業技術記念館提供)

トヨダAA型乗用車
(トヨタ産業技術記念館提供)

糸紡ぎ（トヨタ産業技術記念館提供）

豊田式木製人力織機（トヨタ産業技術記念館提供）

のベニバナを商品として作っておられる株式会社伊勢半本店は、自分たちの技術がどうやってこの日本の歴史の中で生まれてきたのか、一体それがどうやって製造され、どうやって使用され、消費されているかということも含めた、色々な側面を展覧する博物館、紅ミュージアムを作っています。規模も小さいし、狭い範囲だけれども、そこへ行けば製品や産業のことを考えることができる。そんな場所となっています。

3.1. 産業文化博物館コンソーシアム

最後に「産業文化博物館コンソーシアム」(Consortium of Museums for Industry and Culture)について。英語で表現し、その頭

紅ミュージアム
コミュニケーションルーム
(紅ミュージアム提供)

常設展示室 2「化粧」の歩み
江戸時代の化粧の紹介コーナー
(紅ミュージアム提供)

鏡台周りの再現展示
化粧道具類・江戸時代後期〜明治時代
(紅ミュージアム提供)

メイクアップ化粧料・昭和時代
(紅ミュージアム提供)

文字をとって“COMIC”と呼んでいます。企業が作っている博物館とお互いにこうした役割を考え、対話し、記録する。そんな場所としてCOMIC(産業文化博物館コンソーシアム)を設立しました。既に設立して10年以上経ちましたが、私どもの印刷博物館だけではなくて、自動車や紙、紅花などあらゆる分野が博物館を作っており、そのことを通して社会や文化との対話を作り上げていきたいと考えております。

4. 印刷博物館からのプロポーザル

博物館が持っている意味、そして従来とは違ったかたちで、博物館･美術館を利用しようではないかという、そんな提案を行わせていただきたいと思っています。印刷博物館からのプロポーザルのプロポーザルとは、「提案」という意味ですが、私たちはこうやって博物館･美術館を作っているんだということをお伝えしたいと思います。皆さんは見て楽しんで、時には不満もあるかもしれませんが、その不満も含めて、私たちに応答を頂きたいと考えています。

博物館･美術館は数が増えるだけではなく、お客様が増えているだけでなく、それぞれの博物館･美術館が行っている活動･アクティビティが広がってきました。昔は古い収蔵物を横に並べて、解説がついて、時々学芸員の人たちが難しい解説をするという、そういう場所であったけれど、しかし今、博物館･美術館は様々な機能をもつようになりました。コロナ禍を経験し、様々な場面での対応にも気を配りながら役割を果たしていきたいと思っています。

4.1. 学校との連携

まず何よりも子どもたちが学校教育の一環として出かけていく。そしてそこで絵を見ることがあるかもしれないし、また天文の天体観測のやり方を勉強するかもしれないし、あるいは、実際に生きている動物を観察することがあるかもしれないし、色々なことをそこで勉強し、楽しむことができることができる場所に姿を変えつつあります。しかし、それだけではありません。

4.2. レストラン、カフェ、ミュージアムショップ

実は今、博物館·美術館の大事なことの一つは、ちゃんとしたレストランやカフェがあること。今はどこの博物館·美術館でも、それぞれ工夫を凝らしたカフェやレストランがあって、博物館の記念品を色々な形で製作·販売するコーナーも出来てきました。博物館·美術館へ行くことが好きな人たちは、せっかく行ったのだから何か記念品がほしい。今やどこの博物館·美術館にもほとんどミュージアムショップがあります。しかもそこは、今見てきた展示品の絵葉書から始まって、時には織物のように刺繍したような、ちょっと値段の張るお土産に至るまで、色々なものがあります。これはあの博物館·あの美術館で買った物なんだよと、記憶に残るような品物をミュージアムショップが開発し、販売するようになり、博物館·美術館にとってお土産を販売するショップは、とても大事な施設のひとつとなりました。昔はそんなことを言うと「博物館は商店じゃないから品物でお客様を釣るようなことは本当ではない。けしからん。」とお叱りを受けたものです。しかし、その博物館·美術館と関係があり、そこを訪れたことの記憶につながっていくような、そんな品物を提供するができれば、また来てくれるかもしれない。他の美術館·博物館へ行こうという気持ちになってくれるかもしれない。今やそんな時代になってきました。

4.3. 子どものための場所

例えば、子どもたちが訪ねて来た時に、子どもにも分かるような展示の仕方、説明をする。また場合によっては託児所を設ける。お父さんお母さんが安心して展示を見ることができる。そういう施設も作ろうではないかと、博物館·美術館が

工夫を凝らし、出来ることから、それに取り掛かっています。従来私たちが持っていた、博物館·美術館のイメージが大きく変わり始めてきました。

長い間博物館·美術館に行っていなかった人が「数年ぶりにミュージアムの玄関をくぐってみたら、昔と全然違った」と。照明が明るくなり、人に迷惑をかけない範囲内で、お互いに見たものを語り合うことができるような場所になってきた。そして、今はちゃんと座る所もでき、自分も連れて行った子どもも博物館·美術館を楽しむことができるようになってまいりました。

4.4. 対話

博物館·美術館はそこに何を収蔵して、何を展示するかと同時に、博物館·美術館を訪れてくれるお客たちと、それをみせる側のスタッフたちとのダイアログ、対話が成り立つような場所にしようではないか、というそんな発想が生まれてきたと思います。様々な機能や役割がミュージアムにはある。そしてそんなに無理をせず、コストをかけなくても、ちょっとした思いつきや、ちょっとした配慮で、博物館·美術館の役割は変わってきて、お客様との間の対話が可能になってきました。

その上で大事な結論を申し上げたいと思います。

博物館をメディアとして、使うことができるだろうか？

大変難しい問題です。メディアとは普通、新聞やラジオ、テレビを指しますね。メディアとは言葉を発する人間が何かの手段をもって、それを受け止める側へ伝達する、その伝達するための手段がメディアと言われています。新聞·雑誌のメディアのように、博物館をメディアとして考えることができるのではないか。このメディアは博物館が果たしている役割、ミッションの中に含まれています。このことをごく簡単に分かりやすく言えば、次の三つの角度から考えることができます。

5. コレクションは増殖する——収蔵に生命をあたえる

第一は、博物館・ミュージアムにはコレクションがある。収集し、収蔵し、保存してコレクションを作る。博物館はコレクションなしには出来ません。このコレクションは確かに昔あったもの、また今あって将来見ておいてほしいもの、これを集める場所をコレクションと呼びます。コレクターはそれぞれの分野で珍しいもの、大事なものをコレクションし、それを集め、保存し、壊れないように手を入れて修理する、こうやってコレクションを作ってきました。どの博物館も大きいもの、小さいもの、みんなそれぞれのコレクションがあります。

ただ、かつてのコレクションと比べて、姿・かたちが変わってきました。それは何よりも数が増えた、膨大な数になってきたということもあります。品物をたくさん集めることも大事です。でも今やコレクターの人や博物館のコレクションは、数が多ければいいという話ではない。大事なのはそれをどうやって整理し、どうやって修理し、どうやって保存するか。そのことを通してそれを作った、それが生きた・存在した時から現在に至るまでの長い時間、その長い時間をきちんと整理する。現在のコレクションを整理し、展示し、場合によっては作り直す。そうした昔の物を今に結び付けていく。その今に結び付けていくという作業が博物館の仕事なのです。

その中には絵画作品、レオナルド・ダ・ヴィンチの絵画を集めるのももちろん大事です。けれども、単にそのレオナルド・ダ・ヴィンチの作品が美しく価値が高いからということではなく、それが描かれてからの500年間どのように受け継がれてきたのか。そしてどうやって昔と同じように壊れないように、黒くならないように保存してきたのか。かつてあった姿、あるいは遠くにあった姿を今に伝えていく。そうしたコレクションを整理していくことが博物館の仕事です。その集めているコレクションが、どこで、どうやって出来上がり、今にどうやって伝えられているかという長い過程を正確に理解し、それを人々に伝えることが出来るかどうか。つまり、コレクションは文字通り、過去からあるいは遠方から、今に向けて接続される長い過程の結果であります。

コレクションが増殖するというのは、単に物が増えるということではない。それぞれのコレクションが持っている情報を正確に整理し、理解し、それを見る方が理解しやすいように提供する。そうした役割を博物館は持っています。その品物が存在したかつてから今に向けての仲立ち、現在の人々に伝えていく仲立ちの仕事、あえて言えば「メディア」です。つまり元々あった状態から、今の間の長い時間と長い距離をつないでいく、それが博物館の役割であると私たちは考えます。文字通り、博物館･美術館はメディア、仲立ちなのです。今に伝えていく、そしてそれを分かるようなかたちで情報として伝えていく、そういう役割を私たちは持っています。

コレクションの難しさというのは、少し博物館に関わったことのある方は痛いほど分かってくれます。でも大事なことは、高いものを安く値切って買うとか、コレクションの数を100から1000から10000に増やすということではない。そうではなくて、昔あった姿が今に向かってつながっていく。遠方にあったものをこちらへ持ってくる。その間の色々なプロセスを、メディアとして収集し、観察する方々に見ていただく。それが、私たち博物館のメディアとしての役割だと考えています。

次に私たち印刷博物館の収蔵庫について。倉庫ですから、普段は電気を消しています。この収蔵庫はどうやって品物を安全に管理することが出来るかということに対し、細心の注意を払っているつもりです。棚にはネットがかかっていますが、これは人が触れないようにネットをかけているわけではありません。これは地震が起きたときに飛び出さないようにするためです。東日本大震災の時に博物館はあちこちで大きな被害がありました。津波の被害にあった博物館もあります。あるいは津波とは言わないまでも、揺れによって落ちてしまい、割れてしまったとか、水につかってしまい昔の姿を留めなくなってしまったというような、残念な例がたくさんありました。でも、それが起こらないようにするために、収蔵庫は細心の注意を払って建設し、管理しています。

展示だけではなく収蔵庫を見せてくれとお見えになる方がたくさんおられますが、本当は出入をしていただきたくない場所です。それは収蔵庫の出入をすると、中の温度と湿度が変わります。世界中の博物館・美術館は、基本的に24時間365日、同じ条件で管理されています。通常温度は20度～22度の間、湿度は50～55%の間、そして一般には光を当てないで、展示をする時も何ルクスまでというような、とても厳しい条件があります。そうすることによって、コレクションは安全で良好な状態で保たれています。これはコレクションを持つものとしての大事な責務です。

そのことを通して、このコレクションが最初どのようなかたちで出来上がり、今にどうやってつながってきているか。その何百年、何千年という歴史や、あるいはそれがアフリカやヨーロッパでできた、それが何かのかたちでぐるぐると回り、今ここにあるという。その長い道のり、それはどうやってできたのかということを含めた、コレクションそれぞれの歴史を正確に理解する必要があります。

6. ミュージアムは覚醒する——文化の開拓者として

次に、"ミュージアムは覚醒する"。

博物館は古いものを正確に、確実に、安全に管理するという大事な役割を持っているけれども、でもそれだけでない。それを収蔵したり、展示したり、説明したりすることで、それぞれの分野で新しい意味、新しい役割を与えます。つまり人間の色々な活動に、色々なかたちでヒントを提供し、それを観覧者の方と博物館との対話を通して、新しい役割を、新しい意味合いを開発することができる。博物館は収蔵し、展示し、その意味を観覧者の方にいろんなかたちで説明し、提供することで、自分たちもその社会における文化の在り方の創造に参加しているということが大事だと考えます。お客さまと対話し、お客さまに情報や物の考え方を提供し、その反応、応答を聴きます。そうすることで、それぞれの社会や場所で新しい文化の創造に寄与すること、貢献すること。それが博物館·美術館の役割であると考えるようになってきました。

21世紀になってみると、じつは博物館はフレキシブルな展示やその他いろいろな活動を通して、新しい文化の創造に参加しています。集められたコレクションと見る方々との仲立ち、それぞれ意味を持った情報を提供し、分かるかたちで説明し、時には対話し、というような役割を博物館は持っています。

博物館も美術館も、その活動を通して社会の人たちと対話し、そこへ繋げていくことを目的として出来上がった組織·施設であります。お客様と対話することで、お客様の方も物事の理解が進むだろうし、逆に学芸員たちもお客様との対話を通して、今まで専門的なことだけでは発見できなかった、色々な事実·意味合いを読み取ることができるはずです。博物館·美術館·図書館など文化的施設はそういう場所なのです。

そのコレクションが昔出来上がった時、その昔の人々や遠くの人々と物を通して会話することができる。実際に言葉は使わないかもしれないが、物を通して対話することができるというのは、これは間違いなく社会の文化に対する参加、それを繋げていく大きな役割を果たしていることになります。博物館に関わっている人たちは、色々な個性があれども、それぞれのやり方で、博物館は社会の仲立ちを果たし、そのことを通して文化·社会の作り手·担い手になってく。そういう意味で博物館はメディアとしての役割を果たしていると考えます。

7. メディアは拡散する——情報ハブという機能

そして最後に、“メディアは拡散する”。

博物館·美術館はメディアとして、仲立ちとして、様々な大きな役割が広がっています。拡散しています。それを最近の言葉で言うと、“情報のハブ”だと。このハブは、自転車の車輪の内側に向かってスポークが集まる真ん中の部分のことで、これをきちんと管理しているから自転車は動きます。その色々なものが集まる中心となる地点のことをハブと言います。

博物館·美術館は、色々な情報や色々な品物がそこに集まり、それをまとめています。左から入ってきたものを右へ繋げていく、上から入ったものを下へ繋げていく、そうした繋がりを作り出す役割を博物館は果たしていくべきだと考えるようになりました。もちろん、博物館だけではありません。図書館から新聞社·テレビ局まで、それぞれのメディアと言われているものは、人から人へものを渡していく。あちこちからものを集め、またそれをあちこちに発信する。受信して発信する拠点になっています。それがメディアであるということです。

左から受け取ったものを、何もせずそのまま右へ渡したのでは、ハブの役割はしません。ハブはそれぞれの意味や付加価値を与え、そうすることで情報が受け渡されながら豊かになっていく。そういうハブとしての役割を博物館は持っています。博物館はメディアとして真ん中に位置し、左から右、上から下へ繋ぎ、新しい役割や新しい生命を与えた上で、受け渡す。そういう役割を果たし、期待されていると思います。

メディアとしてのミュージアム、あるいはメディアとしての博物館·美術館は、単に物がたくさんあって、コレクションしていて、たくさん物が見られるというだけではありません。そこにいる学芸員も職員も、またそれに携わる多くの人々が情報を伝え、それを受け渡すメディアとしての社会的役割を持っていると考えるようになってきました。今は社会的·文化的に重要な役割を果たしていかなければならないことを感じています。

この頃は大学や自治体も、色々なかたちで博物館を作り始めました。それらの博物館を通じて勉強していただくと同時に、今こんなことを考えている、もう少しこんなことがあったらいいのではないかという提案も言っていただきたい。それは私たちにとって大変参考になることです。学芸員が物事の教えを説く場所ではなくて、その博物館の学芸員を通して、コレクションと皆さんとの対話を育むことが出来るような施設·組織でありたいと願っています。是非とも私たち印刷博物館のみならず、色々な博物館·美術館へ足を運んでいただけたらと思います。

コラム5
モニュメントの意味

町田小織

2021年1月27日、セルビアの首都ベオグラードにてステファン・ネマニャ（Stefan Nemanja）の銅像（図1）の除幕式が行われた[†1]。ステファン・ネマニャとは、中世セルビア王国の創始者である。ユネスコの世界遺産になっているストゥデニツァ修道院（Studenica Monastery）は、セルビア正教会最大の修道院であり、12世紀後半にステファン・ネマニャによって建立されたものである[†2]。またギリシャのヒランダル修道院も、ステファン・ネマニャとその息子のサヴァが創建している。その功績により、ステファン・ネマニャは死後正教会より列聖され、聖シメオンとなる。

私がベオグラードを訪れた2020年2月には、セルビア科学芸術アカデミーのギャラリー（図2）にて企画展「ストゥデニツァ修道院の宗教的、文化的遺産――過去、忍耐、同時代性」（図3）が開催されていた。これはセルビア正教会が1219年に誕生してから、800年を記念する展覧会である。2019年12月13日から開催され、新型コロナウイルス感染拡大によりロックダウンするまで見学可能であった。最新技術を駆使したVR体験もできるとあって、ギャラリー内は見学者で賑わっていたので、途中でクローズとなってしまったのは残念である。

図1　2021年に誕生したステファン・ネマニャ像
© ANDREJ ISAKOVIC/ AFP

図2　セルビア科学芸術アカデミーのギャラリー
（2020年2月筆者撮影）

図3　2020年2月にはストゥデニツァ修道院の企画展が開催されていた。（2020年2月筆者撮影）

さて、21世紀に、なぜ12世紀の栄光を称えるのだろうか。様々な理由や背景があると思うが、そのひとつにコソボ問題があることは想像に難くない。ステファン・ネマニャの時代にはペーチ、プリズレン（いずれも現在のコソボ内の都市）も征服し、その支配地域はコソボだけでなく、バール、コトル（いずれも現在のモンテネグロの都市）にまで及んだといわれる。この記念碑を見るたびに、セルビアの黄金時代を想起するのは悪くない。しかし、同時に、何のために、何ゆえに2021年という年に、このモニュメントを作ったのかと考える警鐘碑になることが求められているように思う。ベオグラードでは、中世セルビア博物館建設の計画もあり、ミュージアムの政治学を考える上で、セルビアに一層目が離せなくなりそうだ。

最後に、恩師である歴史家、井上堯裕の遺作となった著書から以下を引用する。

> 歴史は何の役に立つのだろうか。過去の発展を知ることが未来を照らし出してくれるという幻想は、消え去ってしまって久しい。歴史の教訓というが、未来に向かって何かをするのに、過去の個々の事実が教訓として立つことは、まずない。(中略)歴史はこれにどう貢献できるだろうか。平凡だが、歴史を学ぶことは、それぞれの民族の歴史を通じて互いの現在を知ることであり、それによって、相互理解を深め、互いの民族的な個性を認め合い、対立意識や差別意識を解消させるのに役立つだろうと思う。ただ、その場合、歴史は、人類に普遍的な目標の視点や寛容の原理に立って語られるのでなければならず、ある国、ある民族の利益や優秀性を説こうとするような「愛国心」によるものであっては、けっしてならないだろう†3。

注

1　除幕式の壮大なセレモニーの様子は以下の映像でも視聴できる。
RTS Sajt - Zvanični kanal, “Otkrivanje spomenika Stefanu Nemanji”, [Video], *RTS Sajt - Zvanični kanal*, Jan.28 2021, https://youtu.be/rEEPUhQxY_w (accessed Jan.30, 2021)

2　UNESCO World Heritage Centre, “Studenica Monastery”, *UNESCO World Heritage Centre*, https://whc.unesco.org/en/list/389/ (accessed Jan.30, 2021)

3　ジョン・キーガン『戦争と人間の歴史――人間はなぜ戦争をするのか?』井上堯裕訳, 刀水書房 , 2000, pp. 199–201.

第II部

ミュージアムと国際社会

表現の自由、政策、プロパガンダ

第6章

展示のイデオロギー――表現の自由の葛藤

町田幸彦

1. 大衆社会の展示施設

もし現代の都市の文化的利点を挙げるとすれば、そのひとつは様々なミュージアムが数多く点在することにあろう[†1]。博物館や美術館を総称するミュージアムとは、収集した資料物品を公衆の鑑賞のために展示する空間と場所である。そこには資料保存と調査研究の場も重ね合わされるが、本論では展示をめぐる深層の問題を探ってみたい。展示の様相にこそ媒体的機能、すなわちメディアとしてのからくりが潜むわけであり、読み解くべきメッセージが絡みついている。

日本のミュージアム群の風景を概観するうえで、市井の博物館ファンにすぎない筆者には二人の小説家の文章が考察の手がかりを与えてくれる。まず、博物館·美術館の魅力を懸命に語る三浦しをん。そのルポ·エッセイ集で、茅野市尖石縄文考古館、国立科学博物館、龍谷ミュージアム、石ノ森萬画館、めがねミュージアムなど計13館を訪れ、紹介した。躍動感を伴う描き方が心地よい。博物館の展示の意味を次のようにまとめている。

「博物館にはどうしても、「お堅い」「お勉強の場」というイメージがあるが、実際に行ってみると、そんなことはまったくない。むちゃくちゃな気合いが入った展示だったり、「どうしてこのテーマを選びなすった？」と謎が謎を読んだり、博物館自体が一個の人格を帯びているかのように、それぞれ特有の魅力を宿していて、とても楽しい。」

「博物館は「無機質な箱」なんかじゃないんだなと、改めて実感した旅だった。人間の好奇心と、最新の研究成果と、知恵や知識と、あとなんか常軌を逸した(失敬)蒐集癖や執着や愛。そういった諸々の分厚い蓄積を、楽しく我々に示してくれるのが博物館なのだ。」

「展示内容を形づくっているのは、やっぱり「ひと」だ。運営に携わる人々の熱意と、訪れる人々の「知りたい」という欲望が、あふれる愛と情熱となって、博物館の中身を満たしている。」[†2]

これらの叙述には、展示を舞台回しにして博物館員や学芸員と鑑賞者との一体感が好意的に語られている。入館するときのわくわくした気持ち、陳列品に見入るひととき、自らの世界と風景の変化。確かに、似たような記憶や経験を分かつ人はほかにもいるだろう。

国立民族学博物館の創設を主導した梅棹忠夫は1991年において、博物館に対する高揚感の到来を予告するかのようにこう指摘した。「・・・教育程度のたいへんたかい大衆社会のなかにあって、そのなかで博物館のあたらしい位置づけがはじまっているわけですよ。むかしは、権威者ないし好事家のためであったのが、いまや大衆社会の知的施設になっている」。梅棹は、モノを陳列し鑑賞に供するという旧来の博物館のイメージを脱することを意図し、「メディアとしての博物館」という概念を明確に掲げ、展示のシステム化を構想した[†3]。

「大衆社会の知的施設」という括り方だけが梅棹の主張の通り、博物館の進化の実体であるのかどうか。博物館の現場体験からくる三浦の感動には一定の説得力があるにしても、あるいは実際に多くの博物館･美術館が登場し、入館者が増え続けたとしても、展示という表現活動に別の要素がないのかを考えてみたい。そのために、もう一人の日本語作家の小説を検討する。同じくミュージアムの世界をめぐる話ではあるが、対極ともいえる問いかけをしている。

2. 格差社会のなかで

2020年11月、全米図書賞の翻訳文学部門受賞作に柳美里の小説『JR上野駅公園口』が選ばれた。この小説は発表から6年たっていたが、アメリカの代表的文学賞に輝くニュースにより、改めて日本のメディアで注目された。しかし、作品の意味を十分掘り下げる論評記事は少なかったように思える。

作品の主な舞台は、東京都台東区にある上野恩賜公園(通称･上野公園)だ。敷地内には国立西洋美術館、東京都美術館、上野の森美術館、東京国立博物館、国立科学博物館などが建ち並ぶ。まさにミュージアムの森である。東京芸術大学や日本学士院、日本芸術院会館も公園内に威容を構えている。約53ヘクタールの公園には上野動物園、寛永寺、不忍池の見学コースもあり、週末や休日には散策を楽しむ観光客や展覧会目当ての人々でにぎわう。上野公園全体を「大衆社会の知的施設」である博物館群が広がる場とみなすことも可能であろう。

『JR上野駅公園口』は、上野公園というミュージアムの殿堂といえる空間で、なにを見せないようにしているのかを伝える逆説の物語だ。見せない対象とは、路上生活者＝ホームレスの人たちの存在とその生き様である。

物語の主人公は、福島県南相馬市出身のホームレスの男性だ。1964年開催の東京五輪の前年に東京に出稼ぎに来てからの孤独な人生を振り返る。その合間に舞台回しのように、上野の森美術館の「ルドゥーテの『バラ図譜』展」を観に来た人たちのたわいない会話の断片がいくつか綴られていく。ミュージアムに集う人々の無邪気な日常を織り込んだうえで、物語は不都合な事実を暴く。ここで「山狩り」と呼ばれる強制措置がクローズアップされる。

「山狩り」とは天皇や皇族が上野の美術館や博物館を訪れるのに先立ち、ホームレスのブルーシートや段ボールを撤去する特別清掃のことを指す。すなわち、皇室の視線から強制的に遠ざけるホームレス排除策である。作者の柳は2006年から上野公園に取材に通い、「山狩り」の実態を抉(えぐ)り出した。フィクションのなかにノンフィクションを交える手法を駆使した自作に関連して、「小説家は、外側からのカメラであると同時に、内視鏡のような役割を果たすべきだ」と柳は語っている[†4]。

「山狩り」は無論、美術館・博物館自体の外で起きていたことであり、館内の展示を直接規制したものではないが、展示の周縁部の空間で行われたという事実は軽視できない。ホームレスを「見せてはいけない」という上からの価値判断が働いた。それはイデオロギーの社会的機能である現存秩序と権力の正当化をミュージアムの圏域で保持する行為だった。柳の小説が描くのは、格差社会が深まるディストピアのドラマである。時代の推移があるとはいえ、大衆社会という言葉が色あせた状況に覆われている。

3. 実像の排斥

なにが展示されているかをみるだけでなく、なにが展示されないかという問題を追及すると、別の視点が得られる。秩序と権力の正当化は、否定却下の作用に転じやすい。その例として、旧ソ連の独裁者、スターリン肖像画の2作品を挙げる。展示に出品されにくい、あるいは芸術品として否定された絵であった。

第一の作品の画家は、パーヴェル・フィローノフ(1883~1941)。ソ連初期のロシア・アヴァンギャルドを代表する一人で、絵画の分析主義の創始者だった。1936年、レニングラード(現サンクトペテルブルク）のクラブのためにスターリンの肖像画を描いた。それは生活費のための仕事であり、彼がとなえる「分析芸術」ではない。彼にとって、それは作品ではなかった[†5]。

フィローノフはソヴエト体制を認めながら、芸術において非ソヴエト人を貫いて、当局の保護を拒否した結果、極貧の生活を自らに課した。ドイツ軍に封鎖されたレニングラードで、最後は当然のように餓死した。

このスターリン肖像画は、サンクトペテルブルクの国立ロシア美術館に保存されている。書籍やインターネット上で、肖像画の複製写真は観ることができる。だが、なぜかしら、この肖像画はロシア美術館や他の展覧会で展示されることが極めてまれなのだ。筆者（町田）は2005年、絵画、彫刻など所蔵品約37万点を誇るロシア美術館の保管室で実物の肖像画を観る機会を得た。

印象的なのはスターリンの悲しそうな目。写真や他の絵でみるスターリンのぎらぎらした眼光は描かれていない。わずかにうつむく表情から、小声のつぶやきが聞こえてくるかのようだった。「寂しい独裁者」の素顔をフィローノフは意図したのだろうか。この絵の陰鬱なトーンがほとんど門外不出になった遠因だったかもしれない[†6]。

もうひとりの画家は、巨匠パブロ・ピカソ（1881〜1973）。1953年、スターリン死去に際して、フランスの作家アラゴンの要請に応えて、ピカソはスターリンの肖像を木炭で描いた。これは『レットル・フランセーズ』紙の一面に掲載されたが、一部の読者の抗議を呼び起こした。優しい白髪の老人像を期待する一般読者の考えに反し、若い時代のスターリンの肖像画をピカソは写真をみて描いた。これに対し、フランス共産党書記局幹部らが「同志アラゴンがこの肖像の公表を許したことを遺憾とする」と反発する声明を発表した。一時的にせよ、ピカソのスターリン肖像画は問題作と批判された。内実はスターリン肖像事件に乗じた分派活動による内紛劇だった。アラゴンは「大きな声で」を書いて、「・・・ピカソの描いたジョルジャ人の民族的性格の目立つ、若いスターリン像をわたしは見た。わたしはピカソの感覚を疑わなかった。・・・ピカソはスターリンの肖像を描こうとしたのだ」と訴え、事態収拾を図った†7。

スターリン肖像画だけの展覧会を開くとしたら、上記の2作品は必見の展示として陳列すべきであろう。「孤独の独裁者」をにじませたフィローノフ。(ロシア人ではなく)グルジア(ジョージア)出身の風貌を描き出したピカソ。いずれの作風もまだ当局ご法度なのかもしれないが。

4. ポリフォニー(polyphony)の場へ

最後に、本書で稲庭氏の論考(第3章)に紹介されているが、2019年9月のICOM(国際博物館会議)京都大会で議論された新博物館定義案について触れておきたい。冒頭の一文にある一語が気になった。

(仮訳) 博物館は、過去と未来についての批判的な対話のための、民主化を促し、包摂的で、様々な声に耳を傾ける空間である。

(原文) Museums are democratising, inclusive and polyphonic spaces for critical dialogue about the pasts and the futures.

注目した一語とは、polyphonic(仮訳――様々な声に耳を傾ける)である。京都大会では「批判的な意見」として、「言葉遣いに問題がある。不明瞭な言葉が少なからず使われている(例:democratising、polyphonic)」との指摘があった†8。ただし、polyphonicという表現は、例えばノーベル文学賞の授賞理由の声明文に用いられているように(2015年スベトラーナ・アレクシェーヴィッチ授賞に対して)、国際社会で市民権を得つつある用語である。語源のポリフォニー(polyphony)は様々なジャンルとの相互の「対話」を要請する。本稿で『JR上野駅公園口』をめぐり考えたことにも大きくかかわってくる概念である。

注

1　コロナ禍が席巻する以前で、日本の「平成30年(2018年)度博物館園数」は4256館になった。内訳は、国立61 ▽公立2864 ▽私立1199 ▽その他132――。同年度の「博物館入館者数」(延べ数)は165086445人。(『博物館研究』Vol.55 No.4)

2　三浦しをん『ぐるぐる♡博物館』(実業之日本社文庫)。284, 286頁。2020年。

3　稲村哲也「民族と歴史の博物館における情報・メディア」　稲村哲也・近藤智嗣編著『博物館情報・メディア論』(放送大学教育振興会、2018年)所収。195頁。

4　2020年12月23日、日本記者クラブ(東京)での柳美里会見。

5　武藤洋二『天職の運命　スターリンの夜を生きた芸術家たち』(みすず書房)。336頁。2011年。

6　ロシア美術館館員に筆者が聞いた話によると、このスターリンの肖像画は片目の瞳が描き終わっておらず、未完成作品だったことを推測できるという。

7　大島博光『ピカソ』(新日本新書)。156頁。1986年。ピカソはフランス共産党員だった。

8　松田陽「ICOM博物館定義の再考」『博物館研究』Vol.55　別冊(No.623)

コラム6

サラエボの国立図書館

町田小織

バルセロナ（スペイン）出身の作家、故フアン・ゴイティソーロ（Juan Goytisolo）は、その著書『サラエヴォ・ノート』（1994）の中でこう述べている。

> （前略）最も心の病む光景といえば、旧東方学研究所、かの有名なサラエヴォ図書館だろう。1992年8月26日日曜日、セルビア人民族主義過激派（ウルトラナショナリスト）が焼夷弾の雨を降らせ、数時間でこの貴重な文化財を灰にしたのだ。ボスニア・ヘルツェゴヴィナ政府の広報官が言っているように、これは「第二次世界大戦後にヨーロッパ文化に対して犯された最も野蛮な破壊行為である」。実際、この犯罪を定義しようとすれば、《記憶殺し》という言葉以外に当てはまるものがない。（中略）もし「大セルビア」の領土からイスラムの痕跡が全て一掃されねばならないならば、ボスニアのイスラム系住民の集団的記憶そのものであるこの図書館は、浄化の報復の炎の中に消え失せる運命を、すでに宣告されていたのである。[†1]

「記憶殺し」という言葉。これはミュージアムのような歴史や記憶を未来へ伝えていく場にとって、対極にあるような表現である。忘却ではなく、記憶を殺すというのは、二度と想起されることがないだけでなく、そもそも存在していなかったかのように消されるということだ。

そしてゴイティソーロは、図書館というのは集団的記憶（集合的記憶）そのものだといっている。記録が焼失することは、単にモノがなくなるのではなく、過去を失うということである。それゆえ、日本でも災害等が起きた際に文化財レスキュー事業が実施されたのである。

ベルリン(ドイツ)にある、イスラエルの芸術家ミハ・ウルマン(Micha Ullman)による作品《ビブリオテーク(Bibliothek)》(1995)は、記念碑でもある。過去を想起するためのアートであり、実際に焚書が行われた場所に《ビブリオテーク》は存在する。

ビブリオテークとは図書館を意味するが、この図書館は空っぽである。1933年にナチスによって焼き払われた焚書は約2万冊。それに相当する、2万冊の本が収容できる空の棚が地下にある。しかし、鑑賞者はそれを地上からガラス越しに見るしかない。

また、《ビブリオテーク》があるベーベル広場(Bebelplatz)には、ハインリッヒ・ハイネ(Heinrich Heine)の銘板があり、次のように記されている[†2]。

> これは序章に過ぎない
> 本を焼く者は
> しまいには人も焼くようになる[†3]
> ハインリッヒ・ハイネ　1820

上記のハイネの言葉は1820年とある通り、ナチスの焚書とは関係なく、戯曲『アルマンゾル』という作品の中に出てくるフレーズだという。ハイネもユダヤ人の家系であり、ハイネの作品も1933年の焚書の対象となった。

個人にとっても記憶が重要であるように、民族や国家にとっても歴史はアイデンティティ構築の重要な土台である。図書館、博物館、文書館が破壊されるということは、記憶を喪失するに等しい。

サラエボ国立図書館では、貴重書を含む200万点近い資料が失われたといわれている。それゆえ、サラエボの破壊された図書館のイメージは、文化的遺産を守っていく上での忘れてはいけない警鐘となっている。国際図書館連盟(International

Federation of Library Associations and Institutions）の公式サイトでは、今なお破壊されたサラエボ国立図書館の画像（図1）がトップページに掲載されている†4。

同図書館は22年後の2014年に、サラエボ市庁舎（図2）として再建された。新しい建物の正面玄関には、ボスニア語と英語

図1　破壊された国立図書館（1992年）

図2　再建された旧国立図書館（現サラエボ市庁舎）（2020年2月筆者撮影）

図3　サラエボ市庁舎の正面玄関にある銘板（英語版）（2020年2月筆者撮影）

で書かれた銘板(図3)が掲げられている。セルビア人犯罪者が火を放ったということ、200万点以上の資料が焼失したということ、そして「忘れてはいけない(DO NOT FORGET)」ことが記してある。

この市庁舎(旧図書館)は観光客が必ず訪れる場所のひとつなので、誰がした行為なのかということが、外国人に向けても発信される[†5]。サラエボには、少数ながら、現在もセルビア人が住んでいる。彼らはどのような気持ちで、このような銘板(警告)を見るのだろうか。

1990年代の内戦の最中から、セルビアやセルビア人に対するネガティブなイメージというのは、国際社会に浸透していた。日本ではセルビアそのものの認知度が低いこともあって、セルビアやセルビア人にマイナスな感情を抱く人は少ない。しかし、そのような日本でも、辞書でethnic cleansingと引くと、「民族的浄化:セルビア人がボスニアからクロアチア人やイスラム教徒を武力追放する政策」[†6]という意味が出てくる英和辞典もある。

現在はミュージアムでも、資料のデジタル化が進んでいる。それにより、焚書や焼失のリスクがなくなるのは大切なことだが、一方で消えない、消せない、忘却されないという問題もある。歴史や記憶は「忘れてはいけない(DO NOT FORGET)」のかもしれないが、エルネスト・ルナン(Ernest Renan)のいうように、忘却されないと、ともに生きていくことはできない。しばしば引用されるルナンの次の言葉のように。「国民の本質とは、すべての個人が多くの事柄を共有し、また全員が多くのことを忘れていることです[†7]」。このジレンマ(葛藤)は永遠の問いである。

注

1 フアン・ゴイティソーロ『サラエヴォ・ノート』山道佳子訳, みすず書房 , 1994, pp. 54–55.

2 Berlin Tourismus & Kongress GmbH, "Book burning memorial at Bebelplatz", *Berlin Tourismus & Kongress GmbH*, https://www.visitberlin.de/en/book-burning-memorial-bebelplatz（accessed Dec.30, 2020）

The United States Holocaust Memorial Museum, "BOOK BURNING", *the United States Holocaust Memorial Museum*, https://encyclopedia.ushmm.org/content/ja/article/book-burning（accessed Dec.30, 2020）

3 銘板に記されているドイツ語の英訳版を拙訳。ハイネのオリジナルとされる『アルマンゾル』を探したが、入手できず、以下の資料を参照。アライダ・アスマンによる英文では若干ニュアンスが異なる。「本が焼かれる場所で、次の犠牲者になるのは人間だ」。

Aleida Assmann, "The burning of books as an assault on cultural memory", What do we lose when we lose a library?, *GOETHE-INSTITUT*, 2015, https://www.goethe.de/resources/files/pdf94/streamgate.pdf（accessed Dec.30, 2020）

4 *The International Federation of Library Associations and Institutions*, https://www.ifla.org/（accessed Dec.30, 2020）

5 在ボスニア・ヘルツェゴビナ日本国大使館の公式サイトの旧国立図書館の説明では、「誰が」やったかは記してない。

『在ボスニア・ヘルツェゴビナ日本国大使館』, https://www.bosnia.emb-japan.go.jp/JPN/Tourism.html（最終アクセス:2020 年 12 月 29 日）

6 éthnic cléansing 民族的浄化：セルビア人がボスニアからクロアチア人やイスラム教徒を武力追放する政策．［1992］

"ethnic cleansing（BNC 検索例付）", 小学館 ランダムハウス英和大辞典 , JapanKnowledge, https://japanknowledge.com.toyoeiwa.remotexs.co , (参照 2021-01-15)

7 エルネスト・ルナン他『国民とは何か』鵜飼哲他訳, インスクリプト , 1997, p. 48.

第7章

大日本帝国の「近代美術館」——徳寿宮と李王家美術館に見る「植民地主義的労働」

コウオジェイ マグダレナ

日本の植民地だった1933年の朝鮮半島ソウルに、大日本帝国内で初めて近代日本美術を常設展示する官製の施設が誕生した。明治・大正・昭和初期の日本近代美術界を代表する作家の力作を一堂に集めた展示で、当時、近代美術館ないし現代美術館と受け止められていた。戦後に開館した東京国立近代美術館の重要なさきがけであるにもかかわらず、その存在は日本の近代美術史ではほとんど取り上げられることがなかった[†1]。本論文は、この美術館を通して大日本帝国の画壇と近代美術史を考え直す試みである。特に、当時の新聞や雑誌に掲載された支配者側の日本人美術家と美術関係者の文章の分析を通じて、帝国美術界の存在とメディア等に見られる植民地主義的思想を明らかにする。

1. 戦前におけるソウルでの近代日本美術の常設展示

ソウルでの日本近代美術の展示は1933年10月1日に始まった。開館してから最初の1ヵ月間の入場者は28595人に達した[†2]。

図1　徳寿宮石造殿。出典:『李王家徳寿宮陳列日本美術品図録』1933年出版。

朝鮮王朝の宮殿の一つであった徳寿宮(トクスグン)が入場料を払えば入れる公園とされ、その中にあった西洋風建築の石造殿(ソクジョジョン)(図1)が美術館に転用された。イギリス人のジョン・レジナルド・ハーディングが新古典主義様式で設計し、1909年に仕上げた建物である[†3]。当時の新聞報道によると、最初は朝鮮半島と日本の美術を一緒に石造殿で展示する予定だったが、9月に日本の美術のみの展示になると報じられ、朝鮮半島側の評論家と記者にショックを与えた[†4]。

作品の蒐集は李王職総務課長が招集した正木直彦帝国美術院長、和田英作東京美術学校長、杉栄三郎帝室博物館総長、工藤壮平宮内省宝物掛長、黒板勝美東京帝国大学教授をメンバーとする委員会が行った[†5]。作品は宮内省、宮家、帝室博物館、京都博物館、文部省、東京美術学校、個人コレクターなどから貸し出しされた。存命の作家の場合は、その作家に作品の選択を任せたこともあった[†6]。日本画は保護のため20日–30日ごとに展示替えが行われ、一度に見られる作品は13–14点で、多くの場合共通する一つのテーマに沿って展示が行われた[†7]。西洋画、彫刻と工芸は年に一回展示替えがあった。展示に合わせてチラシや図録も出版された。チラシには作品の題名、作者名、所蔵先、作者の所属団体、生年などの情報が記され、画壇におけるそれぞれの作者の立場が伝わるよう構成されていた[†8]。 日本語の新聞『京城日報』が展示替えの際にその情報を報道し、作品の写真を載せることもあった。

毎年の記念図録は当時の日本画壇の番付のようにも見える。明治時代に活躍し、既に亡くなっていた狩野友信、橋本雅邦、川端玉章、川村清雄、浅井忠、黒田清輝をはじめ、当時の大家であった横山大観、川端龍子、竹内栖鳳、上村松園、梅原龍三郎、藤田嗣治、さらに若い世代の新人までと、幅広い内容であった。現在よく知られている速水御舟の《炎舞》(図2)、あるいは浅井忠の《収穫》もソウルで展示された近代美術作品である。美術愛好家だった李垠(李王殿下)も作品の選定に関わっていた可能性がある一方[†9]、戦前の日本近代美術の代表作を網羅的に示す展示であったともいえる。

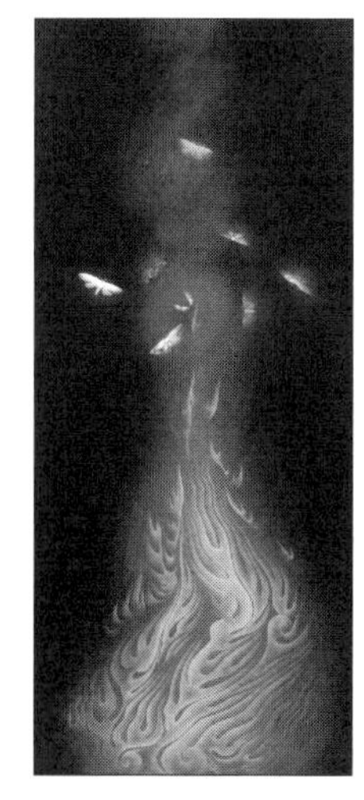

図2　速水御舟《炎舞》1925年。重要文化財。現在山種美術館所蔵。

展示の公式名称は「李王家徳寿宮陳列日本美術」だった。これには近代美術館もしくは現代美術館であることを示す呼称は含まれていない。しかし展示品は明治時代から当時の現代に当たる昭和初期までの絵画、彫刻、工芸のみであった[†10]。その関係で当時の日本語新聞の記事や雑誌では、しばしば「近代美術館」あるいは「現代美術館」と呼ばれた[†11]。特に1938年に中村與資平(1880–1963)がデザインした石造殿の「新館」が出来て、これら新旧二つの建物が「李王家美術館」と改名された後に、その傾向が強まった(図3)。その年から「旧館」の石造殿では 日本の近代美術が展示されたのに対し、「新館」では朝鮮半島の古美術が展示されるようになった。二つの建物は直角に並び、公園と噴水に面し、互いに廊下で結ばれていた。

新館の朝鮮半島の美術展示は日本の研究者とコレクターの興味を引く狙いで構成したかのように、特に陶芸の展示が多

図3　李王家美術館全景。出典：『李王家美術館陳列日本美術品図録第五輯』1939年出版。

かった。朝鮮半島の古美術を工芸中心に捉える傾向が見られる。一階の四室では新羅・高麗・朝鮮王朝ごとに陶芸を展示した。その他の工芸、絵画と仏教彫刻は二階の部屋にそれぞれ展示された。新館には展示室以外に事務室、講演室、活動写真室、貴賓室、収蔵庫などがあった[†12]。美術館について日本語で出版された記事は陶芸が中心で、絵画と彫刻にはあまり触れられなかった[†13]。これらのコレクションは1938年に徳寿宮に移される前に、昌徳宮の李王家博物館で展示されたものだった[†14]。

徳寿宮での日本近代美術の展示は1945年3月まで続いた。現在韓国国立中央博物館が所蔵する200点弱の日本近代美術のコレクションの基礎となる品々である。

2. 従来の研究

韓国に残っている日本近代美術コレクションは60年ぶりに2000年代から展示されるようになった[†15]。日本でも2003年に東京と京都で『韓国中央博物館所蔵日本近代美術』展が開かれた。そのカタログではコレクションの成立の経緯が説明され、植民地政策の一部として、支配者側文化の優越性を被支配者側にアピールする目的で開催されたと指摘されている[†16]。千葉慶氏は展覧会評論で「眠りから目覚めた日本の巨匠たち」というキャッチコピーを批判しつつ、展覧会自体を「日本の植民地支配の責任を問いなおすいい機会となり得るもの」と捉えている[†17]。

従来の研究は多くはなかったが、貴重な成果をもたらした。韓国語では李亀烈氏、睦秀炫氏、クォン・ヘンガ氏等の論文があげられる[†18]。日本語の主な研究は李美那氏、朴昭炫氏、李成市氏、柳承珍氏によってなされた[†19]。英語では、Noriko Aso氏と筆者の研究がある[†20]。

それらの研究は、ソウルでの日本美術展示の成立の経緯、韓国語と日本語による新聞報道の違い、李王家と李王職の蒐集活動、ソウルの日本美術市場、現在韓国国立中央博物館が所蔵する日本美術コレクションの特徴等を明らかにする一方、展示の植民地支配政策としての意味合いを論じる。日本でも徳川家と縁の深い寺が集まった上野に明治政府の帝室博物館が出来たように、ソウルでも朝鮮王朝の宮殿が新たな支配者によって博物館と美術館の場所に転用されたこととの比較もなされた。

ソウルでの日本美術の展示は支配側の日本が被支配側の朝鮮半島に対してとったオリエンタリズムの態度を示していたとも指摘された。李王家美術館の両館は近代以前の朝鮮美術と近現代の日本美術の対比を通じて、被支配者／支配者、伝統／近代、過去／現在を具現化した。朝鮮半島の現代美術や工芸は未熟なものと見なされた結果、展示から除外された[†21]。その仕組みは朝鮮半島の美術が朝鮮王朝時代の後半に衰退したとする論にそって植民地化を正当化する文化帝国主義的な世界観を表し、内鮮一体という広報スローガンにつながると指摘された。

さらにソウルでの日本美術品の展示は支配者が被支配者に向けた「啓蒙的な」目線を示しているとも指摘された。すなわちこれらは朝鮮半島で活躍していた美術家たち向けに、参考品もしくは教育資料として提供されたものだった、とする見方である。19世紀のフランスで中央の美術館が地方の美術館に貸し出していた、フランス語でenvoisと呼ばれた作品と同様の仕組みだといえる。そのような施設を朝鮮半島在住日本人の画家たちや美術の愛好家が求めていたことを、『京城日報』の報道を通じて知ることが出来ると分かった。

興味深いが資料不足でまだ十分に研究が進んでいないテーマとして、徳寿宮での展示とソウルの日本美術市場との関係や李王家・李垠(李王殿下)が李王家美術館とそのコレクションに与えた影響が挙げられる。 これら二つの課題は従来の研究に比べれば目新しい方向性を持っている。すなわち支配者側である日本からの植民地への影響や目線を一方的に調べるのではなく、被支配者側が果たした役割を浮き彫りにしようとしている点である。

3. 日本美術史から見たソウルでの展示

本研究は従来の研究に加えて、日本美術史におけるソウルでの日本美術展示の意味を考える。特に問題にしたいのはこの「近代美術館」が日本画壇と日本人アーティストに与えた影響や刺激である。具体的には1930–1940年代に新聞と雑誌に掲載された日本人の美術家と美術関係者の発言を検討しつつ彼らの世界観を明らかにしたい。

東京で美術館成立運動を長年続けた画家たちの夢が、結局東京ではなく、植民地のソウルで実現されたことはどう受け入れられたのだろうか。朝鮮半島にまで及ぶ帝国の画壇をどう考えていたのだろうか。「内地」に住んでいた日本人画家と植民地に移住した日本人画家は「帝国の美術界」において、それぞれ自分の立場をどう認識したのだろうか[†22]。

朴昭炫氏が既に指摘したように、李王家美術館は日本と朝鮮半島の美術を二つの「過去」と「現在」に分けて対比しただけでなく、それら両国の美術を一つの「歴史的な流れ」に混合した「帝国の美術史」として捉えたものでもあった[†23]。しかしながら朝鮮半島の古美術、特に陶磁器に対する評価が高まっていた時代には、日本人美術家たちは自分たちをその継承者としてどう認識したのだろうか。

美術館／ミュージアムの研究では、そこは権力とイデオロギーが作用する場であると指摘されている。具体的には展示空間、展示の仕方、展示の解説、報道などはその時代の思想や社会を反映しつつ提示していると見なせるからだ。ソウルでの日本近代美術の展示には植民地主義が作用し、それによって支配者側の日本近代美術の価値を高め、その優越性を構築する内容となった。しかしながら朝鮮半島と日本の間には長い美術交流の歴史があり、朝鮮半島の古美術は非常に高く評価されていた。李王家美術館で展示されていた朝鮮半島の古美術と現代日本美術のいずれが優れているのか、見る人によって答えが分かれていた。日本文化の優越性を称賛する植民地主義の思想を構築・普及・定着させるため、支配者によってその意向に沿う言説を作り出す絶え間ない働きかけが必要とされた。本論文はこの働きかけを「植民地主義的労働」と名付け、その軌跡を当時のメディア報道にたどる。日本人の美術関係者が朝鮮美術の衰退論を繰り返し言葉にしたのも、この植民地主義的労働に当たる。

日本の美術家と美術関係者の発言を三つのテーマに分けて分析したい。まずは当時の関係者たちがソウルでの展示を日本における近代美術館のさきがけと意識するようになり、東京より先にソウルに出来たと見なしたことを証明する。その次は『京城日報』などでの日本美術展示と李王家美術館の報道を分析し、日本近代美術の優越性を称える絶え間ない努力、いわゆる「植民地主義的労働」の内容を示す。最後に美術家と美術関係者の発言の分析を通じて、帝国の美術界と美術史に対する多様な認識と緊張感を明らかにする。戦前日本画壇の自己イメージはソウルでの日本近代美術の展示抜きに語ることは出来ない。

4. 近代美術館のさきがけ

日本における近代美術館の設立運動はウイーン万国博覧会以降に始まった。大正時代に入ってもしばしば美術雑誌などで美術家たちが美術館の設立を請願したが、展示に相応しい建物と敷地を確保する問題は未解決のままだった[†24]。当時、帝室博物館は近代美術を展示しなかったし、1926年に出来た東京都美術館は団体展などの展示スペースすなわちアートギャラリーとして使われ、自分のコレクションを持たず、常設展がなかった。美術関係者の間では1940年の紀元2600年記念万国博覧会(万博)をきっかけに新しく美術館の建物を設計し、万博時に「美術館即ち・アートギャラリー」として利用し、万博終了後に当時の現代美術を常設展示する近代美術館として使う案が出来ていて、長い間の夢を実現するチャンスと見られていた[†25]。

その事情を考えると、1933年1月に正木直彦が李王職からソウルの徳寿宮で日本美術を展示したいとの依頼を受けた際に、ようやく美術家の請願に応じられると感じて、将来東京に近代美術館を作るための先行実験を試みようと図ったのではないかと想像出来る。だから正木直彦は東京美術学校で工芸史を教えていた田辺孝次を1933年5月に朝鮮美術展覧会の工芸部審査員として派遣し、徳寿宮で適切な展示が可能かどうかを調査させたのではなかろうか[†26]。

美術館設立運動は当時東京だけでなく、ソウルでも起きていた。新聞報道によると、ソウルに住んでいた日本人美術家たちが朝鮮総督府に美術学校とアートギャラリーと美術館の設立を求めていた[†27]。その理由の一つは、常設展を設ける美術館は過去と現代の代表的な美術品を展示する、若手美術家に不可欠な「教育資料」と見なされていた時代だったからといえる。

田辺孝次は1933年10月に徳寿宮の日本美術展示が始まる時期に再びソウルを訪ね、『京城日報』に長い記事を載せた。その中で展示の意義や日本画・洋画・彫刻・工芸部門に出品している全作家の略歴と作品名などを紹介した[†28]。京城中央放送局(JODK)の35分にわたる長い夜のラジオ番組にも出演して、出品作品を紹介している[†29]。以下一部引用する。

「斯の如く、横に各団体を総合し縦に歴史的の作品を網羅した事は未曾有の事であるから美術の中心たる東京に於て、最も羨望に堪へぬ、寧ろ奇跡的の事実として、感嘆している所であって、其本格的の堂々たる作品の光彩は小にしては半島在住の美術家に、眞の師表を示し、半島の文化に画期的の刺激を与へ、大にしては日本美術史上に重要なる一項を加へたものである、これは満州国の成立と共に新たに日本の中心の観ある京城の新しい誇りであるばかりでなく、美術を通して、眞に日本の中心に先づ一歩を進めたものと称すべきである。(省略)又近代(約五十年間の)美術の精粋を蒐めたる点では、仏国のルクサンブルク美術館と同意義のものであって、我国に未だかつてない宮殿美術館、近代美術館の出現と解してもよい位で、此見地からは世界各国に必ず散在して、我国にない、美術館が設立せられた訳で一般観光客を初め、諸外国に対して大に肩身が広くなった感があるのである。[†30]」

同年の12月に雑誌『中央美術』に徳寿宮の展示を詳しく紹介しているが、これは細かい作家紹介を除けば『京城日報』の記事とはほぼ同じ内容である。長い引用だが、参考のために載せる。

「我國に於ける近代美術館の権与であると称せられて、朝鮮に於て非常のセンセーションを起し、多大の好評を受けているのであるが、一衣帯水の内地では、比較的に事情を知らぬ人が多いらしいので、編者から、求めらるるままに、徳壽宮の歴史から話して、今回の事に及ぼす事とする。(省略)今回の陳列は、単なる展覧会と称するものてなく、王家の宮殿に美術の作品を陳列した点ては、かの仏国のベルサイユ宮殿や、伊太利のチボリの離宮、英国のハンフトンの別□、独逸のホソダムの離宮、スペインのアランホエソ別荘等の宮殿美術館に比す可きものである。然も陳列されたる美術品は、明治以降、即ち約五十年前からの、各派各流に通じての各作又は代表的作家のものを選択蒐集したのてあるから、所謂近代美術館として、将に仏蘭西のルクサンブルグ美術館と同意義のものと解してよい次第である。此見地からは世界各国に必ず存在して、我国に丈け無かった、美術館が、東京よりも先づ、京城に第一に出現した訳てあって、日本としては、諸外国に対して、大に肩身が広くなった感かあるのである。（省略）其の結果、内地にもまだ無い様な、横に各団体を総合し、縦に歴史的作品を網羅し得たのてあって、（省略）内地に近代美術館設立の機運を促進するものてあるとさえ考へるのてある。[†31]」

二つの文章の中で田辺孝次は朝鮮半島を日本の一部と見なし、徳寿宮の展示を日本美術史上の重要な出来事だと指摘し、日本における「近代美術館の権与」だと考えている。その美術館が東京よりソウルで早く出来たことを意識しつつ愉快がり、東京での美術館設立運動のためにもなると指摘している。さらにソウルにおける徳寿宮の中心的でアクセスしやすいロケーションを指摘し、その歴史と王朝との関係を紹介するとともに、美術館になった石造殿の建築様式と展示空間の美しさを語っている。徳寿宮が宮殿美術館であることを強調し、外国の有名な宮殿美術館になぞらえ、日本もそういう美術館を確保できたことを誇りに思っているように見える。

田辺孝次の言葉に西洋からの目線への意識と宮殿美術館へのあこがれを感じる一方、植民地に対する象徴的暴力も見られる。徳寿宮を公園と美術館に転用することはソウルの都市設計を日本式にさせる計画の一部であり、その宮殿の格を落とし、李王家の財産を縮小する事業でもあった[†32]。加えて「朝鮮に於て非常のセンセーションを起し」という発言も徳寿宮で朝鮮半島美術の展示を期待し裏切られた朝鮮人のことを指しているのならば、見当違いの認識というべきだろう[†33]。

出品する美術家を除けば、日本の美術家と美術関係者はソウルでの日本美術の常設展をどれだけ意識していたのだろうか。

1936年に20数人の美術家と評論家が雑誌『美術』に投稿した原稿にそれぞれの近代美術館への希望が表現されている。その中に次のような意見があった。フランスのルーブル美術館とリュクサンブール美術館のような制度が欲しい。すなわち現存美術家たちの作品をリュクサンブール美術館が収集するが、その美術家の没後に作品はルーブル美術館に移る。美術家を目指す若手への「教育資料」として美術館は必要で、外国に対して日本の文化文明を示すための美術館の役割は重要だとの意見である。参加者の中で唯一田辺孝次がソウルでの展示に触れている。田辺は1932年から1936年まで毎年朝鮮美術展覧会の工芸部審査員としてソウルに派遣され、数年見続けてきた人物だった。曰く

「常設現代美術館の必要は論議の時代を通過して、今や実行の時期に入っています。殊に四五年前に、已に京城に出来て、東京に出来ない等と云う有様ですから、次回の万国博開設〈ママ〉に先だって是非実現させ度いものと思います…†34」

田辺は万博をきっかけに美術館の設立を期待していたことが分かる。同じ記事の中で画家・伊原宇三郎は「美術館の一つも持たぬ」日本を文明国として恥ずかしく思っていたようである。伊原の言葉はソウルでの展示を意識していなかったかのように見える。その後1938年、1939年、1940年に伊原は朝鮮美術展覧会の西洋画部の審査員として派遣され、ソウルを訪ねる。彼の作品は徳寿宮の第五回展の図録から第九回展の図録まで毎年載っているので、同時期からソウルで定期的に展示されたと分かる。1940年にソウル出張を振り返った記事の中に伊原の次の発言がある。

「最近新装成った展覧会場は景福宮の一隅に在り、一寸内地で見られぬ立派さである。半島の美術で更に誇るべきは李王家美術館で、博物館でない純粋の美術館として日本唯一のものである。有名な石造殿がこれで、それに一昨年出来た新館に博物館のものを移し更に堂々たるものになった。†35」

この言葉には伊原の意識の変化が見られ、ソウルを日本の

一部として捉えていることが分かる。同じ記事の中で文部省美術展覧会に「常連」として出品している朝鮮人画家の名前もあげている。同年に朝鮮美術展覧会の東洋画部の審査員としてソウルを訪ねた日本画家・矢澤弦月はソウルの展示を現代美術館と形容し、東京では設立されていないと指摘している。

「すでに京城においては、内地においてすら未だに設置を見ない現代美術館の完成が李王家によって成され、其の他古代美術館、又総督府博物館等、美術に関する施設が一と通り完備して、多くの作家及び一般世衆に幸福を與へているのであります…†36」

1940年の時点では万博が戦争のために中止になり、東京では適切な建物と敷地を確保することが出来ない状態が続く一方、ソウルでの展示についての認識が少しずつ広がっていたといえる。

加えてソウルでの展示が「日本」における近代美術館の先駆だったといえるのは、東京より先に出来たからだけでなく、明治・大正・昭和時代の代表的な美術家の作品を展示しようとしたからである。1938年に雑誌『朝鮮』に掲載された植民地での博物館と美術館の施設について述べている記事の中に李王家美術館での展示について次のような紹介文がある。

「尚ほ各部門に就き簡単なる解説を試みれば　日本画は大体毎月掛替を行ひ既に三十七回の陳列替を為し其の総点数三百十五点の多きに達した。其内特筆すべきものは明治画壇の巨擘なる故狩野芳崖の龍虎の図、御物橋本雅邦の瀟湘八景を始め横山大観の秩父霊峰(秩父宮家御所蔵)其他各派領袖の傑作所謂門外不出の秘宝を陳列して半島美術界に未だ観ざるの偉観を呈せしめたことである。洋画は毎年十月を期し陳列替を行ひつつあり、今日迄の総出品数は百五十一点に及ぶ。就中特筆すべきものは日本洋画界の泰斗たりし故子爵黒田清輝、前東京美術学校長和田英作氏等の洋行中巴里の「サロン」に出品し好評を博したる名画を始め岡田三郎助・藤島武二等各派代表者の優秀作品を階上四室及廊下に陳列して所謂宮殿陳列の枠を発揮した。[†37]」

この引用からソウルでの展示は近代日本美術の代表的な美術家と作品を選択、紹介しようとしたと分かる。明治時代については既に大家とされる画家の名前が定まっていたように見えるが、大正と昭和初期の画家たちの評価は決まりつつある最中だった。選択の拠点は東京美術学校で、洋画家たちの場合はヨーロッパでの活躍と出品歴を参考に決定していたことも窺える。

5. 植民地主義的労働

ソウルの日本語新聞『京城日報』は徳寿宮での日本美術展示について定期的に報道していた。その他の日本語出版物も徳寿宮とその展示を宣伝していた。それらの言説は、展示自体を告知すると同時に、支配者側に立った展示内容の解釈と価値観を浸透させるための働きかけ／労働だったといえる。

1933年秋の展観が始まるころ、『京城日報』の報道が強調したのは、李王家と李王職の寄与、前例のない展示、「日本最初の総合美術展」、東京では不可能な展示がソウルで実現した等の事実である[†38]。展示替えの情報も報じ、作品写真を載せることもあった。そのたびに展示されている作品が傑作であることを力説した。例えば1936年の9月の展示替え風景が写っている写真(図4)には次のような説明が付けられた。

「東西名画陳列替へ　徳寿宮石造殿の美術館では年に一回の陳列画の取替へを行ってゐるが、廿八日から取替へを開始中だ、何れも東京なら(ママ)では見られない大家達の傑作のみなのでとてもすばらしい…[†39]」

これらの報道において、李王家美術館の展示がいかに特別で、日本近代美術の大家の作品を並べているかが強調されている。すなわちこれらの報道は、朝鮮半島に住んでいた日本人居住者や日本語が出来る朝鮮人にとっては、ある種の美術教育であった。同時に、日本／内地の美術家たちにとっては、自分た

図4 「東西名画陳列替へ」『京城日報』朝刊。1936年9月29日、7頁。

ちがより優れた存在であるという自己イメージを確認する機会でもあったのだ。

こうした論調は『朝鮮年鑑』や『京城案内』など、その他の出版物でも同様である。

「美術館　徳壽宮内の石造殿を美術館とせられ帝展･院展･二科･春陽会･国画会･青龍社･構造社等一流美術家の作品を陳列し他に見られない総合美術展覧会場として開放されて居る。入場券は徳壽宮の入場券と共に入口で求められ度い。[†40]」

「徳壽宮石造殿美術館　近代美術館としては、内地に魁けて八年十月一日より京城徳壽宮内石造殿美術館が開館せられた。李王職の事業であって仏国ルーブル美術館にも比すべき宮殿美術館でありその内容は、明治以後五十年間の製作にかかる諸大家の作品を陳列して、内地にも見られない名実共に日本各派を総合した近代美術館である。この美術館の出現によって京城は一躍日本美術都市としての存在価値を高めることとなった。[†41]」

これらの報道は朝鮮半島を帝国の一部と見なし、日本／内地の画壇と結び付けようとしていた。ソウルを「日本美術都市」と見なす態度はこの徳寿宮での展示に限ったことではなく、植民地全体が日本近代美術の市場になりつつあったことを示唆している。この点は残っている資料が少ないために研究しにくいテーマではあるが、当時の文献を読むと、しばしば「植民地で日本近代美術が売れている」という意見が目に留まる。『京城日報』などで日本の大家を繰り返し紹介し続けたのは、抽象的に日本の現代文化の価値を上げるためだけでなく、実際の市場に直結していたからだったと考えざるを得ない。宮殿美術館での展示を通じて、それら日本近代美術品の価値の高まりが期待されていたに違いない。徳寿宮が宮殿美術館であると田辺が記事に書いたように、他の報道においてもこの点が重要だった。

1938年に石造殿の「新館」が出来、「旧館」の石造殿で日本近代美術が展示されたのに対し、「新館」では朝鮮半島の古美術が展示されるようになった。その折に京城帝国大学の教授・奥平武彦(1900–1943)が李王家美術館を訪ねた感想が『京城日報』に掲載された。それによると奥平は新館の朝鮮半島の古美術を見てから、廊下を使って旧館の日本近代美術展示へと移動したことが分かる。記述のほとんどは朝鮮半島の彫刻と陶磁器についてで、重要な展示品を部屋ごとに細かく紹介している。最後の段落は、以下の通りである。

「新館を見了へて、廊下を旧館(石造殿)へ歩を移せば、政治的勢力の興隆衰退につれて動く工芸、特に陶磁の進歩衰退の法則にふと心触れるを禁じ得ぬのであった石造殿に一歩入ると、現代の絵画や工芸が、今見た前代の工芸品と較べどれ丈け迫力をもつかの□想に胸打つを覚えた。」†42

その言葉には、当時流行していた「衰退論」が簡潔に紹介されていて、朝鮮半島の過去と日本の現在が対比されていると同時に、一つの歴史にまとめられている。その解釈は支配者側に立ったものである。しかしながら奥平は日本の美術品が優れていると言いつつも、一つも具体的に取り上げておらず、朝鮮半島古美術の魅力に強く惹かれているように見える。その結果、文章の最後で唐突に日本美術の迫力を賞揚する羽目に陥ったのではなかろうか。

日本近代美術(当時現代美術)の価値は美術館、新聞報道、美術市場等を通して作り上げられて共有されるようになる。ソウルでの展示とそれに関連する報道もその過程に貢献していた。しかしながらこれまで見て来たように植民地で日本美術の価値を定着させ高めるためには、不断の働きかけを必要とした。

6. 帝国の美術界と美術史

1938年に出版された『李王家美術館要覧』は美術館の代表的な作品の写真を年代ごとに並べることによって「帝国の美術史」を具体化した。この「帝国の美術史」は、1900年のパリ万国博覧会を機に作られた内地のみを対象にした『稿本日本帝国美術略史』と違って、植民地である朝鮮半島の美術を視野に入れた新しいものだった。『李王家美術館要覧』は、朝鮮半島の古美術における名作である三国時代の《金銅如意輪観世音菩薩》と高麗時代の《青磁七寶文透刻香炉》から、横山大観の《静寂》と岡田三郎助の《裸婦》(図5)など、日本近代美術の大家による作品にまで及んだ[†43]。古代エジプトと古代ギリシャから中世イタリアと近代フランス美術に及ぶ流れを展示していたルーブル美術館のように、古代と中世の朝鮮半島美術から近代日本への流れを作った美術館だった。

図5　岡田三郎助の《裸婦》1935年、現在佐賀県立美術館所蔵。

そのような帝国美術史への意識は美術家と美術関係者の言葉にも見ることが出来る。彼らは両方の国の美術を一つの流れと見なして、互いを結び付けようとしていた。しかしながらその帝国の美術史や帝国の美術界に対しての意識は様々だった。朝鮮半島の古美術に憧れを抱く日本人も多く、ソウルでの日本近代美術の展示に対してある種の違和感を抱く人もいたといえる。

定期的に朝鮮半島の画壇についての情報を日本で紹介していた雑誌『画観』の1938年版に次のような記事がある。

「これで得〈ママ〉寿宮内には李王職の現代美術館と、あらたに古代美術館の二館が近代的な設備のもとに併存することとなり、古代から現代に至る美術品参考品の陳列によって訪城者によろこばれることとなろう。†44」

同年に李王職の官僚だった佐藤明道は雑誌『博物館研究』で李王家美術館を紹介した折に二つの国の美術を一つの時代的な流れと見なし、旧館と新館を結ぶ廊下の象徴的な役割を指摘している。

「新古の美術を一堂に展観するの適切なるを認め（省略）両者を結ぶに渡廊下を以てし観賞を便にす†45」

佐藤明道の言葉によると、それ以前に朝鮮半島の古美術は昌慶宮苑にあった李王家博物館に展示されていたが、昌慶宮と徳寿宮が離れていて不便だったので、ソウルの中心にあった徳寿宮に朝鮮半島の古美術を展示するための新館を作ることになったとのことである。昌慶宮の建物が美術品の展示と保護に不適切だったとも付け加えている。だが、両方のコレクションを並べて展示したのはそうした実用的な理由のみでは説明出来ない。徳寿宮に旧館と新館が並んだことは、形成されつつあった「帝国の美術界」の施設として「帝国の美術史」を提供するためだったと解釈すべきだろう。

「帝国の美術」がどうあるべきかについては議論が繰り返されていた。その中心にあった典型的な問いが「地方色・郷土色」論争だった。簡単に説明すると、日本側の美術家と評論家たちが被支配者側の美術家たちに、日本の影響を受けつつ独自な美術を作るよう、矛盾に満ちた要求をし続けていたことだった。日本から朝鮮美術展覧会の審査員として派遣されていた画家たちがしばしば取り上げた問題である。1934年に朝鮮美術展覧会の審査員としてソウルを訪ねた日本画家・広島晃甫は次のような意見を述べた。

「その進歩したといふ意味が、一例として徳壽宮に於ける内地の近代の傑出した人々の作品を蒐めて、一つのまことにうるはしい近代美術館として開放あれ、それ等の刺激によって技巧の上に或る程度の進歩がもたされ、平たく云へば東京風にあか抜けて来たと云ふことが所謂進歩であるといふならば、一部の意味は認められるが、鮮展といふものは帝展の出店ぢゃなくて、充分に独立した意義を持たなければならないものと考へられる(省略)軽薄なる帝展などの模倣はやめて、遠く東京から来た審査員たちに誠にこれある哉と膝を打たしめる様な朝鮮芸術の華が咲き、やがては徳壽宮の陳列もそれ等の絵で以て充たされることを切望する次第である†46」

広島晃甫は日本の美術の優越性を信じつつも、徳寿宮で現地の美術を展示しなかった官僚たちに疑問を持った。ヨーロッパの美術館ではそれぞれの地域の代表的な美術が展示されていると述べた。例えばドイツの美術館では主にドイツの美術が展示され、フランスの作品は参考程度に過ぎないと指摘した。それと同じようにいつの日にか徳寿宮でも朝鮮半島の美術が展示されることを希望した。広島晃甫が期待していたような地方色を育てるには、ソウルでの日本美術の展示は不適切だったといえる。視点を変えると、日本美術が植民地で広がった結果日本美術と同じものが作られるようになることに対して、広島晃甫は非常な危惧を抱いた。「参考品」としてソウルで展示された日本近代美術品の教育上の「成功」を恐れていたことが、「地方色・郷土色」論争の矛盾をよく表しているともいえる。

「帝国の美術史」においては朝鮮半島の古美術も重要な教育的役割を担わされた。1938年の『京城日報』に以下の社説がある。

「この間、先きには徳壽宮の御開放、徳壽宮石造殿に現代日本美術館の設置のことあり、この現代日本美術館の如きは、現代総合美術館に先鞭をつけたる類例なき企画で、古美術品を蒐むる李王家博物館とともに半島の有する大なる誇りであり、我が美術工芸の進歩に寄与しきたところ不少ものがあった。かく芸術を通じての国民情操の涵養に、又前代芸術の標範による現代美術の向上のために、王家の致された御努力に対しては、世人のひとしく感激して止まざるところである。(省略)この博物館の陳列品が絵画、窯□、鋳金の諸部門に亘る現代作家に指導と示唆を垂れた例の如きは枚挙に堪へぬものがある。帝国美術員会員富本憲吉氏も曾て、博物館の『此の室に一時間位居ると大につかれる、何の方向を見ても心は諸名品でなぐられる気持ちで一杯だから』と感慨を漏らしたことがある。†47」

その言葉は朝鮮半島の古美術の魅力、美術史における高い価値と影響力を指摘し、現代の作家のためになるものとの見方を示している。朝鮮半島の古美術の調査と蒐集を積極的に行ってきた日本の官僚たち、研究者らの成果を広報しているとも言い得るだろう。

1938年にソウルの三越で個展をするために朝鮮半島を訪ねた油彩画家・中川紀元は美術の売買について述べた。中川によると日本画は内地で人気があるが、洋画は朝鮮半島と満州のほうで売れる。さらに李王家美術館を訪ね、次のように語っている。

「先日、李王家美術館を見まして、朝鮮の古い絵画や彫刻を観て、一体に朝鮮の古い絵画などが世界の過去の美術の中では大して重く見られている方ではないのですけれども、矢張り、同所に陳列してある現代のものに較べて非常に優れているように思ふ。内地の日本画を買う人たちは新画ばかりに目をつけているが、何故もっと古いものを尊重しないかと思ふ。斯う云う時期であるに拘らず、新画の売行や価格が同視されている、つまり、あまりに法外である。†48」

中川紀元の眼には古い朝鮮半島の絵画が現代日本のものより優れているように見えた。いくら衰退論が報道され「植民地主義的労働」が作用しても、朝鮮半島の過去の美術への評価はあまり揺らぐことなく、現代日本美術に負けないだけでなく、むしろその評価をしのぐこともあった。「帝国の美術史」の重要な特徴だといえよう。

さらに帝国美術界を考える時には、植民地に長く住んでいた日本人画家たちや居住者も視野に入れる必要がある。彼らは「帝国の美術界」の周辺にいることを自覚しつつ、日本／内地からソウルを訪ねた大家の画家たちの見下すような視線に非常に敏感だった。『京城日報』を通して総督府に美術学校の成立などをしばしば請願していた。徳寿宮での日本近代美術の展示についても具体的な希望があった。

「李王家現代美術館に内地新人の作品陳列要望さる

得〈ママ〉寿宮内にある李王家現代美術館は李王職御買上作品乃至は特殊な所蔵家の好意的出陳によって半島美術家の中央作家の作品研究の場所となっているが、最近に於ける中央画壇の新人作品は殆んど出陳されて居らず、ために在城美術家及び鑑賞家の間から現代日本画壇を代表する新人の画作の出陳を要望するの声頻りであり、このところ内地にある新人諸氏の好意的出品が懇望されている。†49」

その言葉から帝国の美術界の構造、つまり日本／内地の画壇を中央画壇とし、植民地画壇をその周辺として捉える姿勢が窺える。ただしその構造には近代美術館が東京より先にソウルに出来たことによって異変が生じたであろう。雑誌『画観』で朝鮮半島の画壇と美術学校の必要性について論じていた高木紀重は次のコメントを寄せている。

「而して朝鮮の場合では奨励諸機関は寧ろ東京や京都の場合よりは遙かに整備された理想的な好条件をととのえていると言ふべきで、李王家の現代古代各常設美術館など、一つの現代美術館すら持たぬ東京の実状などと比較したならば隔世の感があるわけである。†50」

大日本帝国の拡大につれて日本人の画家たちが植民地で活躍するようになり、それらの作品が植民地で展示され売れるようになり、また朝鮮半島と台湾出身の画家たちが日本(当時内地)で活躍するようになった。その結果1930年代の時点では日本の画壇即「帝国の美術界」だった。それと同時に「帝国の美術史」も作り上げられつつあった。日本人画家たちの帝国への意識は多様だった。それでも、彼らが自らの立場と日本の近代美術を考える時には植民地の存在が大きく影を落としていたのである。

7. 結論

本論文では、日本人の美術家と美術関係者から見たソウルでの日本近代美術の展示と李王家美術館について調査し、日本近代美術史を考え直そうと試みた。その展示場所は当時の大日本帝国における最初の「近代美術館」と見なすべきで、新聞報道を通して日本美術の価値が讃えられていたことから、帝国の美術史における重要な拠点だったことが自ずと明らかになった。加えて日本人美術家と美術関係者が朝鮮半島美術の輝かしい歴史を認識していたからこそ、マスコミを通じた日本美術を讃える絶え間のない「植民地主義的労働」に励んだとも考えられる。帝国美術界の成立に伴う緊張感がその背後にあったのだろう。

筆者が以上に引用した言葉に対する解釈が違うなど、反論があるかもしれない。確かに過去の人々の言葉を通して当時の世界観や価値観を再現するのは簡単ではない。しかしあたかも往時の日本人美術家と美術関係者が植民地の存在を意識しなかったかのように装い、植民地が存在しなかったことにして日本の近代美術史を語り続けることは出来ない。戦前のソウルは日本近代美術品の重要な市場だったのみならず、ソウルでの展示は日本人美術家の自己イメージにも大きな影響を与えた。すなわちソウルでの展示は画家たちに自信を与え、作品の価値を引き上げる方向に作用したのである。支配者側が被支配者側に与えた影響については従来から研究されてきたが、今後は植民地から内地へのインパクトについてもさらに真剣に考慮する必要がある。

図6　解放画壇の作家たち、写真提供：韓国国立現代美術館。

戦後に設立された日本と韓国のそれぞれの近代美術館の出発点が徳寿宮にある。韓国では独立後間もない1945年10月に、朝鮮文化建設中央協議会の朝鮮美術建設本部が解放記念美術展を徳寿宮で開催した（図6）†51。東洋画・洋画・彫刻の美術家97人が132点の作品を展示した。この展覧会には審査がなく、画風は自由に設定された。戦争に迎合した制作から解放された朝鮮半島の美術家たちが新しい作品を多く出品した。従来日本美術が展示された建物が、解放記念美術展の展示場所に選ばれたのは象徴的である。1969年に韓国国立現代美術館が設立された。1972年に景福宮で最初の展覧会を開いたが、1973年に徳寿宮に移され、旧館と新館の石造殿で展示を行うようになった。1970–1980年代には、戦前に李王職が朝鮮美術展覧会で購入・収集した朝鮮半島の画家たちの作品数点が国立現代美術館に移された†52。1986年の果川館完成時に韓国の国立現代美術館がそこに移転した。1998年に徳寿宮の石造殿の新館が改めて果川館と並んで国立現代美術館の展示場所になった。

日本では1952年に東京国立近代美術館が設立された。1954年に文部省が蒐集した52人の日本画家と56人の洋画家の作品が管理替えによって同美術館に収められた。その中では、31人の日本画家と28人の洋画家がソウルの徳寿宮での出品歴がある作家たちだった。加えて、管理替えされた作品の内、日本画10点と洋画2点がソウルで展示されたものだった。ソウルでの出品歴がある鏑木清方の《三遊亭円朝像》(図7)はのちに東京国立近代美術館が購入している。美術作品や作家への評価は時代と共に変化する。徳寿宮に展示された日本近代美術を代表する大家への評価は、戦後も東京国立近代美術館に引き継がれ、彼らの作品はコレクションの基礎となった。

図7　鏑木清方《三遊亭円朝像》1930年。現在東京国立近代美術館所蔵。Photo: MOMAT/DNPartcom
©Akio Nemoto 2021 /JAA2100039

隈本謙次郎の研究をもとに日本における近代美術館の歴史を記述した『東京国立近代美術館60年史』には、1927年の明治・大正名作展覧会など、重要なさきがけとなった展覧会と美術家が雑誌に載せた美術館設立運動にまつわる文章が掲載された†53。しかしながらソウルでの日本近代美術の展示と李王家美術館には全く触れていない。戦後日本で帝国の存在が忘れ去られたのは美術史の分野だけではない。Leo Ching氏が指摘したように、東アジアでは冷戦下にアメリカの影響によって旧植民地国に対する意識が薄れる一方、日本の経済発展に伴って帝国の構造が再構築された†54。東アジアでは冷戦が終わった1990年代に入ってから初めて本格的な反日運動が高まり、脱植民地化を果たしてこなかった日本の姿が明らかになった。日本が中国・北朝鮮・韓国・台湾と今後どう付き合って行くべきかが重要な課題として残っている。

近代美術史では1990年代後半から、東アジアにおける研究者と学芸員の協力が徐々に増え、国境を越えた研究や展覧会が行われるようになった。帝国時代の近代東アジアをテーマに研究するには多言語の能力、複数地域についての知識、他国にある資料へのアクセス、複数の研究者の協力が要求される。

時間とコストの面においても非常に手間がかかる。

同時にそれらの実践的な問題よりはむしろ、美術史における根本的な価値観が障壁となっていることも確かである。近代美術の価値自体が帝国の時代に作り上げられ、文化帝国主義に依存している。その結果研究・蒐集・展示の対象になる美術家と作品が狭い範囲に限定されてしまっている。植民地で活躍していた日本人画家たちと日本で活躍していた朝鮮半島と台湾出身の画家たちが日本近代美術史の研究者の視野には入りにくいのが、その典型的な例である。国家を軸にした美術史を研究し続けるのならば、それらの画家たちの存在を切り捨てて当然との声があるかもしれない。しかし常に国境を越えて活躍している画家たちや移動する作品は国家の枠のみでは語り切れない。その語り切れない部分こそが近代美術を理解する上で重要であると主張したい。

注

1　筆者が知る限り、この展示を大日本帝国における最初の現代美術館と見なし得る可能性に言及したのは、次の短い記事のみである。後小路雅弘「日本?で最初の現代美術館を思う」『新美術新聞』992号、2003年5月21日、2頁。

2　『朝鮮年鑑・昭和10年度』1934年、570頁。

3　『韓国国立中央博物館蔵−日本近代美術展』2003年、116頁。

4　「京城の名所徳寿宮——十月美々しく開く」『京城日報』夕刊1933年8月30日、2頁。「わが美術の粋を蒐め——徳寿宮で大展覧」『京城日報』夕刊、1933年9月7日、2頁。李美那「李王家徳寿宮日本美術品展示——植民地朝鮮における美術の役割」『東アジア／絵画の近代——油絵の誕生とその展開』静岡県立美術館、1999年、121–131頁。

5　『韓国国立中央博物館蔵——日本近代美術展』2003年、99頁。

6　徳寿宮美術館委員会が1938年5月に画家川島理一郎にあてた手紙から窺える。蔡家丘「川島理一郎の東アジア旅行と「旅人の眼」」『近代画説』21号、2012年、166頁。

7　李王職『李王家美術館要覧』1938年、5頁。「徳寿宮美術展−明治時

代大作陳列」『京城日報』夕刊、1934年4月15日、3頁。「総合美術展——十一日から掛けかへ」『京城日報』夕刊、1934年5月13日、3頁。

8 『昭和十三年六月五日——李王家美術館近代日本美術品目録』李王職、1938年。

9 『韓国国立中央博物館蔵-日本近代美術展』2003年、101頁。

10 朴氏は重要文化財等の外国への移動を禁止する重要文化財の保存法が1929年と1933年に出来た結果、植民地への日本古美術の配置が不可能になり、近代美術を配置することにつながったと指摘している。しかし植民地の朝鮮半島が大日本帝国の「外地」と見なされていたので、法律上の「外国」として扱われていなかったのではないか。その点を法律の専門家にご教示願いたい。朴昭炫「金基昶(1914–2000)の〈古翫〉(1939)にみる「理想の観覧者像」」『文化資源学』第4号、2006年、60頁。

11 高木紀重「美術工芸学校設立のためにひろく半島各界の識者に訴ふ」『画観』第7巻7号、1940年、12頁。「半島通信」」『画観』第5巻3号、1938年、38頁。

12 「博物館ニュース」『博物館研究』第11巻、7–8号、1938年、54頁。「李王家美術館新館」『建築雑誌』第52巻642号、1938年、95頁。

13 『朝鮮年鑑·昭和16年度』1940年、611頁。

14 佐藤明道「李王家美術館成る」『博物館研究』第11巻7–8号、1938年、1頁。

15 国立中央博物館『国立中央博物館所蔵日本近代美術』日本画編·西洋画編·彫刻工芸編、2001年、2010年、2014年。

16 『韓国国立中央博物館蔵——日本近代美術展』2003年、6頁。

17 千葉慶「韓国国立中央博物館所蔵　日本近代美術展」『Image & Gender』4号、2003年、144頁。

18 李亀烈「国立中央博物館の日本近代美術コレクション」『韓国近現代美術史学』15号、2005年、39–66頁。(이구열「국립중앙박물관의 일본 근대미술 컬렉션」『한국근현대미술사학』)。睦秀炫「日帝下李王家博物館の植民地的性格」『美術史学研究』227号、81–104頁。(목수현「일제하 이왕가 박물관의 식민지적 성격」『미술사학연구』)。睦秀炫「1930年代京城の展示スペース」『韓国近現代美術史学』20号、2009年、97–116頁。(목수현「1930 넌대 경성의 전시공간」『한국근현대미술사학』)。クォン・ヘンガ「コレクション、マーケット、趣味:李王家美

術館における日本近代美術コレクション再考」『美術資料』87号、2015年、185–208頁。（권행가「컬렉션 , 시장 , 취향 : 왕가미술관 일본근대미술컬렉션 재고」『美術資料』）。

19 李美那「李王家徳寿宮日本美術品展示——植民地朝鮮における美術の役割」『東アジア／絵画の近代——油絵の誕生とその展開』静岡県立美術館、1999年、121–131頁。李美那「李王家所蔵日本美術について——下村観山〈日月〉と岡田三郎助〈裸婦〉の調査より」『韓国近現代美術史学会国際学術大会』2013年、1–7頁。朴昭炫「李王家博物館における日本の博物館政策について」修士論文、東京大学、2003年。朴昭炫「金基昶（1914–2000）の〈古翫〉（1939）にみる「理想の観覧者像」」『文化資源学』第4号、2006年、51–61頁。朴昭炫「李王家徳寿宮日本美術陳列について」『近代画説』15号、2006年、136–138頁。李成市「朝鮮王朝の象徴空間と博物館」『植民地近代の視座——朝鮮と日本』岩波書店、2004年、27–48頁。柳承珍「韓国国立中央博物館蔵日本近代美術コレクション研究」博士論文、京都大学、2018年。以下も参照のこと。後小路雅弘「昭和前半期の美術　植民地・占領地の美術」『昭和期美術展覧会の研究・戦前編』東京文化財研究所企画情報部編、中央公論美術出版、2009年、47–61頁。

20 Aso, Noriko. *Public Properties. Museums in Imperial Japan.* Durham: Duke University Press, 2014. Kolodziej, Magdalena. "Empire at the Exhibition: The Imperial Art World of Modern Japan (1907–1945)." Ph.D. dissertation, Duke University, 2018.

21 ソウルでの日本美術品展示には、一人だけ朝鮮半島出身の漆作家の作品が含まれていた。その名前は姜昌奎（カン・チャンギュ）である。詳細は以下の論文を参照のこと。盧ユニア「乾漆工芸に対する再考 - 菖園姜昌奎から大英博物館韓国コレクションまで『韓国近現代美術史学』33号、7-32頁、2017年。（건칠공예에 대한 재고 - 창원 강창규부터 영국박물관 한국컬렉션까지『한국근현대미술사학』）。

22 この論文では扱わないが、「帝国の美術界」には植民地出身の画家たちも参加していたことを念頭におく必要がある。

23 朴昭炫「李王家博物館における日本の博物館政策について」。『韓国国立中央博物館蔵–日本近代美術展』2003年、112頁。

24 朴昭炫「李王家徳寿宮日本美術陳列について」136–137 頁。朴昭炫『「戦場」としての美術館——日本の近代美術館設立運動／論争史』ブリュッケ、2012 年。

25 「常設美術館の問題」『アトリエ』第 10 巻 1 号、1933 年、6–12 頁。「常設現代美術館と展覧会場への希望」『美術』第 11 巻 10 号、1936 年、32–43 頁。

26 「徳寿宮石造殿を美術館に開放——田辺孝次が実地調査の上決定——近代作品を交代陳列」『京城日報』朝刊、1933 年 5 月 6 日、7 頁。

27 「在城画家が蹶起す——美術館建設の叫びを挙ぐ」『京城日報』夕刊、1932 年 5 月 30 日、2 頁。「社説　三つの建物が欲しい——公会堂、劇場、美術館」『京城日報』朝刊、1932 年 6 月 22 日、3 頁。

28 田辺孝次「徳壽宮石造殿に陳列の日本美術品（上）」『京城日報』朝刊、1933 年 10 月 1 日、3 頁。田辺孝次「徳壽宮石造殿に陳列の日本美術品（中）」『京城日報』朝刊、1933 年 10 月 3 日、3 頁。田辺孝次「徳壽宮石造殿に陳列の日本美術品（下）」『京城日報』朝刊、1933 年 10 月 4 日、3 頁。

29 「徳壽宮陳列美術品に就て」『京城日報』朝刊、1933 年 10 月 1 日、8 頁。

30 田辺孝次「徳壽宮石造殿に陳列の日本美術品（上）」『京城日報』朝刊、1933 年 10 月 1 日、3 頁。

31 田辺孝次「朝鮮徳壽宮石造殿日本美術品陳列に就て」『中央美術』5 号 12 月 1933 年、69–72 頁。

32 朴昭炫「李王家徳寿宮日本美術陳列について」137 頁。

33 朝鮮側の受け止め方については、次の論文をご参照のこと。李美那「李王家徳寿宮日本美術品展示——植民地朝鮮における美術の役割」『東アジア／絵画の近代——油絵の誕生とその展開』静岡県立美術館、1999 年、131 頁。

34 「常設現代美術館と展覧会場への希望」『美術』32–43 頁、第 11 巻 10 号、1936 年、34 頁。

35 伊原宇三郎「朝鮮の現代美術」『モダン日本』第 11 巻 9 号、1940 年 8 月、144–145 頁。

36 矢澤弦月「第一部日本画」『画観』第 7 巻 7 号、1940 年、9 頁。

37 「朝鮮の博物館と陳列館（其一）」『朝鮮』277 号、1938 年 6 月、93 頁。

38 「打合会で決った徳寿宮の出品画——傑作百余点に及ぶ」『京城日報』

夕刊、1933年9月8日、2頁。「我国美術の精華を集め出陳の名作品決まる」『京城日報』夕刊、1933年9月15日、2頁。

39 「東西名画陳列替へ」『京城日報』朝刊、1936年9月29日、7頁。

40 『京城案内』京城観光協会、1936年。

41 『朝鮮年鑑・昭和10年度』1934年、569頁。

42 奥平武彦「秘色の殿堂——李王家美術館をみる」『京城日報』夕刊、1938年6月7日、4頁。

43 『李王家美術館要覧』李王職、1938年。

44 「半島通信」」『画観』第5巻3号、1938年、38頁。

45 佐藤明道「李王家美術館成る」『博物館研究』第11巻7–8号、1938年、1頁。

46 「鮮展審査所感−入選は寛に、特選は厳に——第一部広島晃甫」『京城日報』夕刊、3頁、1934年5月19日。

47 「社説——李王家美術館の竣工」『京城日報』朝刊、1938年6月4日、2頁。

48 中川紀元「朝鮮の印章・京城の街」『朝鮮及満州』368号、1938年7月、51–52頁。

49 「半島通信」」『画観』第5巻3号、1938年、38頁。

50 高木紀重「美術工芸学校設立のためにひろく半島各界の識者に訴ふ」『画観』第7巻7号、1940年、12頁。

51 「この一枚の写真、あの時こんなことが(29)解放画壇、感慨深い徳寿宮初祭」『京郷新聞』1983年12月17日、5頁。(「이 한장의 寫眞 그때 이런 일들이 (29) 解放書檀 감회 깊은 德壽宮 첫 잔치」『경향신문』)。

52 *Birth of the Modern Art Museum. Art and Architecture of MMCA Deoksugung* (National Museum of Modern and Contemporary, Deoksugung, 2018), 14. 金恵信「韓国国立現代美術館分館　徳壽宮美術館」『美連協ニュース』2013年2月、117号、28頁。

53 『東京国立近代美術館60年史』2012年。

54 Ching, Leo. *Anti-Japan: The Politics of Sentiment in Postcolonial East Asia.* Durham: Duke University Press, 2019. 次の本も参照のこと。小熊英二『単一民族神話の起源——〈日本人〉の自画像の系譜』新曜社、1995年。

第8章

ユーゴスラビアというパズル——旧ユーゴ内戦に関するミュージアムからみる記憶、想起、共感

町田小織

はじめに

若い読者の皆さんは、クロアチア、ボスニア･ヘルツェゴビナ、セルビアが、元は同じ国だったということを知らないかもしれない。それはユーゴスラビアという、現在は存在しない、歴史の教科書にしか登場しない国である。私も、これらの国々がひとつの国家だった時代に、現地を訪れたことはない。自分の目で見たことがないユーゴスラビアに、なぜだか魅力を感じ、憧れ、その研究をしたいと思うようになった。それがちょうど20歳頃である。爾来、途中ブランクはあるものの、当該地域と関わり続けている。

若い読者の皆さんに向けて、いずれ現地へ行ってみたい、同地を訪問する前に勉強したいと思ってもらえるよう、筆を進めていきたい。渡航できない今だからこそ、是非読み進めてみてほしい。

2020年2月に、この3ヶ国を訪問した。目的は博物館の調査である。滞在時に訪問した館数は計20館以上あるが、そのう

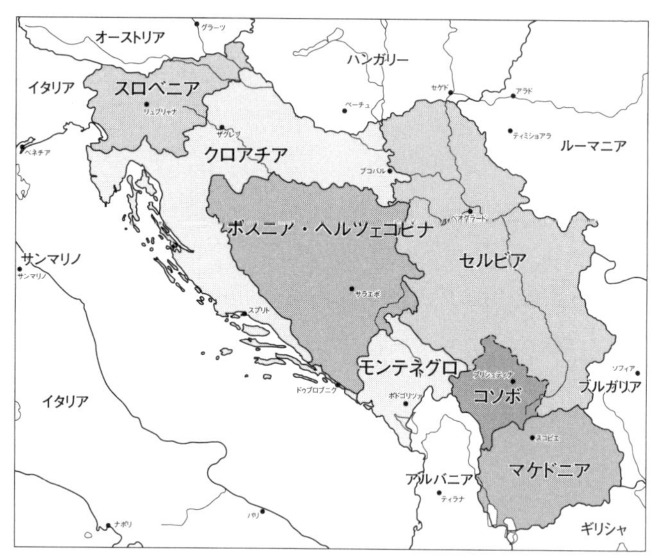

地図1　旧ユーゴスラビア

ち1990年代の内戦に関するミュージアムと企画展にフォーカスして、紹介したい。

近年、旧ユーゴスラビア諸国では、1990年代の内戦に関するミュージアムが複数誕生している。それは旧ユーゴ内戦が「歴史」になったということであり、個々人の「記憶」を記録しておかなければならないという背景がある[†1]。ヨーロッパ諸国で研究が進む「記憶の場」や「想起の文化」の影響もあるだろう。またダークツーリズムによるインバウンドを期待しているという面も否定できないだろう。

本章では、そのうちの4館（表1）と内戦に関する企画展を1つ採り上げる。訪問した順に、ザグレブ（クロアチア）、サラエボ（ボスニア・ヘルツェゴビナ）、ベオグラード（セルビア）の順番で説明していく。いつ渡航できるか分からなくなってしまった今、できるだけ2020年時点での記録を残しておきたい。

なお、各館にあてた日本語訳だが、必ずしも定訳があるわけではない。日本ではあまり馴染みのないミュージアムばかりなので、読者が自分で調べる際は英語名で検索することが多いだろう。それゆえ便宜上、日本語の館名をつけて説明していくが、それが英語ではどのような館名なのかを、初出時に併記することとする。

表1　本章で紹介する近年開館した内戦に関するミュージアム（開館年順）

都市	館名	開館年	備考
サラエボ	Gallery 11/07/95	2012	トルコ国際協力調整庁の財政的支援により開館
サラエボ	Museum of Crimes Against Humanity And Genocide 1992–1995	2016	2021年現在閉業
サラエボ	War Childhood Museum	2017	2018 欧州評議会賞(European Museum of the Year Award)受賞
ザグレブ	Image of War Zagreb: Museum of War Photography	2018	クロアチア初のクラウドファンディング(一部)で設立されたミュージアム

調査結果をもとに筆者作成

1. ザグレブ(クロアチア)

クロアチアは人口約400万人[†2]の小国である。首都のザグレブも人口は約80万人[†3]。決して大きな街ではない。しかし、その小さな都市に大小様々なミュージアムが存在する。新しい博物館も年々増えている。第1章で紹介した「失恋博物館」(Museum of Broken Relationships)もそのひとつである。

トリップアドバイザー(TripAdviser)[†4]のザグレブに関する評価で、博物館部門第1位に選ばれている場所を紹介したい。本章を執筆している2020年の時点での第1位は、戦争写真博物館(Image of War：War Photography Museum)である[†5]。まだ新しいミュージアムなので、上位にランキングされやすい[†6]とはいえ、ザグレブで戦争に関する博物館が上位に来るのは、意外に感じる人も少なくないだろう。なぜなら、クロアチアは独立後

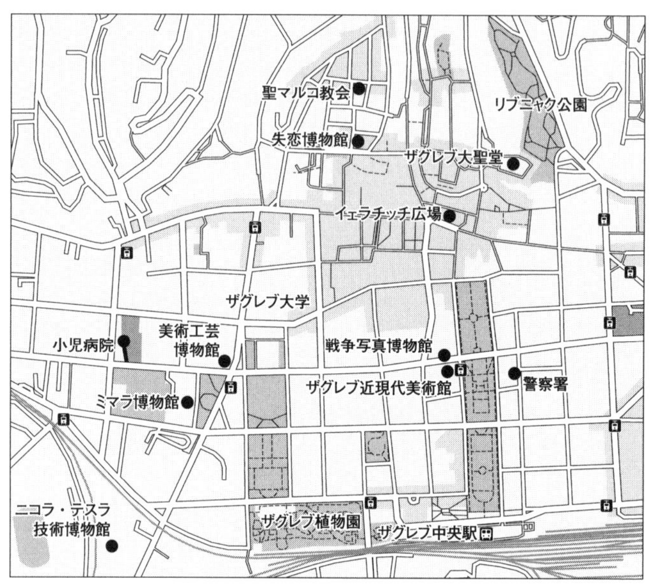

地図2　ザグレブ

一貫して「ヨーロッパ回帰」を志向し、バルカン的なものを排除してきた傾向にあるからである[†7]。内戦を経て独立したことは史実であるものの、それをあまりに強調すると「バルカン＝ヨーロッパの火薬庫」というイメージになる。

また、クロアチアはGDPの約2割[†8]が観光部門という、観光産業に依存した国であるため、戦争にまつわる情報の発信は得策ではない。もちろん、ダークツーリズムとして、戦争や災害にまつわる遺跡や博物館を訪問する旅行者も存在するが、クロアチアに求める要素とは言い難い。クロアチアに旅行するならば、アドリア海沿岸のリゾート地を目的地にする人が多い[†9]。

以上の理由により、ザグレブで戦争に関するミュージアムが開設されたこと、そしてそれが旅行者の高評価を得ているということは興味深い。では、実際に館内を見てみよう。

1-1. 戦争写真博物館(Image of War: War Photography Museum)

鉄道のザグレブ中央駅から徒歩10分以内、街の中心にあるイエラチッチ広場(Ban Jelačić Square)からも歩いて7、8分のところに、戦争写真博物館は所在する。クロアチア初のクラウドファンディング(一部)で誕生したミュージアムといわれる[†10]。

同館が開館する3年前、2015年頃から#GdjeSiBio91(#WhereWereYouIn91)というキャンペーンがSNS(Social Networking Service)上で繰り広げられた。クロアチアで内戦が始まった時に「どこにいた?」という意味である。一般の人から当時の写真を募り、その画像にまつわるエピソードを求めたものだ(図1)。図1の展示は地下1階にある。

これが、後の戦争写真博物館開設に繋がる。創設者であり、現館長のダニロ・グレゴビッチ(Danilo Gregović)は、1956年生まれの弁護士。同館のプロジェクトを担当しているBrodotoの創設者、マルコ・グレゴビッチ(Marko Gregović)は館長の子息である[†11]。息子のマルコがクラウドファンディングを行い、目標額の約7,000ユーロを集めている。それが最初の企画展の資金に充てられている。第1回企画展については以下の通りで

図1 「1991年にどこにいたか?」という問いに対し、SNSで集まった画像とエピソード

ある†12。

第1回企画展　「身近で私的：クロアチアにおける戦争」
会期：2018年8月–2019年8月　※2020年2月訪問時も開催
出展作家：ロン・ハビブ（Ron Haviv）、ポール・ロウ（Paul Lowe）他
キュレーター：サンドラ・ビタリッチ（Sandra Vitaljić）
展示レイアウト：サンドラ・ビタリッチ（Sandra Vitaljić）
展示デザイン：アドリアナ・パベリッチ（Adriana Pavelić）／スタジオ・ピクラ（Studio Pikula）
展示設営：ロベルト・バズダル（Robert Vazdar）
プロジェクト・リーダー＆調整：Brodoto d.o.o.（マルコ・グレゴビッチの会社）
マルコ・グレゴビッチ（Marko Gregović）、バレンティーナ・スタルチェビッチ（Valentina Starčević）

中に入って最初に目につくのは、中国語と韓国語のキャプションである。同館の公式サイトも、中国語と韓国語表示に切り替え可能だ。不思議に思ったので、受付の女性に訊いてみると、「理由は知らないけれど、開館当初からクロアチア語、英語、中国語、韓国語の4ヶ国語表示だった」という†13。実際、中国と韓国からの団体客が来館するそうだ。

ここで、クロアチア観光省が発行している2019年の白書を参考に、日中韓の数値を比較してみよう（表2）。韓国はアジア地域の国別観光客数でトップである。

表2　クロアチアを訪れる日中韓観光客の比較

	日帰りを含む旅行者数			宿泊を伴った旅行者数		
	2018	2019	前年比	2018	2019	前年比
日本	160,000	150,000	94%	241,000	233,000	97%
中国	234,000	213,000	91%	343,000	250,000	73%
韓国	408,000	404,000	99%	498,000	511,000	103%

クロアチア観光省 Tourism in figures 2019をもとに筆者作成

韓国からの観光客は、日本からの2倍以上(宿泊者数)であり、同国にとって重要視すべき外国人旅行者である。韓国語も日本語同様、国際的にはマイナー言語であるが、上記の理由により、新しく開館したミュージアムで韓国語表記があることが推察できる。

なぜ韓国からの旅行者が多いのか。一番の理由は直行便の有無であろう。2018年9月1日、アジアで初めて、韓国からクロアチアへの直行便が就航。大韓航空が初の定期便としてインチョン－ザグレブ間を週3便飛行した[†14]。日本からクロアチアは、チャーター便はあっても定期便はない。

館長のグレゴビッチはバルカン調査報道ネットワーク(BIRN: the Balkan Investigative Reporting Network)によるインタビューの中で、来館者の8割が外国人であると述べている[†15]。設立前から外国人の来館者を見込み、想定通りに来館しているということである。

企画展を見てみよう。1991年から1995年の内戦中に撮影された、プロの戦争写真家、戦場カメラマンの作品100点以上が展示されている。ユーゴ内戦の写真で有名になった米国人写真家、クリストファー・モリス(Christopher Morris)の写真とコメントもある[†16]。戦争の写真というのは、直視できないものも多いが、展示するにあたり写真を選んでいるためか、目を背けたくなるような悲惨な光景はない。

同館および写真家たちの公式サイトで、一部の写真は見ることができるので、それらを参照されたい。

展覧会の趣旨について、以下に一部掲載する。

> ひとつの見方や解釈ではなく、むしろ様々な視点を提示することで、あらゆる立場での出来事や犠牲者を尊重しようとしている。そのねらいは、トラウマ的な過去と不気味なほど同じ道を進んでいる現在の対立について、対話を促すことである。
>
> (中略)

> タイトルの「身近で私的」は次のような認識に基づく。中立かつ客観的な証人というのは想像上の理想であり、戦争を記録する人々の現実としてはありえない。この私的アプローチというのは、一個人の世界観、感情、そしてそれらを包含した人間の本質、時には国籍や郷土愛といったものにまで、色付けられている。それが、本展で強調したいことである†17。(拙訳)

同展のキュレーターはサンドラ・ビタリッチ(Dr. Sandra Vitaljić)。彼女は自身も写真家であり、ビジュアル・アーティストでもある。

展覧会の趣旨にもあるが、そもそも「展示」そのものが中立的で客観的なものではないことは、様々な研究者が繰り返し述べている†18。国立民族学博物館館長である吉田憲司も「特定の意図をもって作り上げられた表象の装置」†19と評している。

地下のフロアで上映している映像では、ビタリッチが次のように語っている。

> 事実、それらの写真は集合的記憶の一部です。
> そして、それゆえに歴史を学ぶ際の重要なツールです。
> 私にとってそれらの写真は、
> かつて対立していた側の人たちが
> 開かれた対話をするための
> 重要な可能性を秘めています。
> だからこそ本展では、
> クロアチアの作家の写真だけでなく、
> 異なる立場で写真を撮ったセルビア人の写真家も、
> つまり、2つの対立する立場を特集しているのです。
> そして外国人の写真家も採り上げています。
> なぜなら、地元(ローカル)の写真家と比べれば、

彼らはより中立な立場にあることが多いからです。
また、エスニシティを理由に
地元の写真家が立ち入ることのできない場所や状況に
外国人はアクセスできたからです。
(拙訳)

地下で上映している映像のショートバージョンはYouTubeでも視聴可能であるが、残念ながら彼女の証言(上記拙訳部分)映像は含まれていない[†20]。

ビタリッチは現在ストックホルム(スウェーデン)在住である。1972年生まれなので、ユーゴスラビア時代のプーラ(現クロアチア)に生まれ、ユーゴスラビアで教育を受けている。大学からはプラハ芸術文化アカデミー映像学部へ。同大学で学士、写真の修士号、写真の歴史と理論で博士号を取得している。ちょうど彼女が大学に入る1991年が、クロアチアで内戦が勃発した年である。

母国を離れ、少し距離を置いて自国を見ているからか、彼女はセルビア側の視点も採り入れようと努めている。中立、客観的な視点というのはあり得ないとしながらも、一方的な主張にならないような企画展になっている。後述する他のミュージアムとはその点が異なる。

1-2. 他館との連携

同館はドゥブロブニク(クロアチア)にある戦争写真館(War Photo Limited)と連携している[†21]。創設者のグレゴビッチは、その博物館を見学して感銘を受け、ザグレブにも写真の博物館をつくろうと思ったと、クロアチアの日刊紙『ユータルニ・リスト』によるインタビューで語っている[†22]。そして意識して「勝利」を描かないようにしたという。戦争に勝者はいないからである。

館長のグレゴビッチは、同館でも写真が展示されている、クリストファー・モリスと米国人写真家のロン・ハビブ(Ron

Haviv）とも親交があり、2019年11月19日に彼らを招いて「分裂：1991年から2000年の写真（The Breakup: Photographs from 1991–2000）」と題した講演会も開催している[†23]。同講演会はハビブが創設者のひとりになっているセブン・アカデミー（The VII Academy）との共催である。

セブン・アカデミーとは、国際ジャーナリズムのための授業料無料の学校で、サラエボ・キャンパスがある[†24]。ボスニア内戦を撮影した英国人写真家で、『ボスニア人（*Bosnians*）』という本も出版しているポール・ロウ（Dr.Paul Lowe）もアカデミック・アドバイザーになっている。ロウはロンドン・カレッジ・オブ・コミュニケーション（London College of Communication）でも教鞭をとっている。

グレゴビッチは、ドゥブロブニクの戦争写真館、後述するサラエボの1995年7月11日ギャラリー（Gallery 11/07/95）、スレブレニツァ・メモリアル・センター（Srebrenica-Potočari Memorial Center）等との協力を表明している[†25]。そのうちのサラエボのミュージアムに行ってみよう。

2. サラエボ（ボスニア・ヘルツェゴビナ）

ボスニア・ヘルツェゴビナは人口330万人程度[†26]、首都サラエボも約30万人余り[†27]しかいない、小さな国の小さな街だ。

サラエボは戦争のイメージが色濃い街である。それは日本における表象であり、現地でも感じられる像である。日本で出版されているダークツーリズムの本にもサラエボは採り上げられており、街の中にも戦争の傷跡がいたるところに存在する。観光客相手の土産屋にも内戦にまつわるものが売っているのだから、サラエボを訪れる人もそれを期待しているということだろう。つまり、戦争を学ぶ、もしくは感じるために訪問するということである。そうした外国人の思惑を見透かしたように、戦争関連のミュージアムが複数存在するのが、サラエボである。

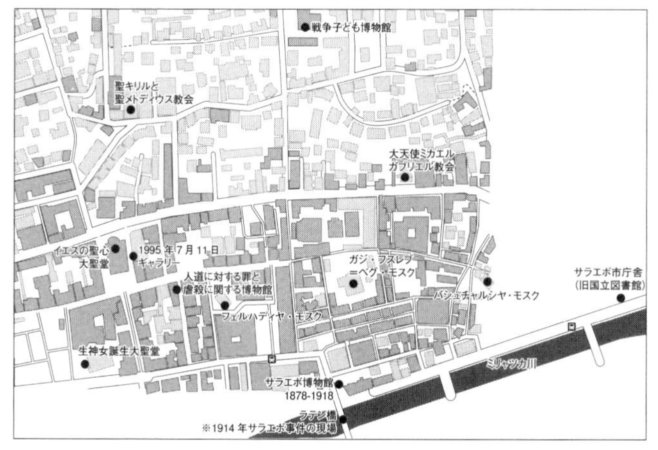

地図3　サラエボ

2-1. 戦争子ども博物館（War Childhood Museum）

戦争子ども博物館（図2）の創設者はヤスミンコ・ハリロビッチ（Jasminko Halilovic）[†28]。彼は1988年、サラエボに生まれる。内戦が始まった当時は4歳。その子ども時代の戦争にまつわるテキストを集めた、『戦争下の子ども時代（*DJETINJSTVO U RATU*）』という本を、2013年にボスニア語で出版する[†29]。2015年に日本で刊行された『ぼくたちは戦場で育った　サラエボ1992–1995』（図3）[†30]のオリジナルである。子どもたち一人ひとりのメッセージについては、是非翻訳書を読んで頂きたい。

その本のもとはSNSを通じて集められた戦争の記憶である。本の著者であり、ミュージアムの開設者でもあるヤスミンコは、2010年6月、「子どもだったあなたにとって、戦争とは何でしたか」という問いかけをインターネット上で試みる。対象は自分と同じようにボスニア内戦時に子どもであり、戦争を経験した人々である。彼の仮説は、どの戦争であっても、どこの都市であっても、戦争に巻き込まれた子どもたちの体験に

図2　戦争子ども博物館
War Childhood Museum
（サラエボ）

図3　日本語版『ぼくたちは戦場で育った』
ヤスミンコ・ハリロビッチ編著、角田光代訳、千田善監修『ぼくたちは戦場で育った　サラエボ 1992–1995』集英社インターナショナル、2015

は共通するものがあるのではないかということだった。

すると世界中からメッセージが寄せられる。ボスニア内戦によって、難民として国外に渡った子どもたちも少なくない。1,500通以上集まったメッセージのうちから約1,000件に絞って収録。その回想文の一つひとつが、ヤスミンコの問い「子どもにとって戦争とは何であるのか」に対する答えである[†31]。

当初はSNSを通じてメッセージを集めるということもあり、ヤスミンコは160文字（当時の携帯電話ショートメールの上限）までのショートメッセージで依頼していた。しかし、彼が本を執筆している際、何百人もの調査協力者が、戦争中の子ども時代の思い出の品々(写真、日記、手紙、描画、等)を、彼に見せてくれる。それゆえ、短文だけでは表現しきれない思いをもつ人々のためにもページを割く必要があると考え、手紙や思い出の品々を集めることになる。それらがコレクションとなり、ミュージアム開設へと導く。

2017年1月に戦争子ども博物館はオープン。世界で唯一の、戦時下の子ども時代に特化したミュージアムだということで、開館後も注目を集める。2018年には最も誉れ高いミュージアムに贈られる欧州評議会賞(The 2018 Council of Europe Museum Prize)を受賞している。

同館は国立や公営の博物館ではなく、寄付や協賛で運営されている非営利の活動である†32。同館のミッションは、多様な人々を教育するために、戦争中の記録とデジタル化した(アーカイブ化された)資料を、様々なメディア・チャンネルを通して提供することである†33。

同館では、子ども時代に武力対立等の影響を受けた人で、記憶すべき記念品を寄贈したい、私的な物語を共有したいという人は、誰でも参加することができる。どこの地域か、なに人か、どの宗教を信じているか、学歴などは問わないとうたっている。

コレクションとしては、600人以上から4,000点以上のモノを収集し、250時間以上の証言映像を所蔵している。そのコレクションは、ボスニア内戦だけでなく、現在は第二次世界大戦やシリア内戦等の物語も含んでいる。来館者は年間2万人程度で、2017年の開館から計5万人以上が訪れている。また公式サイト上で閲覧できるアイテムに関しては、世界中から100万人近い人がアクセスしている。

図4に見るように、寄贈された品々はファウンド・オブジェのように展示されている(図4)。ごみや不用品と見なされかねない、廃棄されていたようなモノに、記憶のキャプションをつけ、

図4　戦争子ども博物館の展示（内戦中の思い出の品々）

意味づけがなされている。それによって価値が生まれ、来館者を引き付けている。

Q. あなたにとって戦時下の子ども時代とは？

一つひとつの展示やインタビューを視聴してみると、あくまで現在からのリフレクションなのが分かる。サラエボ、そして他のボスニアに住んでいた、かつての子どもたちは、自身が経験した戦争について、現在の視点から振り返り、エピソードを綴ったり、インタビューに答えたりしている。つまり、必ずしも当時書き留めていた日記等ではなく、大人になった今、記憶していることである。現在において過去がどのように記憶され、過去がどのように想起されるか、その視点で展示することで、過去の問題が現在の問題になる[†34]。

同館の注目すべき点は、悲劇以外のことも扱っていることである。日本の第二次世界大戦中も同様だろうが、子どもは戦争の最中であってもその中で遊びや楽しいことを見出す。

手りゅう弾の数を数えたり、銃弾や砲弾を集めたりすることでさえ子どもの遊びなのだ†35。戦争が長期化すればするほど、それが「日常」となり、そのなかで「ハレ」をつくり出す。サラエボでは、子どもだけでなく大人も、戦争中に音楽会を催したり、スポーツをしたり、「ミス・サラエボ」のコンテストまで開催したりしている。

米国人作家の故スーザン・ソンタグ(Susan Sontag, 1933–2004)は内戦中にサラエボに逗留し、サミュエル・ベケット(Samuel Beckett, 1906–1989)の『ゴドーを待ちながら』を上演している。彼女によると、自分に何ができるかを考え、医療活動のサポートでも何でもしようと思ってサラエボに入ったが、地元の人に求められたのは芝居だったという。現地の人の声を彼女が再現するに、「(前略)我々はたんなる動物ではない。水の配給やパンを求めて長い列に並び、銃撃され、地下に隠れ、殺され……それだけじゃないんだ。ここにも何らかの芸術活動があるべきだ、それが自分たちに尊厳を支えてくれる」。さらに彼らは自分たちがヨーロッパ人(文明の民)であることを述べながら、続けて「芸術は我々の尊厳の証であり、芸術は我々の過去を思いださせてくれ、より良い未来が来る予感を与えてくれる。外には広い世界があり、我々の苦悩を超えた何かがそこにはあることに気づかせてくれる」†36と話したという。

2021年現在、我々もいつ収束するか分からないウイルスとともにある。コロナ禍といわれる生活の中でいかに喜びや楽しみを見出すか。以前にも増して、サラエボっ子の強さやたくましさを痛感する。

ここからは、博物館の資料収集、保存の観点から説明を加えたい†37。

同館によると、資料収集手続きはICOM(国際博物館会議)の国際基準に則っている。同館で特に重視しているのは、私物、写真、ドキュメント(日記や手紙)である。ICOMとCIDOC(ドキュメンテーション国際委員会)の基準をもとに収集、目録作成、アーカイブ、資料保存の手続きや記録を行っている。

また、証言映像に関してはオーラルヒストリーの手法を採用している。インタビューのプロセスはアメリカ人類学会の倫理綱領(2009)[†38]に従わなければならず、調査協力者全員に十分な説明をし、納得の上で同意書にサインしてもらう必要がある。

扱っているテーマが戦争ゆえに、すべての調査・研究活動には、心理学者のチームに監督・指導してもらい、インタビュアーは全員、研修で様々なスキルを学んでいる。慎重に扱うべきテーマをどうやりとりするか、調査協力者と適切なラポールを築くにはどうしたらいいか、協力者を動揺させたり、再びトラウマに陥らせたりすることのないよう質問をしていくにはどうしたらいいか、といった点についてである。

同館が参考にしている事例のひとつとして、南カリフォルニア大学ショア財団映像歴史教育研究所[†39]がある。1994年に映画監督のスティーブン・スピルバーグ(Steven Spielberg)の寄付によって創設された研究所である。そしてボスニアでは、平和のための映画財団(Cinema for Peace)[†40]がスレブレニツァ虐殺における生存者1,000人以上の証言を記録している[†41]。

2020年7月、同館はスレブレニツァ・メモリアル・センター等と連携して「#ChildrenAndGenocide 子どもたちと虐殺」というオンライン・キャンペーンを行っている。2020年はスレブレニツァ虐殺25周年という記念の年でもある。

ちなみに同館は、2020年現在、トリップアドバイザーにおける評価で、サラエボの博物館部門第2位である[†42]。

2-2. 存在証明を求めて　Quest for Identity

戦争子ども博物館を調査していく中で、「Quest for Identity」というプロジェクト[†43]を知る。写真家のザヤ・ガフィッチ(Ziyah Gafic)が行った活動で、その人が確かにそこに存在していたという証明のため、遺品をビジュアル・アーカイブ化するプロジェクトである。

戦争に限らず、多くの人が亡くなった場所では、遺体の身元確認が必要になる。その身元確認のために収集された遺品(眼鏡、時計、鍵、靴、等)をガフィッチが写真におさめ、遺族や生存者がオンラインで閲覧できるようにしている†44。つまり、身元確認が完了した後も、犠牲者の存在証明として画像をアーカイブ化するプロジェクトである。それまでは身元が特定されると、遺品の多くが処分されていたが、これらをアーカイブ化することで、永続的にその人を想起させることができるようになる。

ガフィッチは「ジェノサイドは単なる殺害ではなく、アイデンティティの否定」†45だという。その人たちが今までそこに存在していたという概念そのものの破壊であると。彼のいうジェノサイドとはスレブレニツァ虐殺を指す。

ガフィッチは1980年にサラエボで生まれ、現在もサラエボを拠点に活動する写真家。『アイデンティティの探求(*Quest for Identity*)』という同名の著書も出版している。前述のヤスミンコが2010年に出版した写真付きエッセイ集『サラエボ——ぼくの町、出会いの場所(*SARAJEVO – MY CITY, A PLACE TO MEET*)』の共著者でもある。そしてガフィッチも前述のセブン・アカデミーのスタッフである。

2-3. 1995年7月11日ギャラリー(Gallery 11/07/95)

1995年7月11日ギャラリー(Gallery 11/07/95)はスレブレニツァ虐殺に関するミュージアム†46である(図5)。館名にある1995年7月11日は、スレブレニツァ虐殺の日を意味する。日本では、スレブレニツァといっても何だか分からない人がほとんどだと思うが、ボスニア内戦、あるいは1990年代の一連の旧ユーゴ内戦の中で最大の悲劇といわれ、旧ユーゴスラビア国際戦犯法廷(ICTY:International Criminal Tribunal for the former Yugoslavia/以後、ICTY)が「虐殺」認定をした集団殺害である。毎年7月に同地で追悼式典が催されている。

このギャラリーは、2020年現在、トリップアドバイザーにお

図5　1995年7月11日ギャラリー（Gallery11/07/95）

ける評価で、サラエボの博物館部門第1位に選ばれている†47。

スレブレニツァはサラエボから日帰りで行けなくはない場所だが、車を持たない旅行者にとっては、簡単に行くことはできない「記憶の場」である。そんな外国人観光客やディアスポラ（国外ボスニア人）を想定して、同館は街の中心部に位置する†48。そこは観光客が必ず訪れるイエスの聖心大聖堂（Sacred Heart Cathedral, Sarajevo）の近くで、教会の前に目立つ案内板（図6）が置いてあり、それに気づかない人はいないだろう。

同館は、本章で紹介するミュージアムの中では最も古い、2012年の開館。同館の公式サイトでは、ボスニアで最初のメモリアル・ギャラリーと紹介している†49。館長は写真家のタリク・サマラ（Tarik Samaralı）。2005年に彼が出版した『スレブレニツァ』という写真集がきっかけとなり、7年の歳月を経て開館に至っている。トルコ国際協力調整庁（TiKA: Turkish Cooperation and Coordination Agency）の財政的支援を得て、2012年に開館にこぎつけた。前述のロン・ハビブ（Ron Haviv）、ポール・ロウ（Dr. Paul Lowe）は同館にも関係しており、作品を出展している。ハビブは2015

図6　人目を引く1995年7月11日ギャラリーの看板

年に同館で自身の写真展を開催している。図6の看板にもロウの名前は明記されている。

スレブレニツァ虐殺20周年の年である2015年には、ドイツのメルケル首相も同館を見学している。開館5周年の記念の日である2017年7月12日には、カーメル・アギウス(Carmel Agius)国連裁判官をはじめとするICTYの代表団も同館を訪問†50。後述するが、この時期アギウス裁判官は、サラエボの複数の博物館を見学している。

他にも欧州のロイヤル・ファミリーといったVIPも訪問しているので、スレブレニツァ虐殺がいかに人々の関心を引き付けているかが窺える†51。

一方、国内の生徒、学生等が見学したというニュースは見当たらない。館長タリク・サマラは自身の公式サイトで著名人との記念写真は掲載しているが、平和教育の一環として学校等が訪れたという記載は見られない。ハビブが特使を務める写真の学校、セブン・アカデミーくらいしか教育関係の情報はなかった。実際には若い人へのプログラムも実施されているのかもしれないが、政治家、王族、文化人等が訪問したという事実の方が広報PRになるからか、そちらが優先的に発信されている印象である。

同館の管理や運営は「記憶の文化(Culture of Remembrance)」†52という協会が担当している。開館間もない頃(2012年8月16日)、その運営組織の広報担当であるイビツァ・パンジッチ(Ivica Pandžić)が、イタリアのシンクタンクのインタビューに答え、以下のように説明している†53。

> ポトチャリ(スレブレニツァ)での式典が終わると、
> ニュースのトップ記事になるような次の機会まで、
> スレブレニツァは忘れられてしまいます。
> (中略)
> それぞれの名前が犠牲者を追悼するように、
> 私たちはそこに加害者の名前もあることを
> 心に留めなければなりません。
> (中略)
> 我が国を訪れる人にとって、それは観光客であれ、
> ディアスポラ(国外ボスニア人)であれ、
> ポトチャリの記念館にある
> ドキュメンタリーや写真資料を見るために、
> スレブレニツァに出掛けるのは困難です。
> だからサラエボを選んだのです†54。(拙訳)

この言葉からも、マスメディアによる報道がなくなっても、スレブレニツァ虐殺が国際社会から忘れられないための方策を考えていることが窺える。そして、開館時から国外からの旅行者を来館者として想定していることが分かる。

同館では2019年7月より、12ヶ国語のオーディオ・ガイドを

用意している。ボスニア語、クロアチア語、セルビア語は1つにカウントし、それ以外に英語、ドイツ語、フランス語、イタリア語、スペイン語、トルコ語、ポーランド語、ポルトガル語、アラビア語、中国語、そして日本語である。このことからも、いかに外国人の来館が多いかが推察できる。

2-4. 人道に対する罪と虐殺に関する博物館（Museum of Crimes Against Humanity and Genocide）

2021年1月現在、新型コロナウイルス感染拡大の影響からか、「人道に対する罪と虐殺に関する博物館」（図7）が閉業となっている。詳細不明だが、他館に関しても、パンデミックの影響により館の存続が危ぶまれるのではないかと危惧する。

同館はトリップアドバイザーにおける評価で、サラエボの博物館部門第3位であった†55。サラエボの場合は他にも内戦に関する展示をしたミュージアムがあるが、本章で採り上げた3館は、街の中心部に所在する。3館とも徒歩でまわることができ、（精神的にはヘビーだが）1日で3館を連続で見学すること

図7　人道に対する罪と虐殺に関する博物館 Museum of Crimes Against Humanity and Genocide（サラエボ）

も不可能ではない。この点から、旅行者にとっては立地、アクセスの良さも重要だということが推度できる。

既に紹介した2館と比べると、この館が最もダイレクトに訴えてくる展示である。誰がした行為なのか、誰にやられたのか、各キャプションに明記されているのである。サラエボにある前述の2館は、「加害者」を糾弾するような解説は、同館ほど多くない。

戦争子ども博物館が最も洗練された館内、そしてスタッフであった。お揃いのシャツ程度とはいえ、ユニホームを着た女性が対応してくれる。戦争子ども博物館が美しく展示することで、戦争の凄惨な現実をオブラートで包んで伝えているとしたら、こちらは直球で投げられたボールを受け止めなければならない。具体的な数字、写真、映像、模型等で訴えてくる。

戦争子ども博物館同様、子どもに関する展示があるがゆえに、違いは一層明白だ(図8)。戦争子ども博物館では、必ずしも辛く悲しいエピソードばかりではないが、同館は艱難辛苦しか

図8　スレブレニツァ虐殺の犠牲者、生存者、そしてそのストーリー

ない。戦争子ども博物館では、子どもながらにたくましく戦火を生き延びる様子や、子どもだからこそ何もない中でどうやって楽しみを見出すかといった、多様な視点が紹介されているが、同館はスレブレニツァ虐殺のストーリーである。生存者の証言や遺族による犠牲者のエピソードなので、一つひとつの展示を見るたびに苦しくなってくる。

現実は展示で表現されるよりも、もっと過酷で惨烈なのだということは想像できるが、見学するにはそれ相応の覚悟が必要なミュージアムである。それでも、インターネット上に掲載されている過去の展示画像などを見ると、あまりに刺激的な展示は撤去されたか、変更が加えられたようである。

私が見学している間、他の来館者は2、3人しかいなかったが、ひとりで訪れていた女性がスタッフと思しき男性に熱心に質問をしていた。英語で会話していることから、外国人であることが分かる。旧ユーゴ地域では英語を話せる人が多いが、サラエボは特に流ちょうに感じる。同館の男性も滑らかな英語で、30分以上説明しているのが耳に入った。

2016年のバルカン調査報道ネットワークの記事によると、同館ではICTYのアーカイブズからの資料が展示されているという†56。1995年7月11日ギャラリーでも触れたが、前述のカーメル・アギウス(Carmel Agius)国連裁判官が2017年6月20日に同館も見学している†57。

博物館開設委員のメンバーであるアリヤ・グルホビッチ(Alija Gluhovic)は、前述のバルカン調査報道ネットワークによるインタビューに答え、「観光客としてボスニア・ヘルツェゴビナにくる人のほとんどは、1990年代に関心がある」と述べている。そして同記事の中で、同館を見学中のスペインからの観光客は「街中で見たものは私がボスニアに期待していたものと違う。ここに来てはじめて、期待していたものに出会えた」と話している。

3. ベオグラード（セルビア）

最後の訪問地、セルビアの首都ベオグラードへ移動しよう。かつてのユーゴスラビアでも首都だった都市である。そして私が学生時代に留学していた場所でもある。

クロアチアやボスニア同様、セルビアについても人口について触れたいところだが、これが簡単ではない。首都ベオグラードの人口は約160万人†58である。

なぜ、セルビアの人口を述べることが簡単ではないのか。それは、どこまでがセルビアの領土かという認識を問われることを意味するからである。日本の外務省公式サイト†59では、人口約700万人としている。一方、駐日セルビア共和国大使館の公式サイト†60では、約900万人と説明している。これは誤植ではないし、いずれも間違いではない。約200万人の差異は何か。それはコソボを意味する。

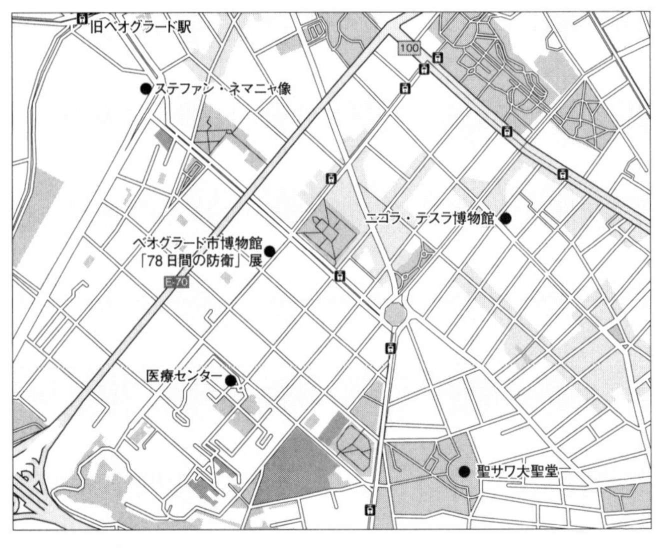

地図4　ベオグラード

日本は2008年3月18日、コソボ共和国を国家として承認し、翌年外交関係を開設している。それに対し、セルビアはコソボの独立を認めていない。つまり、セルビアにとって、コソボはセルビアなのである。

このセルビアとコソボの問題はこれから述べるアート、展示、ミュージアムとも関係がある。その本題に入る前に、当該地域の偉人について述べておこう。

3-1. ニコラ・テスラ(Nikola Tesla)のタイムマシン

2021年3月26日に映画『テスラ　エジソンが恐れた天才』が、日本で公開される。主人公のニコラ・テスラ(Nikola Tesla, 1856–1943)を演じるのは俳優のイーサン・ホーク(Ethan Hawke)。日本では2020年6月に映画『エジソンズ・ゲーム』が上映されたばかりだ。同作ではニコラ・テスラを英国俳優ニコラス・ホルト(Nicholas Hoult)が演じた。テスラは映画に登場するくらい有名で、エジソンのライバルといわれる天才科学者なのだが、日本での知名度はかなり低い。

ニコラ・テスラは旧ユーゴ諸国では知らない人がいない。旧ユーゴが誇る発明家である。ベオグラードにある空港の名前は、ベオグラード・ニコラ・テスラ空港(Belgrade Nikola Tesla Airport)。テスラはオーストリア帝国(現在のクロアチアにあたる地方)で生まれたセルビア人であり、クロアチア、セルビア、両国にニコラ・テスラにまつわるミュージアムがある[†61]。

セルビア人のマルチメディア・アーティスト、ドゥシャン・ヨボビッチ(Dr.Dušan Jovović)には、《テスラのタイムマシン(Tesla's Time Machine)》という作品がある。これはテスラ生誕160周年記念の作品(2016年)で、テレコム・セルビアが資金提供している。街の中の建物等に投影するプロジェクション・マッピングなので、その場に居合わせれば誰でも鑑賞することのできるアートである[†62]。

ヨボビッチは1981年に生まれ、ベオグラード芸術大学にてデジタル・アートの博士号を取得している。キャリアを開始したのは2010年頃からで、ARTBEAT†63やOhillusions†64という企業を立ち上げ、チームとして活動している。企業の商品広告といった商業的な作品から国際的なイベントのセレモニーまで請け負い、クライアントは多岐に渡る。

またヨボビッチはセルビア共和国政府コソボ・メトヒヤ局(Office for Kosovo and Metohija, Government of the Republic of Serbia)の要職に就き、セルビア正教会との連携、文化遺産担当を務めている†65。彼は芸術家であり、実業家であり、政治家や官僚とも親密な関係にある。

2015年、コソボのユネスコ加入を認めるか否かが定例総会で審議された。その際、セルビアおよびインターネット上で#NOKOSOVOUNESCOキャンペーンが繰り広げられる。ヨボビッチは自身の作品によって、コソボのユネスコ加盟反対をプロモーションしている†66。

プロジェクション・マッピングは建物に映像を映すことが多いため、その多くは屋外で鑑賞するものである。ヨボビッチの例でいうと、彼のプロジェクション・マッピングを見た人の大半がそれをスマートフォンで録画する。それをSNS等で発信する。そしてさらにシェア、拡散がなされる。それゆえ、彼の名前は知らなくても、国会議事堂でのプロジェクション・マッピングについては知っているという人が多いようだ。

彼のプロジェクション・マッピングはストーリー性があるので、映画に近いともいえる。見た人たちが画像や動画を拡散することが可能であるのが強みである。彼の作品にとっては、建物がキャンバスとなり、街がミュージアムとなる。

その彼が手掛けた最新の展覧会が「78日間の防衛Odbrana78」である。

3-2. 78日間の防衛(Odbrana78)

企画展の名称である「Odbrana」とはセルビア語で防衛を意味し、78は1999年のNATOによる78日間の空爆(図9)を意味する。つまり、テーマはコソボ内戦とNATOによる軍事介入で

図 9　NATO による空爆で破壊された旧ユーゴ国防省（旧ユーゴ連邦共和国軍司令部）（2020 年 2 月筆者撮影）

図 10　国防省主催の企画展「78 日間の防衛（Odbrana78）」入口

ある。空爆から20年が経過した2019年に同展は公開された。

会場はベオグラード市博物館である(図10)。といっても、まだミュージアムは完成していない。同館は新しい建物を建築することが決まっていて、その完成予想図なども公式サイトで紹介されている†67。では、現在の建物は何かというと、国防省の所有物であり、かつての軍士官学校である。その場所を使って国防省による期間限定の企画展が開催されたということは、意味深長である。

展示表象論が専門の川口幸也は『展示の政治学』の論考の中で、「展示は軍事と密接につながっている。というより軍事そのものである」†68と述べている。ここでの「展示」は広義ともいえるが、軍隊にとって展示が大きな意味を持つのは、戦わずして勝つためであるという。さらに続けて「実際の戦闘の帰趨よりも、映像や音声を通して戦争がどう展示され、どう語られるかのほうが、国際世論を形成し、国際政治を動かすうえで、圧倒的に大きな力を持っている」†69と説明している。

では、中に入って展示を見てみよう。私が見学した2020年2月は企画展が始まってから1年近く経っていたが、TV番組の収録なのか、レポーターと思しき女性がTVカメラに向かって展示を案内していた。

展示を見たり、写真を撮ったりしていたところ、軍服姿の男性に声をかけられる。国防省主催の企画展ということもあってか、コソボ内戦経験者がガイドをしてくれることになった。私が見学した時間帯は、私の他にドイツ人女性とフランス人男性が一人ずついた。その軍服姿のガイドは、彼らには流ちょうな英語で、私にはセルビア語で説明をしてくれるバイリンガル。NATOやアルバニア人について熱心に語ってくれる。アルバニア人兵士は当初は髭面のゲリラ部隊のようなテロリスト集団だったが、途中から髭を剃って風貌を変えたとか。NATOの空爆によって家族を殺された子どもの話、等々。

前述の通り、展示を担当したのはヨボビッチ。プロジェクション・マッピングの技術を活用した展示は、ここでも健在である。図11の展示は、1999年当時の各国首脳と思われる人々が代わる代わる映し出され、ノンストップで話し続けるというもの。ガイドの説明によると、英米をはじめとする諸外国の政治家がそれぞれの主張をするけれども、セルビア側は何も話すことができない様子を表しているということだった。

様々なセルビア国営放送や新聞などの報道を見る限り、海外からの政府要人や代表団が見学する際は、ヨボビッチ自ら案内する熱の入れようである[†70]。そして、それらの記事によると、この展覧会は真実のための戦いであり、コソボに関して何が真実なのかを旅行者にも知ってほしいという[†71]。展示には、実際に使用されていたモノや、現場にあった資料250点以上の現物が用いられている。

NATOによる空爆では、米軍機によって在セルビア中国大使館が爆撃されている。中国人も3人の死者がいる事件ゆえ、本企画展には中国の代表団も見学し、ゲストブックに感想を記していた。

このNATOによる空爆という史実は、セルビアにとって「被害者」「犠牲者」としての記憶であるばかりでなく、中国と共感・共苦できる経験である。「犠牲者」として展示し、発信できるだけでなく、中国と悲しみや苦しみの記憶を分かちあうことができ、共通の敵を再確認できる歴史ともいえるのである。

図11　クリントン大統領とオルブライト国務長官（1999年当時）と思しき人物像がプロジェクション・マッピングで映し出される展示

新型コロナウイルス感染拡大によって、以前にも増してセルビアは中国との関係を強めている。中国製の新型コロナウイルスのワクチンが、ヨーロッパでは初めてセルビアに供給された†72。中国とセルビアの関係が蜜月であることを示すニュースである。

ロシア同様、中国はコソボの独立を承認していない国際連合安全保障理事会常任理事国であるだけでなく、経済的な支援国である。セルビアは中国が推進する「一帯一路」構想の参加国であり、ブチッチ(Aleksandar Vučić)大統領をして苦難を共にする「不変の友人」と言わしめる†73。ベオグラード市内ではファーウェイ(Huawei)の電光掲示板や中国語表記の案内板が目立つようになった。

なお、国防省の公式サイトやYouTubeチャンネルでは、中国、ロシア、ベラルーシの要人が見学したことをニュースとして発信している。

4. スレブレニツァをめぐるミュージアム連携

本章で採り上げたミュージアムを調査していく中で、登場人物たちが繋がっていくことに気づく。同じ人物が複数の館に関わっているのである。館の連携とは、とりもなおさず人間同士の関係である。今回の調査で見えてきた館同士の連携と人間関係について、整理して図解したのが図12である。

少なくとも、ザグレブの戦争写真博物館、サラエボの1995年7月11日ギャラリー、戦争子ども博物館には連携関係が見られ、その関係者たちがスレブレニツァというキーワードのもとに繋がっている。戦争をテーマにしているから当たり前だと思う向きもあるかもしれないが、だからこそ、対立関係にあった者とは協力が困難ともいえる。今回採り上げた館、その関係者に限定するならば、セルビアはいずれの館とも連携やネットワークはない。ミュージアムの世界から見ても、セルビアが孤立しているように見える。

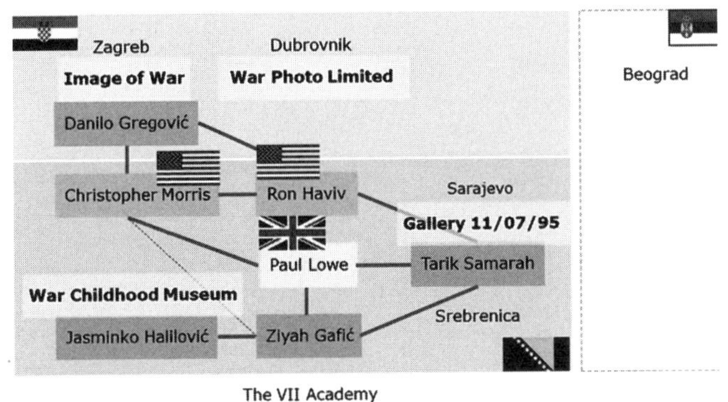

図12　本章で採り上げた館の連携と人間関係のネットワーク（調査結果を基に筆者作成）

また旧ユーゴ以外の関係者、モリス、ハビブ、ロウに注目してほしい。いずれも1990年代の内戦で活躍した写真家である。当時は新聞、雑誌、TVといったマスメディアで彼らの写真が使われたが、戦争が終わってしまえば、その作品群も忘れられてしまうかもしれない。たとえ写真界では有名人であっても。

前述のモリス、ハビブ、ロウに加えて、ボスニア人のサマラ、ガフィッチも写真家である。本章で見てきた彼らの活動から考えるに、写真という媒体を用いて、ミュージアムやインターネットという世界で、内戦を想起させることを試みていることが推察できる。彼らは旧ユーゴ内戦で一枚の写真がいかに大きな破壊力をもったか、誰よりも理解している人たちである[†74]。

いずれの場合も、ミュージアムや展示、それぞれの作品を用いて、過去を想起させたり、現在の状況をあらためて考えさせたりする契機にはなっているだろう。人々に戦争の記憶を想起させる場や仕組みというのは、他にもいろいろあるが、彼らは写真やミュージアムというメディアを使って想起を促し、「共感」を拡散しているように見受けられる。それが人々の情動に作用することを分かった上で、国益のために活用し、過去の内戦だけでなく自国のプレゼンスも含めて、国際社会から忘れ去られないよう発信を続けている。

おわりに

タイトルに掲げたパズル(puzzle)という言葉には、2つの意味を込めている。ひとつはジグソーパズルのように解体してしまったユーゴスラビアというユートピア(どこにも存在しない場所)と、ユーゴスラビアの問題は解くことのできない難問・難題という意味でのパズルである。

2020年2月に現地を訪問し、その後も旧ユーゴ内戦に関するミュージアムや企画展を調査して考察したことは、大きく3つある。

1つ目は、共通の敵ともいえる相手を明示し、「被害者」としての一体感の醸成を促すことで、ユーゴスラビア解体・独立後の新しい国民をつくりだしているのではないかということである。今回採り上げたミュージアムを見る限り、「被害者」としての展示はどの国にも共通している。クロアチア、ボスニアまでは容易に想像がついたが、さすがにセルビアでは同様の展示はないだろうと、訪問前は考えていた。なぜなら、旧ユーゴの内戦では、一貫してセルビアが「加害者」であるという国際世論が定着していたからである。しかし、ミュージアムという公的な場を通じて、セルビアでも「被害者」としての発信をしていることが明らかとなった。

思想家のエルネスト・ルナン(Ernest Renan,1823–1892)は、「共通の苦悩は歓喜以上に人々を結びつけます。国民的追憶に関しては、哀悼は勝利以上に価値あるもの」†75だという。続けて、国民とは「犠牲の感情によって構成された大いなる連帯心」だと述べている。

韓国の歴史家、イム・ジヒョンのいう「犠牲者意識」†76、『想起の文化』†77を著したドイツのアライダ・アスマンのいう「被害者競争」については、稿を改めて論じたい。

社会学者の荻野昌弘は、戦争被害のような負の歴史的遺産に関する展示の組み立てについて、次のように説明している。「①展示への権利は万人に保証された権利であり、②展示する者が主体的に展示内容を演出できることを前提として、暴力が行使されたできごとの被害者としての主張を貫徹する戦略を取る」†78。

戦略だとすれば、なおのこと、以下のような分断を懸念する。「被害者」としての訴えともいえるミュージアムや展示を見て、鑑賞者がそれに共感するかどうかで「われわれ」かどうかが決まってしまうのではないだろうか。たとえ外国人だとしても、「われわれ」の側に立つ人間か否かが分かれてしまうのである。

クロアチア、ボスニア、セルビアは、元々は同じ国であり、言語的差異もほとんどない。それゆえ、解体・独立後は一層、「彼我を分かつものは何なのか」を示さなければならなくなっている。集合的記憶やナショナル・アイデンティティ構築と、ミュージアムとの関係については、今後さらに研究を深めたい。

2つ目は、旧ユーゴ内戦は情報が武器になるメディア戦争の様相を呈していたが、現在はミュージアムを舞台にそれが継続しているのではないかということである。1995年のデイトン合意(和平協定)から2020年で四半世紀という歳月が流れたが、ミュージアムにおいて、あるいはミュージアムを使って、まるで内戦は継続しているかのようである。

本章で紹介した通り、サラエボのミュージアムやベオグラードの企画展は、各国首脳やICTYの裁判官等が見学している。それによって政治、外交、司法に直接影響があるわけではないだろうが、VIPの訪問をマスメディアが報道するという連鎖にはなっている。「誰がミュージアムを見学したか」はニュースになるのである。既述のカーメル・アギウス国連裁判官が、サラエボのミュージアムを見学した年は2017年。スレブレニツァ虐殺等の被告人であるラトゥコ・ムラディッチ(Ratko Mladić)が、終身刑を言い渡された年である。

メディアによって国際世論を動かし、その巧拙が戦況を左右した旧ユーゴ内戦。メディアをいかに利用するかが生死をも分けるのであれば、メディアとしてのミュージアムに着目するのは論を俟たない。そして様々なメディア同様、ミュージアムに展示されていること、記述されていることがすべて正しいと考えるのは早計である。

故スーザン・ソンタグは、自著『他者の苦痛へのまなざし』の中で次のように語っている。「近年のバルカン半島でのセルビア人とクロアチア人の戦闘では、村の爆撃で殺された子どもたちの同じ写真が、セルビア人、クロアチア人双方で宣伝活動のために流布された。キャプションさえ変えれば、子どもたちの死は繰り返し利用できるのである」†79。これはセルビア人、クロアチア人に限ったことではない。

仮に展示する側に特定の意図がなかったとしても、映画などと同様、展示がプロパガンダになりかねないというリスクは、見逃すべきではない†80。もちろんその規模や国際社会への影響力は、1990年代における内戦時のPR Warとは比ぶべくもない。しかし、等閑視できない問題なのではないかと考える。

3つ目は、ミュージアムや展示がもつ、共感力とでもいうべき力の脅威である。特に「子ども」というコンテンツは共感を呼びやすい。展示そのものが「情動」や「情念」を表現したり、鑑賞者の「情動」や「情念」にダイレクトに作用したりする力について、今まで以上に警戒を要する†81。それはミュージアムや展示のもつ強み、利点でもあるが、諸刃の剣だということである。

歴史家のアンヌ・モレリ(Anne Morelli)は、2001年に著した著書の中で、「近年の湾岸戦争やコソボ紛争でも、芸術家や知識人はプロパガンダに協力を求められた。感動とは常に世論を動かす力であり、彼らは感動を呼び起こす才能をもっている」†82と述べている。彼女は「芸術家や知識人も正義の戦いを支持している」というのは、戦争プロパガンダの法則のひとつであると主張する。

1987年に梅棹忠夫が著した『メディアとしての博物館』では、博物館というより「博情館」と梅棹は表現している。それは情報を扱うという意味であった†83。しかし、情報だけでなく、「情動」や「情念」までも表現し得るのがミュージアムであり、鑑賞者の「情動」や「情念」を揺さぶることができるのもミュージアムである。それだけの力を有しているからこそ、見る側にもリテラシーが求められる†84。

クロアチアに留学経験があり、映像研究等を専門にしている亀田真澄は、米ソのプロパガンダ文学について研究した論考で、「国家の危機の時代を乗り切るために頼ったプロパガンダが、文学を通した共感の『製造』だった」†85とまとめている。そして次のように結論付ける。

国家の受難を引き受ける犠牲者としての社会的弱者は、
共感の製造によって社会的連帯の操作を可能にする、
効果的な宣伝材料でもあったのだ†86。

本章の例でいえば、内戦の犠牲者、特に子どもであろう。亀田は「共感が危険なものになりうるのは、なかでも、共感力が政治的に利用されるときだ。共感は世論を形成し、社会を動かす原動力となってきた。特に国家・社会が危機的状況に陥った際にはしばしば、共感の『驚くべき力』が他者の排除や戦争へと人々を導いてきた」という。亀田は映画や図像を中心としたプロパガンダ作品を研究対象とし、先の論考では文学をもとに分析しているが、博物館にも同様の力が備わっていることは否定しがたい。

亀田はポスト・トゥルースについても言及し、共感という感情が最も人々の心を動かし、事実を凌駕するほどに強力なもののひとつだとしている。一方、ボスニア内戦でのメディアによる情報操作(国際社会をセルビア・バッシングへと誘導した情報戦)について著した高木徹は、「イメージが現実を凌駕する」†87という。

現代は過剰なまでに「分かりやすさ」と「共感」が求められる。いずれも良いことであるのは否定しないが、同時にそれらにたいする懐疑や陥穽を忘れてはいけない。

共感とは「共感の対象にならない人々、なり得ない人々の苦難に対して盲目にする。(中略)身内に対する共感は、戦争の肯定、他者に向けられた残虐性の触発などの強力な要因になる」と心理学者のポール・ブルームはいう†88。

だからこそ、共感できない人とどう共生するか、「われわれ」だと思えない人とどうやって共存していくかが、ますます不可避のテーマになってくるように思われる。

注

1 本稿では採り上げないブコバルにおける記念碑やミュージアムについては、木戸泉の論考が興味深い。木戸(2020)によると、ブコバルでは平和教育として、クロアチア国内の児童が記念館等を見学している。
木戸泉「クロアチア紛争後のコメモレーションによるナショナル・アイデンティティの強化と継承」『E-journal GEO』vol.15(1), 2020, pp. 74–100.

2 Worldometer, "Croatia Population", *Worldometer*, https://www.worldometers.info/world-population/croatia-population/ (accessed Dec.30, 2020)

3 *Ibid.*

4 同サイトは、世界最大の閲覧数を誇る旅行に関するプラットフォームである。いわゆる口コミサイトであり、旅行をする際に必ず検索・閲覧するチャネルのひとつだろう。
トリップアドバイザー ,「トリップアドバイザーについて」,『トリップアドバイザー』, https://tripadvisor.mediaroom.com/jp-about-us(最終アクセス:2020年12月30日)

5 *Image of War: War Photography Museum*, http://imageofwar.hr/ (accessed Dec.30, 2020)

6 トリップアドバイザー公式サイトによると、ランキングの仕組みは、当該施設が利用者から受け取った口コミの評価、投稿時期、件数等によって決まる。最新の口コミは、古いそれよりも価値があるという判断のようである。理由は、現状の施設での体験をより正確に反映しているからとのこと。

トリップアドバイザー ,「トリップアドバイザーの人気ランキングについて知っておくべきこと」,『トリップアドバイザー』, https://www.tripadvisor.jp/TripAdvisorInsights/w765（最終アクセス:2020 年 12 月 30 日）

7 亀田真澄「クロアチア現代芸術を読む――集団的記憶へのささやかな抵抗」『れにくさ』第 1 号 , 2009 年 , pp. 63–78, https://repository.dl.itc.u-tokyo.ac.jp/?action=repository_action_common_download&item_id=37516&item_no=1&attribute_id=19&file_no=1（最終アクセス：2020 年 12 月 30 日）

8 Ministry of Tourism, Republic of Croatia, *Tourism in figures 2019*, *Ministry of Tourism, Republic of Croatia*, https://www.htz.hr/sites/default/files/2020-07/HTZ%20TUB%20ENG_2019.pdf（accessed Dec.30, 2020）

ちなみにザグレブ市を訪れる観光客は 2018 年に 1,400,000 人、2019 年には 1,454,000 人で、増加傾向にある。

9 *Ibid.*

2019 年に最も旅行者が訪れた場所はドゥブロブニク、ロビニュ、ポレチュ、スプリットと、上位はアドリア海の都市が並ぶ。しかし、最も人気のあるドゥブロブニクに戦争写真館（War Photo Limited）があることも無視できない。2000 年頃には活動を始めていたようである。ロン・ハビブが旧ユーゴ内戦を撮影した写真集『血と蜂蜜（*Blood and Honey*）』は 2000 年の刊行である。その後同名の写真展はサラエボをはじめとする、欧米各地で開催されている。

Ron Haviv, https://www.ronhaviv.com/blood-and-honey（accessed Dec.30, 2020）

War Photo Limited," Blood and Honey / Ron Haviv", *War Photo Limited,* http://www.warphotoltd.com/rentals/blood-and-honey--ron-haviv4（accessed Dec.30, 2020）

2004 年の『ニューヨークタイムズ』によると、クルーズ船などでドゥブロブニクに寄港した外国人が同館を立ち寄り、たった 10 年前に戦争があったことを知って驚いているということである。ダークツーリズムとしてではなく、何も知らずに訪れてたまたま知るということである。そして発信する側は、外国人旅行者を対象としているから、観光地にミュージアムを開設するということである。

Nicholas Wood, "Photographic Images Of War in a Region That Knows the Subject", *The New York Times*, Jun.3 2004, https://www.nytimes.com/2004/06/03/arts/photographic-images-of-war-in-a-region-that-knows-the-subject.html（accessed Dec.30, 2020）

10 Milana, "Successful Crowdfunding Campaign for Museum of War Photography in Zagreb", *Giving Balkans*, July 2,2018, https://givingbalkans.org/content/successful-crowdfunding-campaign-museum-war-photography-zagreb（accessed Dec.30, 2020）

クラウドファンディングのサイトは以下の通り。目標額の 8,000 ドル（7,000 ユーロ）を達成した。しかし、厳密にいうと第 1 回の企画展費用の一部といった方がよい金額である。

Indiegogo, https://www.indiegogo.com/projects/image-of-war-spremimo-rat-u-muzej#/（accessed Dec.30, 2020）

11 同館のクリエイティブ・ディレクションは Brodoto social impact agency という企業が担当している。Brodoto はザグレブにある企業で、同名の NGO ももつ。社会課題の解決やソーシャル・グッドのために活動している、2015 年創業のベンチャー。同社はベオグラード（セルビア）にもブランチがある。同館開設の際のクラウドファンディングも Brodoto が行っている。入館料の一部は難民や強制移住者等へ寄付されるそうだ。

Brodoto, "About us", *Brodoto*, https://www.brodoto.com/brodoto-about-us（accessed Dec.30, 2020）

12 Sandra Vitaljić, "Up Close and Personal – War in Croatia", https://sandravitaljic.com/Up-close-and-personal-War-in-Croatia（accessed Dec.30, 2020）

13 地下のフロアには、映像の他に一般市民の証言集（図1）を読むことができるが、地下の展示や映像はクロアチア語と英語のみで、中国語と韓国語の説明はない。

14 Travel Vision「大韓航空、9 月に仁川／ザグレブ線開設、週 3 便」『Travel Vision』, 2018 年 6 月 5 日, http://www.travelvision.jp/news/detail.php?id=81990（最終アクセス:2020 年 12 月 30 日）

15 Anja Vladisavljevic, "Zagreb War Photo Museum Sparks Emotional Response", *Balkan Insight*, Jan.3, 2019, https://balkaninsight.com/2019/01/03/zagreb-war-photo-museum-sparks-emotional-response-12-21-2018/（accessed

Dec.30, 2020）

16 クリストファー・モリスの作品は公式サイトのポートフォリオで閲覧可能。同館で展示されていた写真の他に、ボスニア内戦での写真を見ることもできる。しかし、いずれも目を背けたくなるような写真が掲載されているので、閲覧注意。

Christopher Morris, https://christophermorrisphotography.com/portfolio-3/croatian-war（accessed Dec.30, 2020）

17 同展の展示資料より拙訳。ビタリッチが執筆した図録の PDF は、以下よりダウンロードが可能。https://www.academia.edu/10347330/War_of_Images_Contemporary_War_Photography（accessed Dec.30, 2020）

18 川口幸也は「暴力と狂気を内側に秘めているミュージアムという展示の装置」と表現している。

川口幸也「展示　狂気と暴力の黙示録」川口幸也編『展示の政治学』水声社 , 2009, p. 38.

19 吉田憲司『文化の「発見」――驚異の部屋からヴァーチャル・ミュージアムまで』岩波書店 , 1999, p. 192.

20 Brodoto, “Image of War: Rat iz perspektive fotografa”,［Video］, YouTube, https://youtu.be/FfO1_C9rhb8, June 09, 2018（accessed Dec.30, 2020）

21 *War Photo Limited*, http://www.warphotoltd.com/（accessed Dec.30, 2020）

22 Patricia Kiš, “

ČOVJEK KOJI JE OTVORIO MUZEJ

DANILO GREGOVIĆ, ADVOKAT 'Moj Muzej rata ustvari je kampanja protiv rata”, *Jutarnji List*, Jul.2 2019, https://www.jutarnji.hr/kultura/art/danilo-gregovic-advokat-moj-muzej-rata-ustvari-je-kampanja-protiv-rata-7546944（accessed Dec.30, 2020）

23 講演会の様子はライブ配信され、YouTube で視聴可能である。

The VII Academy, “The Breakup: Photographs from 1991-000 by Ron Haviv and Christopher Morris”,［Video］, YouTube, https://youtu.be/enEeW_Sb_Ds, Dec.04, 2019（accessed Dec.30, 2020）

24 VII Academy, “About the VII Academy”, *VII Academy*, https://vii.academy/about/（accessed Dec.30, 2020）

25 Vladisavljevic, op.cit.

26 Worldometer, "Bosnia and Herzegovina Population", *Worldometer*, https://www.worldometers.info/world-population/bosnia-and-herzegovina-population/ （accessed Dec.30, 2020）

27 World Population Review, "Sarajevo Population 2020", *World Population Review,* https://worldpopulationreview.com/world-cities/sarajevo-population （accessed Dec.30, 2020）

28 *Jasminko Halilovic*, https://jasminkohalilovic.com/ （accessed Dec.30, 2020）

29 ヤスミンコは既に出版されていた『ズラータの日記』は意識したようである。彼女が「サラエボのアンネ・フランク」「ボスニア版アンネの日記」と評され、世界中で翻訳されていることは知っている。自分は戦争が始まった当時、4歳だったので日記をつけることはできなかった。それゆえ、その代わりに何かできないかと考えたという。

大谷佳名「『ぼくたちは戦場で育った』――子どもたちが語るボスニア紛争　ヤスミンコ・ハリロビッチ×角田光代×千田善×荻上チキ」（

TBSラジオ「荻上チキ Session22」2015年11月11日（水）「ボスニア紛争のサラエボ包囲戦から20年。戦場となった街で子供達は何を体験したのか?」より抄録）,『SYNODOS』, 2016年1月16日, https://synodos.jp/international/15802/2（最終アクセス:2020年12月30日）

ズラータ・フィリポヴィッチ『ズラータの日記』相原真理子訳, 二見書房, 1994.

30 ヤスミンコ・ハリロビッチ編著『ぼくたちは戦場で育った　サラエボ 1992–1995』角田光代訳, 千田善監修, 集英社インターナショナル, 2015

31 同上

32 *War Childhood Museum*, https://warchildhood.org/ （accessed Dec.30, 2020）

33 *Ibid.*

34 荻野昌弘は負の歴史的遺産の保存について、次のように説明する。「現在において、いかに過去が保存され、再創造され、あるいは意識的に改竄されているかが問題とされる。それは、過去に起こったできごとを、いま一度、現在のなかに取り込むためである」。

荻野昌弘「負の歴史的遺産の保存――戦争・核・公害の記憶」片桐新自編『シリーズ環境社会学 3　歴史的環境の社会学』新曜社, 2000, p. 217.

35 FAMA 編『サラエボ旅行案内――史上初の戦場都市ガイド』P3 art and

environment 訳 , 柴宜弘監修 , 三修社 , 1994, p. 52.

36 スーザン・ソンタグ『この時代に想う　テロへの眼差し』木幡和枝訳 NTT 出版 , 2002, p. 86.

37 *Ibid.*

38 *2009 AAA(American Anthropological Association) Code of Ethics,* http://s3.amazonaws.com/rdcms-aaa/files/production/public/FileDownloads/pdfs/issues/policy-advocacy/upload/AAA-Ethics-Code-2009.pdf（accessed Dec.30, 2020）

39 *The USC Shoah Foundation Institute*, http://sfi.usc.edu/（accessed Dec.30, 2020）

ショア財団では 55,000 件以上のインタビューをデジタル化している。

40 *Cinema for Peace*, https://www.cinemaforpeace-foundation.org/（accessed Dec.30, 2020）

41 クロアチアではドキュメンタ（Documenta）が第二次世界大戦と 1991 年 -1995 年の内戦からの生還者の証言映像を記録している。

Documenta, https://documenta.hr/en/（accessed Dec.30, 2020）

また、クロアチアのオーラルヒストリーについては以下のサイトでインタビュー映像が視聴可能である。

CroMe: Croatian Memories Unveiling Memories on War and Detention, http://www.croatianmemories.org/en/（accessed Dec.30, 2020）

42 Tripadvisor, "War Childhood Museum", *Tripadvisor*, https://www.tripadvisor.com/Attraction_Review-g294450-d12116442-Reviews-War_Childhood_Museum-Sarajevo_Sarajevo_Canton_Federation_of_Bosnia_and_Herzegovi.html（accessed Dec.30, 2020）

43 Ziyah Gafic は TED スピーカーでもある。

Ziyah Gafic, "Everyday Objects, tragic histories", [Video], *TED*, March,2014, https://www.ted.com/talks/ziyah_gafic_everyday_objects_tragic_histories?utm_campaign=tedspread&utm_medium=referral&utm_source=tedcomshare（accessed Dec.30, 2020）

44 Ziyah Gafic, "Quest for Identity", *Lensculture*, https://www.lensculture.com/articles/ziyah-gafic-quest-for-identity（accessed Dec.30, 2020）

なお、前掲の木戸（2020）によると、ブコバル（クロアチア）のオブチャラ虐殺記念館でも、集団墓地から発掘された遺品（身分証、時計、ロザリオ等）が展示されているという。

木戸 , 前掲論文 , p. 86.

45 Gafic（2014）, *op.cit.*

46 現地スレブレニツァにもミュージアムがある。また以下のサイトでスレブレニツァのバーチャル見学が可能。

Remembering Srebrenica, http://www.srebrenica360.com/（accessed Dec.30, 2020）

47 Tripadvisor, "Galerija 11/07/95", *Tripadvisor*, https://www.tripadvisor.com/Attraction_Review-g294450-d3661931-Reviews-Galerija_11_07_95-Sarajevo_Sarajevo_Canton_Federation_of_Bosnia_and_Herzegovina.html（accessed Dec.30, 2020）

48 Marzia Bona, Places of memory: the 11/07/95 gallery, 16/08/2012 *OBC Transeuropa*, https://www.balcanicaucaso.org/eng/Areas/Bosnia-Herzegovina/Places-of-memory-the-11-07-95-gallery-120601（accessed Dec.30, 2020）

49 *Gallery 11/07/95*, https://galerija110795.ba/about-gallery-110795/（accessed Dec.30, 2020）

50 Tarik Samarah, "High Delegation of the ICTY visited the Gallery 11/07/95 on the 5th anniversary of its work", https://tariksamarah.com/en/high-delegation-of-the-icty-visited-the-gallery-110795-on-the-5th-anniversary-of-its-work/（accessed Dec.30, 2020）

51 *Tamrik Samarah*, https://tariksamarah.com/en/（accessed Dec.30, 2020）

52 *Kulturasjecanja*, https://kulturasjecanja.org/（accessed Dec.30, 2020）

53 Bona, *op.cit.*

54 *Ibid.*

55 Tripadvisor, "Museum Of Crimes Against Humanity And Genocide 1992-1995", *Tripadvisor*, https://www.tripadvisor.com/Attraction_Review-g294450-d10593961-Reviews-Museum_Of_Crimes_Against_Humanity_And_Genocide_1992_1995-Sarajevo_Sarajevo_Canto.html（accessed Dec.30, 2020）

56 Aleksandra Tolj, "Sarajevo Museum of Crimes Against Humanity Opens",

Balkan Insight, July 22, 2016 https://balkaninsight.com/2016/07/22/sarajevo-crimes-against-humanity-museum-opens-07-22-2016/ （accessed Dec.30, 2020）

57 Y.Z., "President of ICTY in visit to Museum of Crimes against Humanity and Genocide", *Sarajevo Times*, http://www.sarajevotimes.com/president-icty-visit-museum-crimes-humanity-genocide/ （accessed Dec.30, 2020）
同年 11 月にラトゥコ・ムラディッチ被告は終身刑が言い渡されている。

58 外務省 ,「セルビア共和国基礎データ」『外務省』, https://www.mofa.go.jp/mofaj/area/serbia/data.html#section1 （最終アクセス：2020 年 12 月 30 日）

59 同上

60 駐日セルビア共和国大使館 ,「基本情報」『駐日セルビア共和国大使館』, http://www.tokyo.mfa.gov.rs/jpn/serbiatext.php?subaction=showfull&id=1348052816&ucat=107&template=MeniENG&#disqus_thread （最終アクセス:2020 年 12 月 30 日）

61 ザグレブとベオグラードにある 2 つのテスラ・ミュージアムについては別稿に譲る。

62 Dusan Jovovic, "TESLA'S TIMEMACHINE VIENNA, AUSTRIA", ［Video］, YouTube, https://youtu.be/s6pFf_vKsuY, Oct.27, 2017 （accessed Dec.30, 2020）

63 *ARTBEAT*, http://www.artbeat.rs/sr/o-nama/ （accessed Dec.30, 2020）

64 *Ohillusions*, https://ohillusions.com/ （accessed Dec.30, 2020）

65 Kancelarija za Kosovo i Metohiju, Vlada Republike Srbije, "Pomoćnici direktora", *Vlada Republike Srbije*, http://www.kim.gov.rs/lat/pomocnici-direktora.php （accessed Dec.30, 2020）

66 ヨボビッチもコソボの UNESCO 加盟に反対し、自身の 4D マッピング作品《Kulturizacija》において、＃NOKOSOVOUNESCO を表現している。同時にそれは大勢の観衆の前で投影されるため、キャンペーンの一環にもなっている。
Ohillusions, https://ohillusions.com/portfolio/ （accessed Dec.30, 2020）

67 *Belgrade City Museum*, http://www.mgb.org.rs/en/visit/new-museum-building （accessed Dec.30, 2020）

68 川口, 前掲書, pp. 19–20.

69 同上

川口は米国日系三世のアーティストによるビデオ・インスタレーション作品を例に挙げ、その中に登場する特撮映像は第二次世界大戦中に米国国防省によって制作され、国内向けのプロパガンダとして流された映像だと説明している。

同上, pp. 31–32.

70 Radio Televizija Srbije, "Lavrov obišao izložbu <Odbrana 78>", *Radio Televizija Srbije*, https://www.rts.rs/page/stories/sr/story/125/drustvo/3991617/lavrov-izlozba-odbrana.html, June 18, 2020（accessed Dec.30, 2020）

Politika, "Lavrov obišao izložbu <Odbrana78>", *Politika*, 18. JUN 2020, http://www.politika.co.rs/sr/clanak/456513/Drustvo/Lavrov-obisao-izlozbu-Odbrana-78#!, June 18, 2020（accessed Dec.30, 2020）

71 Kancelarija za koordinacione poslove u pregovaračkom procesu sa Privremenim institucijama samouprave u Prištini, "Đurić: Izložba "Odbrana78" istina o KiM i terorizmu", *Vlada Republike Srbije*, Jul.5 2019, http://www.kord-kim.gov.rs/lat/v3330.php（accessed Dec.30, 2020）

72 AFP BBNews「中国の新型コロナワクチン 100 万回分がセルビア到着」『AFP BBNews』, 2021 年 1 月 18 日, https://www.afpbb.com/articles/-/3326932（最終アクセス:2021 年 1 月 30 日）

73 AFP BBNews「『風雨を共にする不変の友人』セルビアに到着した中国医療チームに感謝の嵐」『AFP BBNews』2020 年 4 月 7 日, https://www.afpbb.com/articles/-/3276848（最終アクセス:2020 年 12 月 30 日）

74 NHK ディレクターの高木徹が明らかにした通り、ボスニア内戦時に米国の PR 会社ルーダー・フィンが、クライアントであるボスニア政府の意向に沿うような情報発信の指南をしている。また当時世界中を震撼させた『タイム TIME』誌の表紙（強制収容所にいるやせ細ったムスリムの男性を撮影したと誤解された写真）は、「写真が真実を語らない」ことをわれわれに学習させてくれた。

高木徹『ドキュメント戦争広告代理店——情報操作とボスニア紛争』講談社, 2005, p. 139.

同書の主役ともいえるルーダー・フィン社（当時）のジム・ハーフは、1997 年に自身が設立した会社、グローバル・コミュニケーターズの公式サイトで、現在も旧ユーゴ内戦での "PR War" を実績として "PR" している。加えて、クロアチア共和国政府、同観光省も彼の顧客であり、内戦後の観光業再興に貢献している。

同社のサイト上では、高木が製作した NHK のドキュメンタリー『民族浄化 Ethnic Cleansing（英語版）』も視聴可能である。

Global Communicators, https://www.globalcommunicators.com/case-study1.htm（accessed Dec.30, 2020）

75 エルネスト・ルナン他『国民とは何か』鵜飼哲他訳 , インスクリプト ,1997, p.62

76 イム・ジヒョン「グローバルな記憶空間と犠牲者意識――ホロコースト、植民地主義ジェノサイド、スターリニズム・テロの記憶はどのように出会うのか」橋本伸也編『紛争化させられる過去――アジアとヨーロッパにおける歴史の政治化』岩波書店 , 2018

77 アライダ・アスマン『想起の文化――忘却から対話へ』安川晴基訳 , 岩波書店 , 2019

78 荻野昌弘「展示への権利　美の展示と暴力の展示のすき間に」川口 , 前掲書 , p. 53.

79 スーザン・ソンタグ『他者の苦痛へのまなざし』みすず書房 , 2003, p. 9.

スーザン・ソンタグはサラエボで現地の人ともに戦争を経験し、1999 年の NATO によるセルビア空爆を支持した。彼女の友人であり、セルビア人アーティストのマリーナ・アブラモビッチは、慎重に言葉を選び、その賛否については語っていない。以下は渡辺真也によるマリーナ・アブラモビッチへの 2003 年 12 月 20 日のインタビュー。

マリーナ・アブラモヴィッチ「マリーナ・アブラモヴィッチインタビュー　今はなき故国ユーゴスラヴィアと親友スーザン・ソンタグを想う」渡辺真也、萩原留美子訳『舞台芸術 07』（京都造形芸術大学舞台芸術研究センター）2004, pp.92–107.

80 アンヌ・モレリは自著『戦争プロパガンダ 10 の法則』で、世論を動かして参戦に同意してもらうための法則を、次のように説明している。

1.「われわれは戦争をしたくない」

2.「しかし敵側が一方的に戦争を望んだ」

3.「敵の指導者は悪魔のような人間だ」

4.「われわれは領土や覇権のためではなく、偉大な使命のために戦う」

5.「われわれも誤って犠牲を出すことがある。だが敵はわざと残虐行為におよんでいる」

6.「敵は卑劣な兵器や戦略を用いている」

7.「われわれの受けた被害は小さく、敵に与えた被害は甚大」

8.「芸術家や知識人も正義の戦いを支持している」

9.「われわれの大義は神聖なものである」

10.「この正義に疑問を投げかける者は裏切り者である」

アンヌ・モレリ『戦争プロパガンダ 10 の法則』永田千奈訳 , 草思社 , 2002

81 川口幸也は「展示を通した語り」について次のように説明している。「(前略)言葉で語ってメッセージを伝えるのとは違って、そもそもそれが語り／騙りであると思われていないことが多く、その分だけ、受け手の側は警戒心を持たず、無防備な状態でみずからを語りにさらしてしまう」。

川口 , 前掲書 , p. 14.

82 モレリ , 前掲書 , p.148

モレリは NATO によるセルビア空爆に懐疑的だが、空爆支持の立場を表明した故スーザン・ソンタグは次のように語っている。「コソボに住む非セルビア系の人々百万人以上を残虐な目にあわせ、彼らの土地から追放して、行き着くところまでいってしまった『民族浄化』政策の、もっとも雄弁な支持者はセルビアの高名な作家たちでした」。

ソンタグ , 前掲書 , p. 117.

83 梅棹忠夫『メディアとしての博物館』平凡社 , 1987, p. 182.

84 吉田憲司は表現行為とその受容のありかたの関係について次のように述べている。「(前略)展示の常として、その企画者の意図が 100 パーセント観客に伝わることなど期待すべくもない。提示されたものは、常にそれを見る側の独自の解釈に開かれているからである」。

吉田 , 前掲書 , p. 194.

85 亀田真澄「共感の製造――1930 年代米ソにおけるライフヒストリー・プロパガンダ」『思想』2019 年第 11 号(第 1147 号)2019, p. 44.

86 同上

87 高木徹『国際メディア情報戦』講談社 , 2014

88　ポール・ブルーム『反共感論　社会はいかに判断を誤るか』高橋洋訳, 白揚社, 2018, p. 17.

参考資料

「1995年〜1996年の記憶」を記録した1999年を振り返る

> 1996年3月28日。私はブコバル（Vukovar）にいた。内戦終結後まもない彼の地は、未だ銃や爆弾の硝煙がしそうな街だった。当時、セルビア人家庭でホームステイをしていた私は、ホストファザーが仕事でブコバルを訪れるというので、そのお嬢さんと一緒にお父さんの自家用車に同乗した。現地に到着し、戦争の痕跡が残る家々を前にした時、私たちは車から降り、外に出た。車窓からではなく、自分の目で直接その情景を見たかったからだろう。直に両目にその光景を焼き付けたかったのかもしれない。その時、なぜだかわからないが、私たち3人は同じものを見ているけれど、その感じ方、受けとめ方は同じでないと悟った。3人とも無言で、彼女に確認したわけでもないのに、なぜか一瞬でそう感じた。私もショックだけれど、彼女たちが今感じている衝撃は、私の比ではない。それが私と彼らを分ける境界線だと。「今ここ」にいるのは同じであり、目にしている光景も全く同じ。しかし、私は彼女たちとは同じように受けとめられない。名状しがたい何かがあると感じたのである。セルビア語のmi（私たち）に、私は入らない。

私は1995年から1996年、セルビア政府奨学生としてベオグラード大学へ留学した。上記の文章は、現在（2020年）記憶している1996年3月28日の回想である。四半世紀後に振り返ったブコバル訪問である。

本書を執筆するにあたり、当時の日記を初めて読み直してみた。「初めて」と書くのは、ある意味「封印」していたからである。日記を読むことで、当時のことだけでなく、それに付随する様々な記憶が蘇ってくる。嬉しいことや楽しいことよりも、やり場のない怒りや苦しみを吐き出す場として日記が機能していたことを忘れていなかったのである。それゆえ、開けるのが怖かった。まるで「パンドラの箱」のように、閉じ込めた不幸の数々が飛び出してきそうなのだ。

実際、読み通すのは実に辛苦を伴う作業であった。しかし、全て読み終えて得たものがある。全く覚えていないことがいくつもあるのだ。直筆で書いてあるので、筆跡からしても自分が書いたことに間違いはない。自分がした行為(日記)であることは認められるが、書いてある経験には身に覚えがない。まるで記憶喪失のようである。

書いてある内容は、想像していた以上に取るに足らないことばかり。しかし、人は忘れる、忘却するということを、身をもって確認できた。その時は怒り心頭に発する状態で書いていることが、完全に記憶から削除されている。もしくは上書きされたようだ。

ミュージアムというのは、保存・保管の場所であるが、それゆえに過去の記憶を忘れさせてくれない場所ともいえる。もちろん忘れてはいけないことを保存しているのだが、個人としてはどうしたら忘れられるかを模索している人もいるだろう。私自身、記憶と忘却の間で葛藤し、無意識のうちに封印という選択をしたといえる。

さて、私が「1995年〜1996年の記憶」を公に著したものとして、1999年に寄稿した文章がある。この記事は簡単に閲覧で

査　証
VISAS
Бр./No 6
ВИЗА за jедан-неограничен улазак-излазак-транзит
VISA pour une-plusieurs entre-issue-transit
од / du 28-03-1996 до / jusqu'au 29-03-1996
са / avec (1) лица / personnes
(М.П.)
Потпис службеног лица
Signature du chef de ...
ТАКСА у износу од 59.00 динара
поништена на подвеску

図1　1996年3月28日に取得したVISA
(ブコバルがキリル文字で書かれている)

きないので、掲載してくださった埼玉新聞に許可を頂き、本書に転載することにした。1999年、NATOによってセルビアが空爆される中、私が何を思い、なぜ筆を執らずにいられなかったかを振り返るためである。

本書では、1999年に新聞には掲載しなかったVISA（図1）の画像を採録する。現在はクロアチア領となっているブコバルだが、1996年3月の時点ではUNTAES（国連東スラボニア暫定機構）の統治下にあった。そんな特異な状況下の「戦後」の街を訪問した、数少ないエビデンスである。ベオグラードとは車で日帰りが可能な距離なので、短時間の滞在ではあったものの、一生忘れることのできない日である。

『埼玉新聞』　平成11年（1999年）4月14日朝刊6面

「違う惑星に住む」ユーゴと日本

町田　小織

「梁がむき出しになった屋根。蜂の巣のような壁。跡形もなく消え去った窓ガラス。生活のにおいを感じさせなくなった家々は、廃墟となってから半世紀も経ったかのようだ」

これは96年3月28日にクロアチア内戦の最激戦地であったブコバル（現クロアチア）を訪れた際の私の印象である。当時、ブコバルはもう戦争状態にないとはいえ、足を踏み入れることになるとは夢想だにしていなかった。

もちろん生まれて初めての経験である。傷痕の癒えない街、戦争の爪痕が色濃く残る世界を眼前にするのは。ブコバルとセルビア共和国ボイボディナ自治州との間にはドナウ川が流れている。それが生と死を分ける境界だった。

私がかの地を訪れることになったのは、ブコバルからの難民家族に会ったことによる。彼らの話によると、多くのブコバル市民が語るように、内戦前はだれがどの民族かなど話題にもならなかったし、気にしたことはなかったという。気が付いた時にはもう、隣の家の人がスパイだった、自分たちの行動が監視されていたと興奮気味に語った。

ブコバルは、セルビアと接する東スラボニア地方の一都市である。98年1月、東スラボニアの施政権がUNTAES(国連東スラボニア暫定機構)からクロアチアに返還され、クロアチア内戦は真の終戦を迎えた。96年3月、そこを訪れた際、私は国境で検問を受け、外国人であるという理由から、市街地に着き次第警察に行くよう指示された。私のパスポートにはその時の出入国ビザが残っている。国境を越えたはずだがセルビアとの差異は感じられない。ビザ取得に59ディナール(約2,500円)も払わされたが、それもセルビアで流通しているディナール紙幣がそのまま使えた。

ベオグラードにはクロアチア、ボスニアからの多くの難民が存在する。身近な例を挙げるならば、ベオグラード大学での私の指導教授もサラエボから逃げてきた一人であった。以前はサラエボ大学の教授であったが、警察から拷問を受け、ベオグラード行きを決意、歩いて山を越えたという。またホストファミリーの親類もサラエボからの難民であった。

今年3月24日(現地時間)、NATOによる空爆が現実のものとなった日、私はそれを容易に信じることができなかった。空爆の危機が叫ばれていたころも、実際は回避されるだろうと楽観的に考えていた。

留学中にたった一度だけ、周囲のユーゴ人が急にピリピリしだし、緊迫したムードが漂った時期がある。95年8月である。クロアチア情勢が悪化し、セルビアも戦場になるかもしれないと皆本気で心配していた。私はホストファミリーに「心配するな。日本人は危なくなる前に救出されるから。真っ先に逃げ出せるから」と言われ、その日一日ドキドキしながら過ごしたことを覚えている。実際は最悪の事態は避けられ、その後帰国するまで戦争の影に脅えることはなかった。そのため、今回も危機は回避できるだろう、ベオグラードは大丈夫だろうと安易に信じていたが…

ニュースなどでベオグラード市民の様子が映されてから、私は市内にいる難民のことが頭に浮かんだ。戦火を逃れ同市に避難し、新天地での生活に慣れたのもつかの間、コソボ内戦を原因とする空爆に遭っている人々がいる。

そしてあの日のことを思い出した。95年11月21日、私のベオグラード滞在中にボスニア内戦の和平案がアメリカのデイトンで合意された。その晩、私はホストファミリーと一緒にテレビでこのニュースを目にした。彼らの反応は冷ややかであった。「本当に戦争が終わったわけではない。どうせ次はコソボだ」と。

私が接していた20代のユーゴ人たちは移民することばかり考えていた。まるで日本の若者が次に行く旅行先を相談する時のように、それは「日常」であった。何人か集まれば、私はカナダがいい、おれはオーストラリアにする、ニュージーランドがいいと聞いた、などの話が始まる。だれそれがカナダに渡ったなどという話も日常茶飯事。ある友人は「ベオグラードは好きだが、いつ戦争が始まるかわからないから外国へ行く。ここで子供を産み、育てる気はない」と話していた。現在のコソボ内戦、ユーゴ空爆のニュースを見聞すると、実際問題、彼らがそのように考えていても仕方がないのかもしれないと思う。彼らの中にどうしようもない無力感があるのだろう。

ユーゴは遠い。日本とユーゴとの間には物理的距離以上のものを感じる。現在のような内戦・空爆報道に接していると、なお一層強く感じられる。どれほどの人がそれだけの重大事と考えているだろうか。大多数の人は目にはしていても見てはいず、耳にしても聞いてはいないだろう。私自身、日本で見聞きする限りユーゴに関する報道は現実味を帯びて伝わってこない。やはり日本にいるとユーゴは遠いのだ。

「日本は違う惑星にある」とは、私が留学中ユーゴ人からよく聞かされたせりふだ。そのくらい彼らには日本が自分たちとは異なる国に映り、その日本からやってきた私が宇宙人か何かに見えたのだろう。

今回、連日のユーゴ空爆報道の中、頭をよぎったのがこの言葉だった。果たして「ユーゴは違う惑星にある」のだろうか。

コソボ内戦、ユーゴ空爆にしてもただでさえ、日本にとっては対岸の火事。だからこそ、連日報道をすればするほど、視聴者・読者の感覚はまひしてくるのではないか。現在の日本人を取り巻く環境とあまりに異なる―表面上違い過ぎる―映像を目にすると、映画でも見ている感覚に陥ってしまうのではないかと危ぐしている。

フィクション化してしまう危険性が高い。

残念ながら、20世紀最後の90年代は、ユーゴにとってまさしく戦争の時代となってしまった。90年代に幼児期、思春期を過ごした彼らが大人になるとき、ユーゴはどんな国になっているだろうか。あるいは、かろうじて存在していた「ユーゴスラビア」そのものが消滅しているのだろうか。ユーゴの人々が21世紀を心安らかに迎えられるよう、ただ祈るのみである我が身の非力を嘆いている。

終章

時空を超えて――「パンドラの箱」の彼方

町田小織

1. 対話と共創

ここで本を閉じ、表紙をよく見てください。できれば2分程度、表紙の絵画に何が描かれているか観察してみましょう。

場所は森の中でしょうか。衣服が不自然なほどはだけた、なまめかしい姿態の若い女性が、ひとりいます。裸足で、そばに脱いだ靴なども置いてありません。周囲の様子や女性の容貌からは、いつの時代なのか分かりません。彼女は宝箱(treasure chest)のような入れ物の蓋を開けています。非常に重そうな箱なので、彼女一人の力では下(地面)に降ろすことができなかったのでしょうか。その入れ物は岩のようなものの上に置いてあります。上が平らになっていて、その入れ物を置くのにおあつらえ向きの場所です。その入れ物は金色かつ見事な装飾が施してあり、入れ物そのものも価値がある、まさに宝箱といった外観です。非常に高価なものが入っていそうなのに、鍵のようなものは見当たりません。その女性は、立った状態で、両手を使って蓋を開ける方が楽なのではないかと思うのですが、なぜか膝立ちしています。箱の中を見るにしても、立ったまま上から見た方が、中身を全て見ることができるのではないかと思うのですが、彼女は重厚な蓋を右手(片手)で持ち上げ、やや無理な姿勢で中を覗いています。というより、まだ何も見えていないかもしれない状態を描写しています。そして、開けた蓋の脇から煙のような白いものが出ています。

読者の皆さんはどう思われましたか。上記で触れられていない点に気づいた人もいるでしょう。同じところに注目したけれども、違う印象を持ったという人もいることでしょう。是非、他の人にも試してみてください。それにより、作品との対話≒作家との対話、自己内対話、他者との対話が可能になります。鑑賞の仕方に答えや間違いというのはありません。むしろ同じものを見ても、感じ方や受け止め方は人それぞれなのだということを学ぶことが大切です。

対話が成立するには、前提として、自分の思いや考えが否定されない安心･安全な場が必要です。多様性の尊重はまず傾聴から。他者との対話が成り立たないと、共創も叶(かな)いません。まずは一枚の絵を通じて、多様な見方や感じ方を、他者と共有する楽しさを味わってみましょう。

2. パンドラの箱

表紙の絵画はジョン･ウィリアム･ウォーターハウス(John William Waterhouse)が描いた《パンドラ》(1896)です。「パンドラの箱」で有名な、パンドラを描いています。

「パンドラの箱」の話は、神話や美術に関心がない人でも知っています。それだけ広く普及する力をもったストーリーです。時間も空間も軽々と超えて、ありとあらゆる人のもとに「パンドラの箱」が辿り着いているという事象そのものが、その言葉のもつ意味を体現しているかのようです。

しかし、私たちは本当に「パンドラの箱」を知っているのでしょうか。

そもそも箱ではなく壺(ピトス)、もしくは甕(かめ)だったともいわれています。次に、パンドラ(女性)が開けたのではなく、エピメテウス(男性)が開けたという説もあります。そして中に入っていたのは不幸や災厄ではなく、善であるという話もあります[†1]。また、最後に残ったものは希望ではなく、予知・予期であるという解釈もあります[†2]。本来パンドラは大地女神で、パンドラという名前も〈すべての贈物を与える女〉という意味だという説明もあります[†3]。

ここまで聞くと、自分が知っていると思っていたパンドラのストーリーが、途端に危ういものになってくるのではないでしょうか。

美術史家の故・若桑みどりは、ジェンダーの視点からパンドラについて次のように語っています。「神話は、この女というジェンダーが、神によって本来『悪』の容器として造られたものであるという本性的な有罪性を宣告する優秀な宣伝となり、古代から近・現代まで創造された文学や絵画によるパンドラのイメージは、その宣伝メディアとして有効に機能してきた。このような政治学なしに、この物語の通時代的人気は説明不可能である」[†4]。

上記は20年以上前の論考なので、21世紀の女性たちが読むと違和感を覚える人もあるかもしれません。しかしパンドラの絵画がメディアとして機能し、若桑のいう「禍(わざわ)いをもたらす女」のストーリーが、もしも現代の私たちに浸透しているのであれば、この絵画は様々な問いを投げかけてくれる良い教材です。

このように、異説や多様な解釈が存在する「パンドラの箱」ですが、パンドラの箱ないしは壺の中には、疫病が入っていたという説明もあります。仮にそうであるならば、まるでこの神話の通りになってしまったのが、2020年という年です。その上、現代はウイルスだけでなく、フェイクニュースや流言飛語の類が、いとも簡単に流布してしまいます。憎悪や嫌悪といった感情はあっというまに広がり、負の空気が横溢する中、生きづらさや息苦しさを抱えている人も少なくありません。この状況から「パンドラの箱」を想起した人は私だけではないでしょう。

しかし、繰り返しになりますが、「パンドラの箱」については様々な説があります。それにもかかわらず、それらを比較検討することなく、最も情報量の多いストーリーが信じられて不動の地位を築いています†5。それは多くの人が望む「物語」だからなのかもしれません。最後に希望だけは残るという結末も含めて。

コロナ禍／コロナ下といわれる現在、いま一度「パンドラの箱」について考えてほしいと思い、表紙に《パンドラ》を採用します。「パンドラの箱」のストーリーのように、知っているつもりの事柄や、広く一般に信じられている話でも、本当にそうだろうかと立ち止まって考えてみてほしいというメッセージを込めています。

本書は「メディアとしてのミュージアム」をテーマにしていますが、クリティカルに読み解くという意味では、一般に考えられているマスメディア同様、ミュージアムも例外ではありません。ミュージアムに展示されていることは正しいと思いがちです。もちろん展示は専門家や学芸員が精査し、厳選した作品や研究成果ではありますが、正解がない世界でもあります。ミュージアムが権威になり得るからこそ、これはどういう意味なのだろうかと自分なりに考え、鵜呑みにしないことが肝要です。ミュージアムがメディアなのであれば、メディア・リテラシー同様、ミュージアム・リテラシーも必要です。

かつて東京都美術館の学芸員を務めていた佐々木秀彦(東京都歴史文化財団事務局企画担当課長)は、自著の中でミュージアム・リテラシーとはミュージアムの使いこなし方だと述べています†6。具体的にいうと、「ミュージアムと利用者が、相互のルール・役割・道具(資源となる物事や考え方)の内実を理解し、互いに働きかけを行うことであり、それぞれの活動の境界を越えた働きかけを通じて育まれ、蓄積されていく活動のあり方・考え方」[†7]だと説明しています。図書館では「利用教育」「利用指導」「利用援助」があり、利用者が図書館の機能を存分に使いこなせるようガイダンスなどがあるのに対し、ミュージアムではそのような教育に熱心ではありませんでした。

しかし、ミュージアムを使いこなすというリテラシーの重要性に着目した人のひとりが梅棹忠夫だ、と佐々木はいいます。序章で触れた通り、梅棹は日本展示学会の創設者であり、初代会長ですが、展示学の対になるものとして「観覧学」が必要であると提起しているといいます。ミュージアムをどのように観たらいいか、観ることの体系化を理論から考えないといけないと発言していることに驚きます[†8]。約40年前の話です。

佐々木のいうミュージアムの使いこなし方も大切です。ただ本書の事例を見るとわかるように、ミュージアムのもつ政治性や権力性に対して、自分なりに理解し、分析し、解釈する力も益々必要なのではないでしょうか。もちろん、その力も含めての使いこなし方だと佐々木は定義していると思いますが、私はそのリテラシーこそ重要であると考えます。

パンドラの例でいえば、犯人捜しのような「誰が箱を開けてしまったのか」ではなく、人類にとって災いとは何なのか、そして若い人たちに希望を残すとはどういうことなのかを、読者の皆さんとともに考えたいと思っています。

例えば、病気というのは「厄」でしょう。しかし、もっと災いであるのは病気そのものより、それによる偏見や差別です。そのことをいみじくも示してくれたのが、第2章の**池永禎子氏**の論考です。そして2020年から現在に至るまで、新型コロナウイルスによって、私たちは身をもってそれを学ぶことになりました。

また戦争も「禍」です。日本に住む多くの人にとっては、戦争は自分には関係のないことだと思われています。しかし、戦争が起きてしまった国や地域の人々も、自分の身に降りかかるまでは他人事だったのです。「私」は戦争を起こさない、「私」は戦争に反対、だとしても、いったん戦争が始まってしまえば「私」も巻き込まれていきます。

戦争に限ったことではありません。人権問題、環境問題、等々。その時になって初めて、「無関心」であったことが今の状況を生み出してしまったと気づく人もいるでしょう。何もしない、何も言わないということが、結果的に「加担」してしまっていたということに。これは自戒も込めて申し上げています。

21世紀生まれの皆さんが希望をもって生きられるようにするにはどうしたらいいでしょうか。

第8章で触れられている通り、戦時下でも、人々は必ず楽しいコトをつくり出しています。何もない中で「不要不急」の遊びや「ハレ」を生み出すのです。2020年は私自身「ハレ」がなくなり、自分が「ケ枯レ」ていくように感じました。ミュージアムや芸術は、疲弊した心と身体を癒し、生命力を蘇らせるために必要だと痛感しています。

3. ホモ・ルーデンス

2021年に入ってもパンデミックが収束せず、自粛生活が長期化し、なかなか希望を見出せないという人もいることでしょう。その課題解決まではできなくても、気分を変えることができたり、問題に対する見方・捉え方を変えたりすることができるのが、「遊び」です。

乗り物でもハンドルやブレーキが利くためには遊びが必要です。洋服にも遊び（ゆとりや余剰部分）がないと、実際に着用したり、長時間着続けたりすることはできません。遊びは"不要"なものではなく、必要不可欠なものです。無駄と思われかねない余白や余剰、遊びといったものの重要性を再認識したのが、コロナと共に生きる生活でした。

歴史家のヨハン・ホイジンガ（Johan Huizinga）が『ホモ・ルーデンス』（遊ぶ人）で著すように、本来「人間は遊ぶ存在」であるのです。ホイジンガは、遊びが人生にとって不可欠なものであり、遊びそのものが文化になることがあると主張しています。『ホモ・ルーデンス』から以下を引用します。

> （中略）遊びの固有性として、規則的にそういう気分転換を繰り返しているうちに、遊びが生活全体の伴奏、補足になったり、ときには生活の一部分にさえなったりすることがある。生活を飾り、生活を補うのである。そして、そのかぎりにおいて、それは不可欠のものになってしまう。個人には、一つの生活機能としてなくてはならないものになり、また社会にとっては、そのなかに含まれるものの感じ方、それが表わす意味、その表現の価値、それが創り出す精神的・社会的結合関係などのために、かいつまんで言えば文化機能として不可欠になるのである[†9]。

『ホモ・ルーデンス』は1938年に発表されています。ちょうどナチスの時代であり、第二次世界大戦前夜です。世界恐慌を経験し、戦争へと向かっていく空気の中で、ホイジンガは「遊び」の必要性を説いたということ、間接的に文化の重要性を主張したということに、シンパシーを感じます。世界的なパンデミックのただなかにいる私たちに対して発せられたメッセージであるかのように。

遊びという意味のラテン語「ludus」が学校という意味も表すように、ミュージアムという場も「遊ぶ」ことができる施設です。長期化したwithコロナ時代を生き抜くためにも、身近な非日常空間であるミュージアムに身体を没入し、ほんの少しでもハレの気分を味わってほしいと思います。「遊び」のない環境から希望は生まれないからです。

4. 災厄を忘れさせ悲しみを鎮めるムーサ

ホイジンガは、「遊び」として、ギリシャ神話に登場する9人のムーサたちの音楽や舞踊も引き合いに出しています[†10]。

最後に、再び神話の世界に戻りましょう。

記憶の女神であるムネモシュネは9人の娘を生みました。それが歴史の女神であるクリオをはじめとする、ムーサ（文芸を司る女神）です。

ヘシオドスの『神統記』によると、ムネモシュネは「災厄を忘れさせ悲しみを鎮めるもの」としてムーサを生んだとあります[†11]。英語のミュージック（music）やミュージアム（museum）の語源ともいわれるのが、ムーサです。そのムーサたちを祀（まつ）った神殿がムセイオン（学堂）です。

もし、そうであるならば、世界中が災厄に見舞われた今、それを忘れさせてくれるもの、その悲しみを鎮めてくれるものが求められるのではないでしょうか。

最後までお読みくださった読者の皆さんへ感謝申し上げます。マルセル・デュシャン（Marcel Duchamp）を例に出すまでもなく、作品は鑑賞者によって真に完成します。

もう一度、第Ⅰ部のコンセプトを思い出してみてください。もし皆さんが1章加えるとしたら、どんなテーマやキーワードを採用しますか。「もしも私だったら……」と空想の世界で遊んでみましょう。「つづる」「つのる」「つづく」「つかむ」「つたう」等、様々な候補が浮かぶかと思います。そのキーワードからどんな物語が紡げるか、妄想してみましょう。梅棹は自身を「妄想人」と称し、「すべては妄想からはじまる」[†12]と述べています。

拙稿に関しては永遠の未完成ともいえ、完璧には程遠いものです。それでも尚、世に出すのは、ミュージアムの展示や作品が、作者や学芸員の意図した価値を超えて、鑑賞者の中で無限の広がりを見せることがあるからです。永遠の未完成は、読者に「余白」を残していると肯定的に考え、皆さんが自らの想像力で本書を完成させるよう期待します。

執筆者紹介

（掲載順）

町田 小織（まちだ さおり）

【編者】序章、第１章、第８章、終章、コラム担当

東洋英和女学院大学国際社会学部国際社会学科専任講師

東洋英和女学院大学メディア・コミュニケーション研究所研究員

セルビア政府奨学生としてベオグラード大学哲学部留学。法政大学大学院社会科学研究科社会学専攻修了。ベオグラード大学、東京経営短期大学、早稲田大学エクステンションセンターでの非常勤講師を経て、2013年度より現職。2006年～2012年、企業博物館の立ち上げ、運営、人材育成に従事。2019年～2020年、帝国データバンク史料館のテーマ展示「産業文化博物館からのメッセージ」にて企業博物館の調査研究を担当。

池永 禎子（いけなが さちこ）　第２章担当

国立療養所大島青松園　社会交流会館 学芸員

東京都江戸東京博物館、東京国立博物館、外務省外交史料館等の非正規職員、平和祈念展示資料館（総務省委託）学芸員として経験を積む。日本銀行金融研究所貨幣博物館では、開館以来初の全面リニューアルを遂行。2016年４月～2018年３月、東洋英和女学院大学講師。2018年３月より現職。2019年４月、療養所内に社会交流会館（資料館）をグランドオープンさせる。高松市歴史資料館等協議会委員（2018年11月～2020年11月）。国立民族学博物館外来研究員（2021年４月～ 予定）。専門は文化人類学、博物館学、アーカイブズ学。

稲庭 彩和子（いなにわ さわこ）　第３章担当

東京都美術館 学芸員　アート・コミュニケーション係長

ロンドン大学ユニバーシティ・カレッジ修士修了。専門は芸術学、文化資源学。社会の課題に向き合いながら、アートを介した人々のつながりを育むソーシャル・プロジェクト「東京都美術館×東京藝術大学 とびらプロジェクト」や、観察や鑑賞を通して子供たちの社会への関わりをつくる「Museum Start あいうえの」（こども環境学会賞受賞）を企画運営。共著書に『100人で語る美術館の未来』（慶應義塾大学出版会）、『美術館と大学と市民がつくるソーシャルデザインプロジェクト』（青幻舎）など。

半田 昌之（はんだ まさゆき） 第 4 章担当

公益財団法人日本博物館協会 専務理事

立教大学法学部卒業。1978 年～ 2015 年 たばこと塩の博物館　学芸員～学芸部長・主席学芸員。2011 年より現職。2016 年～ ICOM(国際博物館会議) 事務局長／ ICOM 京都大会 2019 組織委員会事務局長。NPO 法人博物館活動支援センター理事。全国地域ミュージアム活性化協議会 理事。全日本博物館学会常任委員／産業考古学会評議員。著作に『塩のはなし』（さ・え・ら書房）、「企業博物館」『新版博物館学講座 3　現代博物館論』（雄山閣出版・共著）、「企業博物館論史」『博物館学史研究事典』（雄山閣・共著）など。

樺山 紘一（かばやま こういち） 第 5 章担当

印刷博物館館長

東京大学名誉教授、産業文化博物館コンソーシアム（COMIC）座長

東京大学文学部卒業。1969 年から京都大学人文科学研究所助手。1976 年から東京大学文学部助教授、のち同教授。2001 年から国立西洋美術館長。2005 年から現職。専門は西洋中世史、西洋文化史。おもな著作は、『ルネサンスと地中海』（中央公論新社）、『歴史のなかのからだ』、『西洋学事始』（岩波書店）、『歴史の歴史』（千倉書房）など。

町田 幸彦（まちだ ゆきひこ） 第 6 章担当

東洋英和女学院大学国際社会学部国際社会学科教授

東洋英和女学院大学メディア・コミュニケーション研究所所長

専門はジャーナリズム、国際報道論、メディア論、ヨーロッパ・ユーラシア問題研究。1982 年、大阪外国語大学（現・大阪大学）を卒業。78~80 年、モンゴル国立大学に政府奨学生として留学。82 年から 2009 年 8 月まで毎日新聞社で記者職。ウィーン・モスクワ・ロンドン特派員を経験。著書『コソボ紛争』（岩波書店）、『世界の壊れ方』（未來社）など。

コウオジェイ マグダレナ（Magdalena KOLODZIEJ） 第 7 章担当

東洋英和女学院大学国際社会学部国際コミュニケーション学科専任講師

ポーランド生まれ。ベルリン自由大学卒業、デューク大学美術史博士課程修了。Ph.D. in Art History.　専門は日本と東アジアの近代美術史。2019 年度から現職。

【編者】町田小織（まちだ・さおり）
東洋英和女学院大学国際社会学部国際社会学科専任講師

東洋英和女学院大学社会科学研究叢書 9

メディアとしてのミュージアム

2021年3月29日　初版発行

東洋英和女学院大学
メディア・コミュニケーション研究所

発行者　三浦衛
発行所　春風社 *Shumpusha Publishing Co.,Ltd.*
横浜市西区紅葉ヶ丘 53　横浜市教育会館 3 階
〈電話〉045-261-3168　〈FAX〉045-261-3169
〈振替〉00200-1-37524
http://www.shumpu.com　✉ info@shumpu.com

装丁・レイアウト　矢萩多聞
印刷・製本　シナノ書籍印刷 株式会社

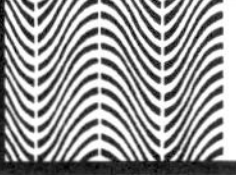

ISBN 978-4-86110-739-9 C0036 ¥2500E